保加利亞
旅圖攻略

粟子　著

索菲亞✕8座大城小鎮

酸奶有多棒、玫瑰有多純、古蹟有多密
溫泉有多讚、搖頭有多對、食物有多妙
解密保加利亞六項不可不知～
住宿、車票、自駕、搭車、點餐，旅遊資訊全收錄

最詳盡的保加利亞自助旅遊書！

目　錄

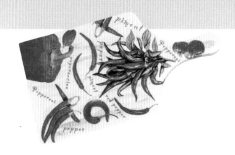

深蹲，保加利亞

「懶」得鍛鍊『保加利亞深蹲』，至少可以深蹲保加利亞！」出發前，親朋詢問保加利亞究竟有什麼「寶」，值得獨沽一國蹲點 1 個半月？尚處在紙上談兵階段的我，立馬送上名聲響亮的玫瑰節、保加利亞乳桿菌、全歐古蹟第三多、「相撲界貝克漢」琴歐洲的家鄉（生於大特爾諾沃，首位獲得天皇賜杯的歐洲人）等事蹟應戰。「就這樣？還有嗎？」面對咄咄逼人，利多出盡下只好抬出「同名之累」的保加利亞深蹲勉強充數，以笑聲化解爆點不足的尷尬。

老實說，行程規劃初期，一心兩周 KO 保加利亞的我，也曾「肖貪」能一網打盡巴爾幹半島諸國，或者至少完成「保羅 CP」（保加利亞＋羅馬尼亞）完全制霸……未料，隨著保國的資料越查越多、底細越摸越深，這個景點得看、那個城鎮想去，最終造就「46 日保加利亞純釀」的奢侈決定。

深蹲保加利亞的日子，有些時候過得比在家還悠哉，完成表定任務後，不是到 LiDL、BILLA 等超市探訪物價兼挑選生鮮返旅社烹煮，就是邊走邊進行人類觀察兼購入紀念品，傍晚還可窩在沙發上看整日不斷放送傳統民謠的「folk」（洗腦？）頻道。保國物價約為西歐的 5 ～ 7 折，食物中以乳製品（特別是優格、優酪乳等酸奶系列）最為低廉，外食部分則與臺灣齊平；保人個性樸實善良，雖不會主動給予協助，但只要發問，多會得到善意誠懇的回覆。眾靦腆笑容中，唯獨火車站櫃檯、公車售票亭的人員仍保有前共產國家公家機關的「傲氣」，面無表情也就在所難免。

「保加利亞有三多，垃圾桶多、長椅多、咖啡自動販賣機多又多。」旅伴精闢總結數十日見聞，感同身受的我點頭如搗蒜，畢竟再偏僻的景區角落都可見垃圾桶，再熱鬧的公園都能輕鬆覓得空長椅，再荒涼的旮旯都能喝到一杯沉澱著厚厚白砂糖的黑咖啡！寫到這，忍不住歪樓分享關於保加利亞民生必需品「咖啡自動販賣機」的觀察心得：各城鎮幾乎每百公尺就有 1、2 臺販賣機，價位隨著咖啡品牌、所在地域有所差異。根據我們滴水不漏的調查（每逢咖啡機必記錄價格），以小城普列文與小鎮莫斯利安兩處的黑咖啡 0.3 列弗（約 5 臺幣）標價最低，其餘則多在 0.4 ～ 0.6 列弗間變動。有趣的是，咖啡機旁往往伴隨難以計數的菸屁股，此組合恰恰構成保國巷弄最常見的風景——貌似清閒的人們坐在大樹下的長椅納涼，手指夾菸邊喝小紙杯咖啡邊閒聊。

「在保加利亞待這麼久，做什麼？」離境時，酷姐海關仔細翻看護照的出入境章，難以置信眼前的亞洲女人，居然整整在她的祖國待了四十幾天！我誠懇答：「是來旅遊的，我們非常喜歡保加利亞。」酷姐聞言瞬間流露人性化的苦笑，此言聽在她耳裡或許有幾分難以置信，但一向客套微假的我卻是難得的實話實說。

保加利亞雖沒有舉世聞名的看點，也不似鄰國希臘、土耳其那般具高知名度，卻擁有令人日久生情的魅力。喜歡古羅馬歷史，莫錯過索菲亞、普羅夫迪夫與大特爾諾沃；偏好海濱度假，務必造訪黑海沿岸的布爾加斯和瓦爾納；想不受干擾地細品寧靜時光，那麼索佐波爾、洛維奇、莫斯利安等知名或不知名的小鎮，也肯定不會令您失望。出發前，不妨翻翻這本以保加利亞為主題的全方位旅遊指南，打造專屬自己的深蹲曲線～

Suzi 栗子

放眼 保加利亞
Република България

羅馬尼亞

維丁
Видин (Vidin)

塞爾維亞

尼什 Ниш (Niš)

② 布加勒斯特
București (Bucharest)

⑦ 魯塞
Русе (Ruse)

斯韋什塔里
色雷斯人墓

⑧ 普列文
Плевен (Pleven)

伊凡諾沃岩洞
教堂群

舒門
Шумен (Shumen)

馬達拉
騎士浮雕

⑥ 瓦爾納
Варна (Varna)

保加利亞

索菲亞
София (Sofia)

洛維奇
Ловеч (Lovech)

⑨ 大特爾諾沃
Велико Търново（Veliko Tarnovo）

⑪ 卡贊勒克
Казанлък (Kazanlak)

陽光海灘
Слънчев бряг (Sunny Beach)

內塞伯爾
Несебър (Nesebar)

索佐波爾
Созопол (Sozopol)

卡爾洛沃
Карлово (Karlovo)

⑤ 布爾加斯
Бургас (Burgas)

③ 史高比耶
Скопje (Skopje)

里拉修道院

⑩ 舊扎戈拉
Стара Загора (Stara Zagora)

黑 海

北馬其頓

薩帕雷瓦巴尼亞
Сапарева баня (Sapareva Banya)

④ 普羅夫迪夫
Пловдив (Plovdiv)

莫斯利安
Момчиловци (Momchilovtsi)

土耳其

希臘

① 伊斯坦堡
İstanbul (Istanbul)

塞薩洛尼基
Θεσσαλονίκη (Thessaloniki)

愛琴海

① 索菲亞 → 伊斯坦堡：飛機1.3h、火車12.5h、巴士9h～10h
② 索菲亞 → 布加勒斯特：飛機1h、火車9.5h、巴士6h～7.5h
③ 索菲亞 → 史高比耶：巴士5.5h
④ 索菲亞 → 普羅夫迪夫：火車2.5h～4h、巴士2h～2.5h
⑤ 索菲亞 → 布爾加斯：飛機50m、火車6h～10h、巴士5h～6.5h
⑥ 索菲亞 → 瓦爾納：飛機50m、火車7h～8h、巴士5h～5.5h
⑦ 索菲亞 → 魯塞：火車6h～7h、巴士5h
⑧ 索菲亞 → 普列文：火車3h～4.5h、巴士2.5h～3h
⑨ 索菲亞 → 大特爾諾沃：火車4.7h～6.7h、巴士3h
⑩ 索菲亞 → 舊扎戈拉：火車4h～5.5h、巴士3h～5h
⑪ 索菲亞 → 卡贊勒克：火車3.3h～3.5h、巴士3.7h～4.3h

Part 1

解讀「保」祕
保加利亞 6 項不可不知

Bulgaria

　　地處巴爾幹半島、毗鄰黑海的保加利亞，常是旅客東歐行的配角之一，背包客或旅行團都將她視為「走馬看花」的一點，索菲亞、玫瑰谷、大特爾諾沃來去匆匆，頂多加赴幾個世界遺產、（適逢 6 月初）再走訪最大慶典——玫瑰節，就得趕往鄰國繼續行程，說來著實有些可惜。雖然保加利亞的名氣不若芳鄰土耳其、希臘那般響亮，也不似羅馬尼亞擁有鮮明的吸血鬼故鄉形象，卻是讓人「越待越喜歡」的陳釀級觀光寶地！想知道保加利亞的酸奶有多棒、玫瑰有多純、古蹟有多密、溫泉有多讚、搖頭有多對、食物有多妙？以下 6 項重點整理，讓您一讀就上手！

酸奶「保」健
—— 保加利亞人的長壽祕訣

　　吃的、喝的、冷的、熱的、鹹的、甜的……酸奶（優格／優酪乳）以不同姿態充斥在保加利亞人的飲食日常，男女老幼不可一日無酸奶，更確切地說，是不可一餐無酸奶。回顧保人食用酸奶的歷史，至少可追溯至數千年前，當時居住在巴爾幹半島的色雷斯人，已熟練掌握製作酸奶的技巧，據說他們會將裝有牛奶的羊皮口袋繫在腰上，利用體溫讓奶中的乳酸菌發酵繁殖。今日稱呼酸奶的「Yogurt」一詞，也是源於色雷斯語：yog ＝濃稠、urt ＝奶，因此稱酸奶是保加利亞人健康長壽的聖品並不為過。

　　儘管酸奶自古與保人的生活密不可分，但針對它的科學研究卻直到 20 世紀初才正式展開：1904 年，返鄉舉行婚禮的保加利亞微生物學家賽德蒙・格里戈羅夫醫師（Стамен Григоров），將傳統陶罐酸奶帶回位在日內瓦的實驗室，經

國民飲品 —— 愛蘭

過 1 年分析，明確找到使奶類發酵變酸的關鍵菌種，為紀念賽德蒙與保加利亞酸奶的貢獻，學界便將其命名為「保加利亞乳桿菌」。2006 年，賽德蒙出生的 Студен извор 村莊成立全球唯一的酸奶博物館（Музей на киселото мляко），保存並展示保加利亞酸奶的文獻資料、製作工藝與營養價值等豐富內容。

　　今日被視為常識的「酸奶有益健康」，同樣源自保加利亞人「長壽」的啟發：格里戈羅夫發現保加利亞乳桿菌後不久，學界掀起對酸奶的研究風潮，諾貝爾生理學或醫學

獎得主埃黎耶・埃黎赫・梅契尼可夫（Илья Ильич Мечников）在保國旅行途中，得知當地有許多百歲人瑞，深入調查他們的飲食習慣，發現酸奶占有很高的比例。未幾，梅契尼可夫提出「乳酸對人體健康有益，可以延長人類壽命」的假設，為印證理論，他力行每天喝酸奶的人體實驗，

國民愛湯 ── 優酪乳冷湯

終以遠超過當時 50 歲平均值的 71 歲高壽離世。

在科學印證的推波助瀾下，酸奶（特別是保加利亞酸奶）快速風靡全歐，為滿足市場的大量需求，保加利亞酸奶從家庭作坊轉向大規模工業化生產。共產專政時期，官方更研發出具有專利認證、他國無法複製，且號稱最有益健康、滋味最佳的保加利亞酸奶。1990 年代，隨著保共政權瓦解，保加利亞酸奶雖失去國家力推而名氣稍遜，卻也因此得以重回傳統的家庭式小規模生產，恢復純正保加利亞酸奶「非標準化」的特色──即便使用相同原料，仍會因為生產者和地域的不同，製作出別具特色（偏酸或濃稠）、代代相傳的獨特家鄉味。

單純吃喝酸奶之餘，保加利亞人也將其活用在最愛的湯品和飲料上，造就保國餐館必見（即使中餐廳也不例外）的優酪乳湯（таратор）和愛蘭（айран）。所謂的優酪乳湯，顧名思義是以酸奶為基底，再加上切碎的小黃瓜、蒜頭、核桃與橄欖油、蒜汁、冰水等調和而成的冷湯，口味酸鹹冰涼，是保人夏季消暑的聖品；至於令人摸不著頭腦的愛蘭，則是一種酸奶與鹽水依一定比例、攪打而成的冷飲，盛行於保加利亞、土耳其等東南歐、中東、中亞地區。由於優酪乳湯和愛蘭均為鹹調味，對習慣原味或甜味酸奶的臺灣人而言，乍喝不免有「說不上哪裡怪」的奇妙感，很難像當地人那般一碗接一碗、一杯又一杯。然而，無論適口與否，這些飲品確實具有消暑健胃、解膩整腸的食療功效，堪稱是老外調節腸胃不適、水土不服的最佳內應。

保加利亞人對酸奶的喜愛已到「入骨」的地步，上餐館必喝大壺的愛蘭、大碗的優酪乳湯，料理的調味也不脫離酸奶，幾乎到了餐餐不離的境界。不僅如此，超市的冷藏櫃也有多款不同公司、不同乳脂含量（包裝上會以%標示）的酸奶，數量之多、令人咋舌！以筆者食用的經驗，乳脂含量越高的酸奶越綿密濃稠，較低的則相對清爽，可依照個人喜好選購。

超市內酸奶種類多不勝數

酸奶小鎮 ── 莫斯利安
（Момчиловци ／英譯 Momchilovtsi）

傳聞 保加利亞酸奶聲名遠播，2009 年一個位於保國中南部的小鎮莫斯利安，更成為中國光明乳業集團高端酸奶同名品牌（2016 年曾邀請五月天代言）的濫觴。為推廣產品，該公司標榜莫斯利安是保加利亞知名的酸奶 & 長壽村，空氣清新、環境宜人、泉水清澈……不僅如此，當地人對中國人尤其友善，據稱會以中文「你好」問候遠道而來的亞洲訪客。

實況 根據筆者經驗，莫斯利安需行駛約 1.5 小時、類似臺灣中橫的盤山路才可到達，車輛不多但駕駛相對辛苦耗時，沿途景致奇峻壯麗，路邊偶然可見販售蜂蜜、果醬等自家農產的小販，以及可供免費飲用的泉水口。由於路途遙遠，不免對此鎮萌生許多幻想，但真正到達後才知，這裡就是一座平靜踏實的正常山中村莊，人們友善但只會以保文問候，為數不多的店家則是以服務當地人的日用品和雜貨鋪為主，未見想像中的老奶奶酸奶作坊。不過，這間中國乳業公司並非毫無建樹，鎮口可見「莫斯利安」大型看板與中文觀光地圖，通往附近山頂的小徑有樹立寫著「長壽之路」字樣的指示牌，但也就僅此而已。單就觀光價值，筆者認為若非時間充裕，不需千里迢迢開車至此，但如果想純粹體驗純樸村莊風光，以及親眼看看酸奶品牌的發源地，倒可安排 2 天 1 夜的自駕小旅行。

玫瑰「保」值
—— 世界第一的玫瑰國

　　作為世界知名的玫瑰大國，保加利亞出產的玫瑰精油占全球總產量 7 成，又因質地純正、香氣醇厚等優勢，在同類精油中獨占鰲頭。更有甚者，鑑於玫瑰花的出油率極低（每公斤玫瑰油需要 2,000 ～ 5,000 公斤的花瓣蒸餾而成）、收穫期短（一年只有 20 ～ 25 天）的先天限制，導致價格始終居高不下，10 毫升的 100% 純玫瑰精油（Organic Rose Oil）零售價可達 2、3 萬臺幣（保加利亞當地售價約 330лв、6,500 臺幣），確是名符其實的「液體黃金」！

　　保加利亞種植玫瑰的歷史可追溯至 13 世紀，主要品種為自敘利亞引入、具有芳療價值的大馬士革玫瑰（Rosa damascena，又稱突厥薔薇），由於當地自然條件非常適合玫瑰種植，很快便在此落地生根。17 世紀末，尚在鄂圖曼帝國統治下的保加利亞開始透過海路及陸路，將高品質的玫瑰精油輸出至土耳其及歐洲各國。19 世紀初，保國中部的玫瑰生產重鎮——玫瑰谷（Розова долина）已然成形，唯玫瑰精油的煉製仍是採家庭作坊形式……時序邁入 20 世紀，隨著種植面積不斷增長，形成今日企業化經營的世界級規模，知名品牌包括分別於 1991 與 2000 年創立的玫瑰精油保養品牌 Refan 與 Biofresh，以及總部位在卡爾洛沃（Карлово）、創立於 1948 年的老字號 Bulgarian Rose。其中，Biofresh（譯名柏芙詩）已被臺灣經銷商引入，消費者可透過臺版官網直接選購全系列商品，唯當地價與進口價差距可達 3 倍以上。基本上，

玫瑰節現場重現萃取玫瑰精油的傳統工藝

無論是 Refan 或 Biofresh 都有在各大城市開立門市，各銷售點差價微乎其微（不含各門市單獨推出的特價促銷）。

　　玫瑰不只氣味芬芳，具有養生美容、降脂健體的保養功效，還是用於「行氣解鬱、和血散瘀」藥用配方，從薰蒸外敷到入菜內服都很適合，來到保加利亞，不僅能接觸到最正宗的保加利亞（產地）／大馬士革（品種）玫瑰精油，選購玫瑰果醬、玫瑰酒、玫瑰茶、玫瑰甜點、玫瑰美容保養品等周邊好物，如適逢春末夏初造訪，更可參與每年 5、6 月在卡贊勒克及玫瑰谷周邊城市舉行的「玫瑰節」（Празник на розата），節慶期間，國內外遊客不遠千里就為感受玫瑰盛放、農民豐收的愉悅氛圍，詳情可參閱本書〈卡贊勒克〉篇章。

　　需先提醒的是，玫瑰谷屬於農業區，雖道路兩側不時可見大片大片的花田，但整體樸實無華（是玫瑰田而不是玫瑰園），如果期待在玫瑰節期間到卡贊勒克或卡爾洛沃，就能見到豔麗綻放的「玫瑰海」盛況（類似陽明山花季或士林官邸花展），那麼您勢必得失望了！至於玫瑰節，周六的開幕式（遊行前一日的周六 08:30 ～ 11:00）沒有搭棚架或掛海報等裝飾，只有穿著傳統服飾的當地居民在玫瑰田旁唱歌跳舞的純真表演；周日中午的遊行則是以玫瑰皇后、各級學校與國內外表演團體為主體的嘉年華會，演出雖不一定專業，但都飽含真誠的善意。

玫瑰系列保養品

紀念品店必見玫瑰系列商品

古蹟「保」本
—— 挖不盡的燦爛遺產

地鐵站內亦有羅馬時代古蹟

　　漫步保加利亞，古蹟不只是景點，亦是最常見的風景，動輒千年的色雷斯人遺址、古羅馬劇場、中世紀教堂俯拾即是，「蘊藏量」高居全歐第三，僅次於希臘、義大利，密集程度彷彿整個國家就是一座露天博物館。眾大城小鎮中，以首都索菲亞的情況最令人「瞠目結舌」，地下層層堆疊、多不勝數的「歷史文物」，已達隨挖隨有的境界，不僅樓宇直接建在古羅馬遺跡上，地鐵更為此斷斷續續、一蓋 30 年……考量城市發展的現實，當地發展出一種「古今並存」的權宜之計——無論是五星級的塞爾迪卡舞臺酒店（Arena Di Serdica Hotel）、聖若瑟主教座堂前抑或市中心的 Сердика 地鐵站，處處可見小露或半埋的古蹟，與周圍現代化的建築相映成趣。

　　除了融入市景、免費開放的古蹟遺址，保國境內同樣有不少以此為主題的付費景點，一般而言，博物館的門票平價，唯部分需額外支付攝影費用，購票時可直接向櫃檯詢問。入內前，務必詳閱館方的參觀指引，其中教堂與修院在這方面尤其明顯，東正教堂絕大多數不可拍照（部分可購買攝影票，票價 5лв ～ 10лв，天主教堂則多可拍照）。以名列世界遺產的里拉修道院為例，就有衣著不得裸露手臂大腿（穿無袖上衣、短褲短裙者需以布匹遮蓋）、不能拍攝照片或動態影像、禁止發出聲響、不可翹二郎腿與雙手插口袋、禁止攜帶嬰兒車與大件行李入內等規範，請謹記在心並時刻遵守。

與古蹟並存的 Сердика 地鐵站

與千年古蹟一同用餐

溫泉「保」身
—— 巴爾幹半島的溫泉大國

位於巴爾幹半島上的保加利亞，擁有相當豐富的溫泉資源，泉水中蘊含多種礦物元素，具有舒緩不適、治療疾病等功效。無論是市區或郊區山林間道路旁（前2、3 公里會有水龍頭標誌提醒），不時可見免費供人汲取泉水的出水口。

保加利亞的溫泉早在數千年前便為色雷斯人所知，並懂得以泉水調養身體，至羅馬及鄂圖曼帝國統治時期更獲得廣泛運用。時至今日，保國境內有超過 700 處泉源與多座以溫泉聞名的度假小鎮，水溫介於 37℃～ 103℃，是歐洲名列前茅的溫泉大國。想一探保加利亞溫泉的朋友，除可在索菲亞市中心的索菲亞區域史博物館前及鄰近的免費汲泉區（詳見內文）生飲溫泉水，也可走訪 1、2 座溫泉小鎮，體驗古羅馬人也按讚的 SPA 魅力。

知名溫泉小鎮列表

1. 薩帕雷瓦巴尼亞（Сапарева баня）

位於索菲亞南方 80 公里、里拉山腳下，擁有保加利亞乃至整個歐洲大陸唯一的間歇泉（地下水變成蒸氣後由地底間歇噴出），泉水溫度可達 103℃。薩帕雷瓦巴尼亞的溫泉屬清澈無色、具有硫化氫氣味，內含碳酸氫鹽、硫酸鈉、氟、矽、硫化物等成分，被認為有治療神經系統、肌骨系統（關節炎、骨折後損傷、痛風）、上呼吸道疾患（鼻竇炎、咽喉炎）等功效。如有機會在此留宿且為自駕的朋友，筆者推薦位於鎮西側的溫泉旅館「guest house Relaxa」，旅館規模不大，但住宿空間寬敞、SPA 區小而全，價位實惠（平日雙人房含無灶臺小廚房、客廳僅 1,200 臺幣，餐廳不僅食物美味，中央更有一座西元 4 世紀的古羅馬遺跡。

里拉修道院內的甘甜泉水

2. 沃爾舍茨（Вършец）

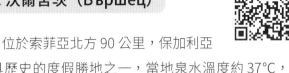

位於索菲亞北方 90 公里，保加利亞最具歷史的度假勝地之一，當地泉水溫度約 37℃，青澀無色、質地柔軟、口感頗佳，並且對身體具有相當療效。

3. 班基雅（Банкя）

位於索菲亞以西 10 公里、柳林山（Люлин）腳下，國內外知名的溫泉度假小鎮，當地的泉水被用於醫療已有數百年歷史。溫泉水溫為 36.5℃，口感無色無味、柔軟甜美，對於心血管、神經系統疾病與中風後恢復的患者皆有療效。

4. 桑丹斯基（Сандански）

位於索菲亞以南 160 公里，屬地中海型氣候，當地不僅溫泉含量豐富（水溫度介於 42°C ～ 81°C），亦因空氣中過敏源含量全國最低，而成為治療哮喘、過敏及其他疾病的天然療養暨溫泉勝地。

5. 希薩里亞（Хисаря）

位於普羅夫迪夫北方 40 公里，以擁有 22 個泉源著稱，溫度介於 31℃～ 51℃，依據成分的不同而各有療效。整體而言，當地的泉水既可喝亦可泡，對肌骨系統、婦科疾病、代謝、腸胃及內分泌系統都有一定助益。

6. 韋林格勒（Велинград）

位於普羅夫迪夫以西 80 公里，是保加利亞最大的溫泉度假勝地，有多間水療中心與 SPA 酒店，亦被稱作「巴爾幹地區的 SPA 之都」。鎮內及其周邊有多達 90 個泉源，由於泉水內的礦物質含量各異，可用於治療各種不同的疾患。

7. 代溫（Девин）

位於普羅夫迪夫西南 90 公里，當地自古以來就以具治療特性的礦泉馳名，據稱泉水可以治癒各種疾病，一款以「Devin」為名的礦泉包裝水就是在此生產。

溫泉小鎮也是礦泉水品牌

擁有歐陸唯一間歇泉的薩帕雷瓦巴尼亞

搖頭「保」險
── 點頭是錯、搖頭是對

保加利亞是世界上少數「搖頭＝對」、「點頭＝錯」的國家，也就是說，當保人覺得不好或不對的時候，就會（皺眉）前後點一下頭；而覺得好或正確的時候，則會邊說「за」（讀音za，「對」的意思）邊將頭左右搖晃。據傳這種「令外國人迷惑」的肢體動作，可能源自鄂圖曼帝國統治時期，目的在擾亂外來的土耳其人，使其弄不清保人的真正意圖。

對初來乍到的旅客，「問路」和「點餐」是最容易搞混的環節，例如：向當地人問路時，對方邊搖頭（左右搖晃）邊指方向，其實是「往那裡走就對了」；點餐時，服務生邊搖頭邊記錄，其實是「好，沒問題」。入境隨俗的外國人無法一下子扭轉習慣，最好的辦法是管住「自己的頭」，無論好或不好都切記「口說為憑」、切忌「搖頭晃腦」，以免走反方向或點了一桌不喜歡的料理。附帶一提，鄰國北馬其頓與阿爾巴尼亞也有類似情形，造訪時同樣需留意。

點餐「保」典
—— 吃「保」飽・不燒腦

保加利亞菜的烹調方式多採燉煮和燒烤，肉類以豬、牛、羊、雞等家禽家畜為主，毗鄰黑海沿岸的城鎮亦常運用魚蝦貝類等海鮮食材。當然，保人對酸奶的熱愛也體現在做菜上，有的直接淋、有的加入煮，因此不少料理都帶有一股溫潤的酸香氣。基於地利之便與歷史

保加利亞傳統火腿香腸拼盤

因素，當地也常見自俄羅斯、希臘、義大利、土耳其等傳入的異國美食，形成保加利亞豐富多元的美食網絡。用餐習慣方面，保加利亞人格外重視前菜裡的沙拉和湯品，餐廳大都會提供各種不同風味、溫度（冷湯／熱湯、溫沙拉／生菜）、配料的繽紛選項，儘管店家不斷激發創意、推陳出新，但最熱賣的依舊是傳統風味的鄉巴佬沙拉與優酪乳湯、豬肚湯。

超市冷藏區必見的當地飲品——愛蘭與博薩

保國餐廳的菜單一律標明所有料理、飲品的重量與容量（250g 一人食用已足、600g 則份量相當大），不僅可避免偷斤減兩的疑慮，也能較準確地預估餐點大小。一般而言，當地所稱的「1 人份」已綽綽有餘，碳水化合物（如麵包、米飯和麵）更有偏多的趨勢。消費

傳統餐廳常見禽類內臟料理

方面，保加利亞的外食價位與臺灣相當，平價餐館或快餐店人均消費約在 100 ～ 200 臺幣間，可謂物美價廉。

在保加利亞，無論購買生鮮自煮或上館子外食，都會面臨看不懂西里爾字母的難題，前者至少還可「眼見為憑」，以經驗判斷是什麼肉、哪種菜；後者如未提供英文翻譯菜單，就是徹頭徹尾的「有字天書」……解決上述語文隔閡的辦法，除使用翻譯 app（Google 翻譯、有道翻譯官等）、諮詢店員外，也可試著記住一些食材或料理（特別是保國傳統菜色）的單詞，相信對點餐的順暢度會有相當助益。

保加利亞傳統餐館

口味酸香的豬肚湯

風味略有差異的烤肉餅和烤肉條

保中食材／料理對照表

保文—西里爾字母	保文—拼音	中文翻譯
點餐常見單字		
месо	meso	肉
говеждо месо	govezhdo meso	牛肉
свинско месо	svinsko meso	豬肉
пилешко	pileshko	雞肉
агне	agne	羊肉
скарида	skarida	蝦
риба	riba	魚
салата	salata	南瓜（保加利亞餐桌最常見的食材之一）
супа	supa	湯
веган	vegan	素食
保加利亞特色美食		
шопска	shopska	鄉巴佬沙拉（黃瓜、番茄、起司為主體的保加利亞必見沙拉，紅綠白的配色恰與保國國旗相同）
таратор	tarator	優酪乳湯（發源於保加利亞的風味冷湯）
айран	ayran	愛蘭（酸奶與鹽水依比例調製的冷飲）
айвар	ayvar	紅椒醬（以紅椒烤熟後搗泥而成，是保加利亞乃至巴爾幹半島最常見的調味醬）
баница	banitsa	酥皮餡餅（保人早餐首選，內餡以白起司為主，另有添加肉末、蔬菜、水果、米飯等版本，形狀可以是條狀也可以盤成圓形後切片，變化多元）
боза	boza	博薩（使用麥芽發酵、口感濃稠似甜米漿，盛行於東歐、土耳其與中亞的微量酒精飲品）
кюфте	kebapche	絞肉製成的長條形烤肉條
луканка	lukanka	扁平香腸、保式薩拉米（醃漬壓制的保加利亞乾腸，切成薄片食用）

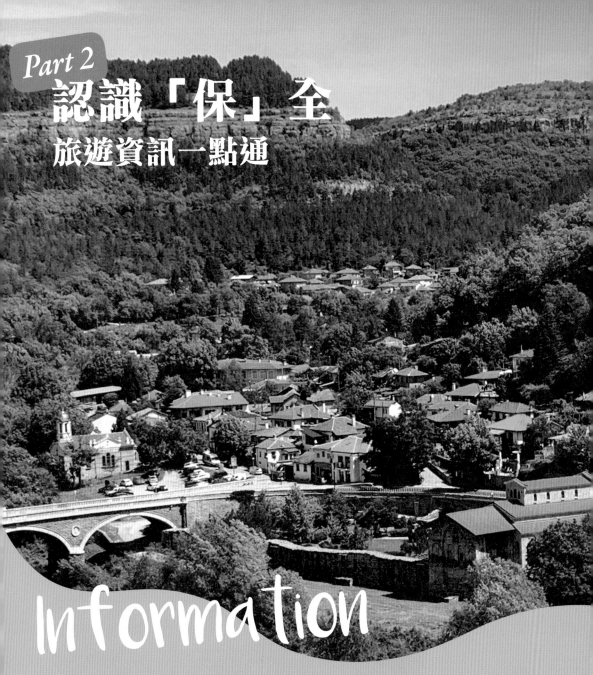

Part 2

認識「保」全
旅遊資訊一點通

Information

　　作為巴爾幹半島上的玫瑰國度，保加利亞不僅具備物價適中、氣候舒爽、風景秀麗等優點，亦蘊含多元文化交融的歷史背景與豐厚的古蹟遺產。儘管當地人不盡然通曉英語，但都有樂於助人的樸實性格，見「外國人」神情徬徨、面露困惑尋求協助，皆不吝給予幫忙。出發前，不妨透過本書整理的實用旅遊資訊，對保加利亞有更進一步的認識。

保國概況

保加利亞位於歐洲東南部的巴爾幹半島，面積 11 萬平方公里（約臺灣 3 倍），與羅馬尼亞、塞爾維亞、北馬其頓、希臘與土耳其接壤，東部為長達 354 公里的黑海海岸線。巴爾幹山脈（Стара планина，意譯為老山）橫貫全境，將國土分為北部的多瑙河平原與南部的色雷斯低地，約 30% 面積是平原、高原和丘陵則有 41%，境內地勢起伏多，位於北側的多瑙河是保加利亞和羅馬尼亞的界河。保加利亞總人口數約 700 萬，種族比例方面，以保加利亞人為主要族群（占 85%），其次為土耳其人（占 9%）和吉普賽人（占 5%）；分布方面，7 成以上居住在城市（近 2 成集中在首都索菲亞）。保加利亞語為保加利亞的唯一官方語言，屬印歐語系斯拉夫語族南斯拉夫語支，採西里爾字母拼音。儘管保加利亞的憲法沒有明定官方宗教，但有近 6 成人民認同自己是東正教信徒，其次為信仰伊斯蘭教的穆斯林（主要為土耳其人和部分吉普賽人）。

國民英雄瓦西爾・列夫斯基

保加利亞的歷史可追溯至西元前 6,500 年，色雷斯人為當地最早的居民之一；西元前 5 世紀，色雷斯王國成立；西元 1 世紀，色雷斯王國被羅馬帝國兼併，成為羅馬帝國行省。保加利亞的國家體制，源於保加爾人（來自中亞的突厥後裔，保加利亞人的前身）首領阿斯巴魯赫（Аспарух）聯合當地斯

拉夫人共同擊敗拜占庭帝國（即東羅馬帝國）後，所成立的「保加利亞第一帝國」（681～1018），其在鼎盛時期一度是斯拉夫文化的重心，國力甚至可與拜占庭帝國分庭抗禮。西元 10 世紀末，好戰的「保加利亞人屠夫」拜占庭皇帝巴西爾二世（Βασίλειο Βουλγαροκτόνο）屢屢進逼，終於 1018 年將其併入拜占庭王國。百年間，保加利亞爭取獨立抗爭持續不斷，但直到伊凡‧阿森（Иван Асен）兄弟率領的大規模戰爭，才成功迫使拜占庭承認其獨立地位，開啟「保加利亞第二帝國」（1185～1396）時代。

14 世紀末，第二帝國遭鄂圖曼帝國入侵，成為其轄下的一個省，爾後數百年間，儘管象徵民族復興的反抗運動不斷，卻未能動搖土耳其人的權利地位。19世紀下半，隨著鄂圖曼帝國的逐漸衰落，保加利亞趁俄土戰爭之便順勢起義。戰後，先宣布成立名義上為鄂圖曼帝國屬國的「保加利亞大公國」（1878～1908），後於 1908 年正式獨立為「保加利亞王國」（1908～1946）。二戰期間，保加利亞加入以德國為首的軸心國，戰敗後被劃入蘇聯的勢力範圍，並在其扶植下建立共產政權「保加利亞人民共和國」（1946～1990）。隨著民主化浪潮席捲東歐，保加利亞共產黨於 1990 年自行宣布放棄一黨專政體制，爾後舉行自由選舉，並將國名改為「保加利亞共和國」迄今。2004 年加入北大西洋公約組織，2007 年成為歐盟一員。

保加利亞的政權演變簡史

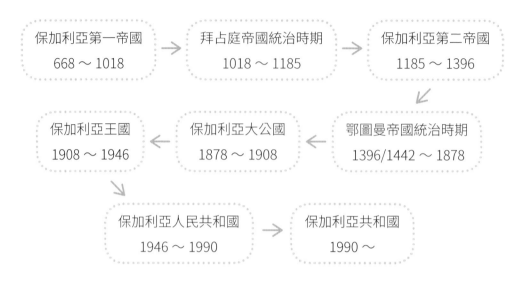

保加利亞第一帝國
668～1018

→

拜占庭帝國統治時期
1018～1185

→

保加利亞第二帝國
1185～1396

↓

保加利亞王國
1908～1946

←

保加利亞大公國
1878～1908

←

鄂圖曼帝國統治時期
1396/1442～1878

↓

保加利亞人民共和國
1946～1990

→

保加利亞共和國
1990～

世界遺產

　　目前保加利亞境內共有 10 項世界遺產（7 項文化遺產＋3 項自然遺產），本書觸及的皆為文化遺產，包括：博雅納教堂（1979）、馬達拉騎士浮雕（1979）、伊凡諾沃岩洞教堂群（1979）、卡贊勒克色雷斯人墓（1979）、內塞伯爾古城（1983）、里拉修道院（1983）及斯韋什塔里色雷斯人墓（1985）等 7 項。

內塞伯爾世界遺產標誌

參觀教堂時須留意穿著

　　儘管已是受國際認證的世界遺產，但往返其間的大眾運輸並不發達，非自駕者需耗費半天甚至 1 日、經歷幾番轉車周折才能到達，整體而言頗為不便。以旅客最常造訪、位於索菲亞近郊的博雅納教堂與百公里外的里拉修道院為例，如自行搭乘公車分別前往，至少需要花費 1.5 日。若時間有限，不妨參與當地旅行業者推出的一日雙點套裝行程（旅客服務處與旅社都可見相關 DM），上午先驅車至路途較近的博雅納教堂，之後再前往較遠的里拉修道院（或相反），收費為一人 € 25 ～ € 30，含交通與導遊費，但不包括門票和午餐，建議可自備水和三明治。

世界遺產伊凡諾沃岩洞教堂群指示牌

由索菲亞市中心出發的博雅納教堂＋里拉修道院一日團（門票自費、無購物）

INFO ....

Traventuria ── **RILA MONASTERY & BOYANA CHURCH - EVERY DAY (bestseller)**

🔵 traventuria.bg/rila-monastery-shuttle-bus-from-sofia

🔍 Traventuria 是專營索菲亞套裝與健行規劃的旅遊機構，遊客可透過網站預訂行程，於當日 08:45 到亞歷山大‧涅夫斯基大教堂旁的停車場集合即可，約 17:30 返回索菲亞。

Sofia Trips ── **Rila Monastery-Boyana Church Tour**

🔵 sofiatrips.com/rila-monastery-tour/

🔍 Sofia Trips 是頗具規模的旅遊機構，提供當天往返普羅夫迪夫、里拉七湖健行等 1 日、2 日與多日的固定或客製化行程，以及音樂會與球賽等票券代購服務。

....

旅遊季節

保加利亞雖基本上被劃歸為溫帶大陸性濕潤氣候，日夜溫差大，橫亙國土的東西向巴爾幹山脈，讓南北氣候產生明顯的溫濕度差異，復以東部與南部地區又分別受黑海、地中海調劑，而屬於較溫和潮濕的溫帶地中海型氣候。保加利亞平均年雨量為 600 公釐（約臺灣 ¼），夏季雨量較多，東、南部在冬季則有明顯降雨。一般而言，6 月、7 月氣溫舒適、氣候穩定，是最佳旅遊季節。8 月雖為大旺季（黑海沿岸更是西歐和俄羅斯人蜂擁而至的度「夏」勝地），但東部氣溫動輒破 30°C，戶外活動相形炎熱。

由於各城市氣候狀況不盡相同，難以一概而論，在此列出索菲亞的每月平均高／低溫（降雨日數）作為參考基礎：1 月 3°C ／ -5 °C（5 日）、2 月 6°C ／ -3°C（5 日）、3 月 11 °C ／ 0°C（6 日）、4 月 16°C ／ 5°C（8 日）、5 月 21°C ／ 9°C（9 日）、6 月 25°C ／ 12°C（8 日）、7 月 28°C ／ 14°C（5 日）、8 月 28°C ／ 14°C（4 日）、9 月 23°C ／ 10°C（4 日）、10 月 17°C ／ 6°C（5 日）、11 月 10°C ／ 1°C（6 日）、12 月 5°C ／ -3°C（6 日）。鑑於近年極端氣候情形加劇，冷熱、乾濕並非如往常那般容易預估，出發前，請

再次確認當地氣候狀況，秋冬、初春出發者請務必攜帶足夠的禦寒衣物與雪地出行的裝備。

日出日落

保加利亞的夏季日落時間較臺灣晚、冬季白天較臺灣短，6、7月平均日照時間超過 15 小時，晚間 9 點天色仍亮；反觀 12 月，傍晚不到 5 點便已日落，全天日照僅 9 個多小時。由於季節差異明顯，導致部分景點的開放時間、大眾運輸班次會隨季節微幅調整，規劃行程時請留意。

索菲亞日出／日落時間

月份	日出	日落	平均日照
1 月	07:55	17:02	9.1 小時
2 月	07:38	17:38	10 小時
3 月	07:00	18:14	11.2 小時
4 月	07:06	19:50	12.7 小時
5 月	06:19	20:25	14.1 小時
6 月	05:49	20:56	15.1 小時
7 月	05:51	21:07	15.3 小時
8 月	06:17	20:45	14.5 小時
9 月	06:50	19:59	13.2 小時
10 月	07:22	19:06	11.7 小時
11 月	06:59	17:18	10.3 小時
12 月	07:35	16:52	9.3 小時

公眾假期

日期	節日名稱（保加利亞文）	中文譯意
1 月 1 日	Нова година	新年
3 月 3 日	Ден на Освобождението на България от османско иго	保加利亞解放紀念日①
4 月或 5 月	Великден	復活節②
5 月 1 日	Ден на труда	勞動節
5 月 6 日	Гергьовден, Ден на храбростта и Българската армия	聖喬治節
5 月 24 日	Ден на българската просвета и култура и на славянската писменост	保加利亞教育文化和斯拉夫文學日③
9 月 6 日	Ден на Съединението на България	保加利亞統一紀念日④
9 月 22 日	Ден на Независимостта на България	保加利亞獨立紀念日⑤
11 月 1 日	Ден на народните будители	民族復甦日⑥
12 月 24 日	Бъдни вечер	聖誕夜
12 月 25 日 12 月 26 日	Рождество Христово (Коледа)	聖誕節

①紀念 1878 年簽署的〈聖斯特凡諾條約〉，終結鄂圖曼帝國對保加利亞近 500 年的統治。
②東正教的復活節時間與天主教略有差異，每年時間不同，但都在 4、5 月間。
③感念創建西里爾字母的傳教士聖人西里爾與美多德。
④紀念 1885 年與東魯米利亞（Източна Румелия）統一，東魯米利亞為 1878 ～ 1885 年間鄂圖曼帝國的一個省份（省會為普羅夫迪夫），位於今保加利亞南部。
⑤ 1908 年 9 月 22 日保加利亞親王的斐迪南一世在大特爾諾沃宣布保加利亞獨立。
⑥紀念啟發保加利亞民族精神、推動解放運動的文學家、革命家、教育家等文化領袖。

貨幣匯率

保加利亞雖是歐盟成員，也有加入歐元區的規劃，但現階段貨幣仍為「保加利亞列弗」（縮寫 лв，英文 lev），列弗源自 19 世紀古保加利亞語的「獅子」（現寫作 лъв）一詞。列弗的最小幣值為「分」（Стотинка，音譯斯托延基），1 列弗兌換 100 分。現行流通的貨幣中，硬幣有 1 分、2 分、5 分、10 分、20 分、50 分與 1 列弗，紙幣則包括 1 列弗、2 列弗、5 列弗、10 列弗、20 列弗、50 列弗和 100 列弗。結束保共專政後，列弗自 1997 年開始與德國馬克掛鉤，爾後因馬克被歐元取代而改和歐元掛鉤，匯率為 1 €＝ 1.956лв。臺幣與列弗的匯率隨歐元變動，一般維持在「列弗：臺幣＝ 1：18」，即 18 臺幣可兌換 1 列弗。

臺灣無法直接購買列弗，需持歐元或美元至當地找換店（Exchange）換匯，這類店鋪在主要城市經常可見，光顧前務必確認欲兌換的貨幣匯率、有無收取

手續費等重要細節，以歐元兌換為例，1 €＝ 1.95лв、無手續費者為最佳。儘管保加利亞境內有些店家願意收取歐元，但匯率肯定比直接使用列弗差，如停留的時間較長，還是兌換列弗再消費最划算。

保國境內各城市均可見私人經營的找換店，一般而言，以機場、車站內的匯率較差，抵達後可於此換小額（足夠買車票）的金額，入市區後再依需求逐筆換匯。以國際觀光客必定造訪的首都索菲亞為例，Сердика 地鐵站周邊的市中心即有多間匯率佳、不加收手續費的店家，如：ФАКТОР И.Н. АД、Crown Change、Никар 2005（NIKAR 2005） 等，換匯前也可參考 Google Maps 上的評價，減少踩雷機率。

INFO ┄┄

ФАКТОР И.Н. АД

🏠 пл. „Княз Александър I" 10А, 1000 Център, София (近城市花園)

🕐 平日 08:45 ～ 18:00、周六 10:00 ～ 17:00、周日休

Crown Change

🏠 бул. „княгиня Мария Луиза" 20, 1000 Център, София (近索菲亞市集中心)

🕐 平日 08:30 ～ 18:30、周六 08:30 ～ 18:00、周日休

Никар 2005

🏠 бул. „Витоша" 36, 1000 Център, София (位於維托沙大道)

🕐 09:00 ～ 21:00

┄┄

海關檢查

保加利亞屬尚未獲准加入申根區的歐盟成員國，根據《申根公約》，保國實行與申根區相同的簽證政策，即給予持中華民國護照的中華民國公民「免簽證入境」待遇。國人在保加利亞的免簽停留日數為 6 個月內不超過 90 天，採單獨計算，不與申根區合併。自 2021 年起，國人雖可繼續享有免簽待遇，但出發前需

先至「ETIAS」（歐盟旅遊資訊與授權系統）網站填寫資料（包括：姓名、出生年月日、出生地、身分證字號、聯絡方式、信用卡等）、繳納費用€7，才可獲准入境歐盟國家。需留意的是，「ETIAS」最慢需於出發前72小時提出申請，每次效期3年（或護照到期日），效期內可無限次數進出。

　　入境保加利亞時，移民官多直接蓋章放行，部分會簡單詢問停留日數、旅遊計畫等，如有疑慮，將進一步要求提供旅館訂房紀錄、回程機票、足夠維持旅遊期間的生活費、申根醫療保險投保證明等，如缺少相關佐證資料，可能遭到遣返。其中，申根醫療保險雖非入境必備，但因歐洲醫療昂貴，旅歐期間最好投保。臺灣不少保險公司都有提供相關保險組合，保費視旅遊時間長短而有差異，一般約在2,000至4,000臺幣間。完整的申根醫療保險會提供保險人在當地的緊急醫療救護、醫院治療與遣送回國等服務，保單上會註明該公司在申根區的24小時緊急聯絡電話，請務必隨身攜帶。

為免溝通誤差，請備妥以下文件供海關查驗：

1 中華民國護照（預計離開申根國當日仍有3個月以上效期）。

2 旅館訂房確認紀錄（英文）。

3 回程機票。

4 足夠維持歐遊期間的生活費（現金、信用卡），可以一日€50估計。

5 申根醫療保險投保證明（英文）。

6 旅行計畫表（英文）。

住宿要點

保加利亞的住宿以私人經營的公寓式旅館（Apartment）占比最高，相較有 24 小時接待櫃檯、規格化房間與每日房務整理的正規飯店，這類房間具有性價比高（索菲亞市中心一晚 1,500 臺幣已相當不錯）、選擇多元等優勢，其中不少還附有簡易廚房、客廳、洗

中等以上旅館含早餐一晚約臺幣 1500 至 2500 間

衣機、烤箱、微波爐、咖啡機等設備，讓住客有家的感覺。稍微麻煩的是，因公寓式旅館多由房東自行管理，並無 24 小時前檯服務，事前需先約定時間、至指定地點拿取鑰匙，如深夜入住或凌晨退房也需事先溝通。

住宿最怕誤踩地雷，為降低「惹禍上身」的機率，預訂時請把握以下 3 個要點：靠近市中心或主要景點、交通便利（步行 10 分鐘內可達地鐵站）、治安狀況佳（避免狹小巷弄與網友間口耳相傳的危險區域），其餘如衛浴設備、網路速度、是否有吹風機、電熱水壺、冰箱、廚房等，也請盡量事先確認。需留意的是，保國部分旅社的浴室缺少乾濕分離設計，一種是毫無遮蔽，只要洗澡整間浴室（包含馬桶等）就會全濕；另一種是雖有隔出淋浴區，但未完全封閉，導致水極易噴濺出來，上述兩種都不在少數，除有心理準備外，也可攜帶防水防滑拖鞋以便進出浴室。

基本上，訂房網站累積的住客評論也具相當程度的參考價值，從隔音、排水、空調、交通、服務態

索菲亞市中心含廚房公寓一晚約臺幣 2500

公寓式住宿備有廚房、洗衣機等設備

度到早餐菜色皆有著墨，旅客可依個人需求加以取捨。以筆者慣用的 Booking.com 為例，可先輸入預算、地點、評分等篩選條件，再從分數較高者中（至少 8.5 起跳）尋找最合適的一間。

租車自駕

　　自駕可謂暢遊保加利亞最省時省事的選擇，相較大眾運輸較為密集的主要城市，更適用於前往中小型城鎮與地處郊區的世界遺產。保加利亞和臺灣一樣為左駕，高速公路順暢好行，唯一般道路狀況普遍欠佳，凹凸坑洞破損多，顛簸震動在所難免，部分鄉間道路更是大小石礫遍布、小坑凹洞處處的「天堂路」，駕駛時需格外留意。

　　國人在保加利亞駕車，只需於出發前到監理站辦理國際駕照，備妥「國內駕照＋國際駕照」就可在當地租車，輕鬆享受隨走隨停的自駕樂趣。如確定行程，可先在臺灣透過「Rentalcars.com」、「租租車」、「Booking.com—租車」等平臺查詢及預訂車輛，除 Europcar、Hertz 等國際品牌，也可考慮保加利亞本地的大型租車公司「Top Rent A Car」，後者同樣具備「自有車隊」、「車輛狀況佳」、「營業據點多」、「價格經濟實惠」、「A地借、B地還」等優勢。至於有「跨國需求」的旅客，租車前務必向業者說明「計畫開往那些國家」，除會酌收一筆跨國費，也將準備可跨境的車輛與跨境時所需的相關證明文件。還車時，一般需將油箱加滿，異地借還車也需多支付服務費。

　　歐洲車以手排檔（manual transmission）占絕大多數，自動檔（automatic transmission）不只少見更高貴，兩者價差 1 倍以上。儘管手排車選擇多且價格實惠，但除非相當熟練手排車操

加油站標示清晰

作或出發前充分練習，建議還是多花點錢「自動」消災。此外，在陌生的環境開車，完善的保險更是不可或缺，如有 1 人以上擔任駕駛，也必須標註於保單，以免在事故發生時因駕駛非被保險人而無法獲得理賠。價格方面，以在保加利亞境內租賃「Top Rent A Car」車輛為例，一日租金（不含保險、汽油等附加費用）分別為手排檔 300 臺幣起、自動檔 500 臺幣起，異地還車需收€ 120 起的服務費，即使已事先透過網路刷卡繳清租車與保險費，取車時仍需另刷€ 200 為押金（請確保信用卡內有足夠額度），如車輛無損返還且租車期間沒有違規紀錄，租車公司將不會請領此筆費用。

保加利亞自駕注意事項：

① **速限**：高速公路（A 開頭）最高／最低速限分別為每小時 140 公里／85 公里，前者為目前世界最高速限。平面道路速限需視當下交通標誌行駛，一般為每小時 90 公里，進入城鎮務必放慢速度至每小時 50 或 40 公里，進出城鎮時最易遇到測速照相。

② **導航**：除向租車公司租賃導航設備，或自行下載保加利亞地圖相關 app，Google Maps 的導航功能也是可依靠的選擇。

③ **加油**：保加利亞的油價較臺灣高，95 汽油 1 公升一般約 2.2лв（40 臺幣），柴油價格略高 0.4лв 左右，各站油價也有差異。營業時間方面，部分提供 24 小時服務，部分為 06:00 ～ 07:30 開門、19:00 ～ 22:00 關門。加油站有人工與自助兩種，後者於自行加好油後至站內收銀檯告知加油機號碼付款即可。如不確定油種，一般油箱蓋上都會寫明，亦可請加油站員工協助確認。

4 **收費**：保加利亞的高速公路採取車牌辨識電子收費系統「e-vignette」，收費標準是按天數而非里程計算，現有提供周末（周六＋周日，10лв）、1 周（15лв）、1 月（30лв）、1 季（54лв）、1 年（97лв）等 5 種方案。駕駛人進入付費道路前，需先於加油站購買 Vignette，告知店員車牌號碼後，待對方將車號輸入系統，即完成付款手續，跨國者可在邊界前最後一個或過關後第一個加油站購買。基本上，在保加利亞租賃的車輛都已附上保國的 Vignette（即過路費已包含在租車費中），不用另外購買，只有在開往他國（如羅馬尼亞）時，才需購買該國的 Vignette。除高速公路外，行駛穿越保、羅兩國邊境的橋梁也會收取「過橋費」，魯塞端為 4лв、維丁端為 12лв。

5 **停車**：市區停車有藍區和綠區兩類，臨時停車前需向路邊書報攤購買停車卡（或直接找穿著黃背心的查票員購買時數），停車卡有 3 種，分別為「售價 0.5лв，停放綠區 30 分」、「售價 1лв，停放綠區 1 小時或藍區 30 分」、

違反停車規定可能遭拖吊或鎖車輪處罰

「售價 2лв，停放綠區 2 小時或藍區 1 小時」。購入停車卡後，先自行刮出停車時間，再置於擋風玻璃前，違規停車可能面臨 200лв 以上的罰款、車輪上鎖或拖吊等處罰。需留意的是，藍區、綠區的收費時間分別為平日 08:30 ～ 18:00 和平日 08:30 ～ 19:30，周末假日皆暫停收費，如有疑慮，可直接洽查票員繳費。此外，市區巷弄內未畫停車格線的一般路邊，即使前後均有停車，也不代表是「允許停車的位置」，如在旅社附近，請就近向旅社人員詢問是否可停，或盡量找有畫格線的合法位置，以免遭受罰款或拖吊。

6　**事故**：聯絡租車公司並等待警察（電話 112、166）前來處理，不可直接離開現場。

借還車手續堪稱快速便捷

7　**規範**：車輛需整日開大燈。單行道只有左側能夠停車。行駛圓環時，外側車需禮讓內側車。行經未設置紅綠燈而有斑馬線的路口，如遇行人穿越（即使只是作勢要過馬路）「一律煞停」禮讓。所有乘客皆需繫上安全帶，未滿 12 歲或不足 150 公分者不能坐前排。不能戴深色墨鏡或穿高跟鞋、拖鞋開車。冬季時，所有車輛都需使用雪胎。

8　**提醒**：對向來車閃頭燈，表示前方有警察進行超速取締與攔檢。部分保國本地駕駛因熟悉路況，開車速度快（頗有賽車手感），如車況允許請靠邊禮讓。城鎮內時常會出奇不意地衝出車輛或行人，或遇上邊開車邊使用手機的分心駕駛，務必時時提高警覺。路邊停車時請務必遵守規範付費，以免遭到罰款或拖吊（拖吊費 50лв 起跳），停車場的保文寫法為「Паркинг」。

國際駕照

說明：本人持「身分證正本」（驗畢交還）、「駕照正本」（驗畢交還）、「護照」（查核英文姓名、影本亦可）、「2 吋大頭照兩張」（6 個月內近照）與規費 250 元，至各區監理所、站即可辦理。國際駕照效期 3 年，若臺灣駕照效期低於 3 年（2013 年後核發的駕照效期均為駕駛人 75 歲時），則以後者為準。國外租車時，國際駕照與臺灣駕照需一併出示，否則將無法使用。

時差

保加利亞（GMT+2）與臺灣（GMT+8）時差 6 小時，即臺灣時間 1 月 31 日凌晨 4 點、保加利亞時間為 1 月 30 日晚間 10 點。保加利亞於「3 月最後一個周日」至「10 月最後一個周日」實施「夏令時間」（GMT+3），時間調快 1 小時，與臺灣時差縮減為 5 小時，即臺灣時間 7 月 31 日凌晨 2 點、保加利亞為 7 月 30 日晚間 9 點。

電壓插座

保加利亞的電壓為 230V、頻率 50Hz，屬 C 型、F 型──圓頭雙孔插頭插座，如在當地使用自備電器用品，需使用轉接插頭與變壓器。需提醒的是，由於 F 型的插座呈現圓形凹洞狀，轉接插頭若「頭太大」（卡在圓形凹洞外）且「插腳不夠長」（插頭卡住導致插腳無法插進／緊插座）就會無法使用。筆者經驗是市面上的長方形萬用轉接插頭基本過關，準備轉接插頭時請一併納入考量。

飲用水

　　保加利亞首都索菲亞的自來水可以生飲，路上也不時可見飲水檯，為保腸胃健康，還是以煮沸自來水（礦物質沉澱較多）或購買包裝水為主。保加利亞境內擁有豐富的礦泉水（Минерална вода）資源，泉水自古以來就被證實具有預防疾病、舒緩身體不適等療效，旅途中如見到販售的瓶裝礦泉水或自然湧出的礦泉水泉，也不妨嘗試看看。

　　關於燒開水的部分，保加利亞的旅館房間多未設置熱水壺，如需熱開水，通常需額外致電客房服務。鑑於國人多有沖茶、咖啡與泡麵的習慣，建議可自行攜帶電湯匙、鋼杯或旅行用熱水壺、料理鍋，自己的熱水自己燒。

小費＋廁所指南

　　保加利亞與其他歐洲國家類似，有給小費的習慣。基本上，計程車是以「不找零」為小費，較高級的餐廳則是餐費的 10%。不過，小費其實是一種不成文的人際互動，給與不給、數字高低可視當下感受調整。

　　保加利亞的公廁（Тоалетна）通常要收費，一次 0.5лв

起跳（約 10 臺幣），部分觀光區會到 1лв，多採自助投幣式，請備妥硬幣以備不時之需。廁所入口處會標示「Жени」（女士）與「Мъже」（男士）。另請留意，當地蹲式馬桶方向與臺灣人的習慣相反。

鐵路資訊

　　保加利亞的鐵路線由國營企業「保加利亞國家鐵路」（Български държавни железници，簡稱 БДЖ）負責維護及營運，列車種類分為國際快速（МБВ）、快速（БВ）、普通（ПВ）、城郊普通（КПВ）。旅客可於官網「bdz.bg」查詢時刻表、即時出發／抵達車次等訊息，主要城市間的部分班次也提供網路購票服務。車廂內基本採「包廂形式」，分為一等座（първа класа）與二等座（втора класа），前者 1 個包廂通常有 6 個座位，空間較為寬敞；後者則有 8 個座位，相形擁擠一些，兩者價差依行車距離而有所差距，約莫在 2лв ～ 5лв 間。此外，若不想一上車就如玩大風吹般瘋搶座位，不妨多花 0.5лв 的指定座位費（седящо），跨夜列車還有臥鋪（спално）可供選擇。

　　現場購票方面，由於大城市間班次較密，除非遇上假期等特殊情況，一般當日購買即可。為免溝通誤解，請事先將欲前往的城市（西里爾字母版）、日期、時間、車次、座位等級、人數等乘車訊息寫在紙上，不僅節省雙方時間，也能降低出錯的機率。購票櫃檯不接受刷卡，請準備足額現金。

網路上針對保加利亞火車準點與否的討論，可謂「眾說紛紜」，有的經驗是班班準點、有的卻是班班延遲，多數則是準點與稍微晚點參半，以筆者經驗，確實是有「越來越準」的趨勢。基本上，無論火車站內、車票上或列車裡都是使用

西里爾字母書寫與保加利亞語廣播，乘車時如遇問題（不確定月臺、找不到車班等），可持車票向服務人員尋求協助，上車後，也請開啟手機的定位功能並留意沿途停靠站。

`INFO` ··

БДЖ 網路購票

 bdztickets.com/en/

以 E-mail 申請帳戶並登入，輸入起訖點、日期資訊，即顯示可乘車班，目前可預訂距離出發日 30 天內～ 24 小時前的車票。選定車票後，以刷卡方式付款，再將電子票券列印或儲存於平板、手機等載具，乘車時直接出示即可，不需另外至車站換領實體票。

乘車常見保文單字／單詞

заминаващи	出發	направление	往…方向
пристигащи	抵達	минава през	行經…
първа класа	一等座	начална гара	起點站
втора класа	二等座	крайна гара	終點站

市區公車

保加利亞的公車主要有無軌電車（Тролейбусен，路線為 T 開頭）和巴士（Автобус，路線為 A 開頭），惜相關路線資訊尚未與 Google Maps 整合，如欲查詢各城市公車的站點分佈、運行情況、即時班表與兩地間的班次路線，需仰賴網站「eway.bg」。站內目前已建置索菲亞、普羅夫迪夫、瓦爾納、布爾加斯、普列文等 5 座城市的公車網絡，網站清晰易懂、好操作，地圖上標有各站名稱與

行經路線。使用者只要選擇起訖點，系統就會依序顯示推薦的班次，同時註明該趟旅程的等車時間、行駛路線、票價、距離、總時間（走路＋乘車）、停站數等訊息，對初來乍到又有語言隔閡的自助客更是受用。除了網頁版，「eway.bg」也有免費 app「Eway public transport」供下載使用，開啟自動定位功能後，同樣可規劃兩點間的即時大眾運輸狀況，相當實用。

需提醒的是，索菲亞的有軌電車礙於「軌道位置」限制，有時須在路中央上下客，有時門一打開竟是緊貼在側的汽車，乘客為此得冒險跨越車道、穿越車陣才能搭乘。考量人身安全，遊客還是秉持小心至上的原則，切莫為趕車而莽撞行事。

INFO ....

Eway.bg

🌐 eway.bg

🔍 進入網站後，先點擊左上角 EASYWAY 下方的地名，便會跳出保加利亞、克羅埃西亞、波蘭、哈薩克、塞爾維亞、烏克蘭、摩爾多瓦等 7 國的主要城市，再點選欲查詢公車資訊的城市即可。

計程車提示

保加利亞（特別是首都索菲亞、普羅夫迪夫、瓦爾納等觀光城市）的計程車因哄抬價格為人詬病，其中以觀光區或車站旁、（特別是）停在路邊攬客的司機最為嚴重。這些存心不良的害群之馬，不僅有繞路的惡習，假裝聽不懂或顧左右而言他，連計費錶都有問題（跳得速度飛快），一旦上車基本 20лв 起跳，

超收費用往往是正常的 3、4 倍！以索菲亞為例，最具規模的計程車行名為「OK SUPERTRANS」（叫車電話 02 973 2121），而冒牌貨則寫作「OK SUPERSHANS」，兩字之差、差之千里。

為免惹禍上身，最好的辦法是請旅館、餐廳或服務櫃檯代為叫車，切莫相信糾纏者的花言巧語！上車後，注意司機是否照錶正常收費，一般車輛的起跳價為 0.8лв、每次跳錶金額 0.79лв，如單次跳錶數值超過 1.99лв 或跳動速度飛快，就很可能是未正常收費的計程車；搭乘時，不妨開啟 Google Maps 即時定位，查看司機是否繞遠路或往反向行駛……如覺

事有蹊蹺，請在安全且不引發衝突的情況下盡快下車，畢竟人在國外還是明哲保身為上策。整體而言，保加利亞仍以中規中矩的駕駛占多數，但只要遇上 1、2 位惡質份子，就會嚴重傷害對當地司機乃至旅遊品質信任，身為偶爾造訪的遊客，小心謹慎就是最佳良方。

人身安全

保加利亞整體治安佳，人民溫和友善，多可通英語，即使有語言隔閡也樂於給予幫助，唯索菲亞、普羅夫迪夫、魯塞、瓦爾納等大城偶有針對觀光客的扒竊、行搶等犯罪行為。搭乘大眾運輸工具或辦理入住時，請秉持物不離身的原則，信用卡、護照等重要資料可收於貼身暗袋內（可選購使用 RFID 屏蔽布料製造、具防側錄功能的斜背式防盜包），錢包形式越簡單越好，不要使用最易被歹徒鎖定的名牌皮夾。

教堂外常見蹲點式與移動式的乞討者，前者主要蝸居在入口旁，邊向行人

乞求邊搖晃紙杯或伸手；後者則為穿著簡單的老年男子，他們多在附近伺機而動，鎖定對象後向前攀談，對於我們這類「顯而易見」的外國人，通常會以英語詢問「Can you Speak English?」如無反應，便會繼續問是否說德語、法語之類。面對這類情況，最好的處理方式就是「無反應並快步離去」，他們見無機可乘，就會去物色下個目標。

儘管保加利亞的扒手不似法國、西班牙、義大利等觀光大國那般猖獗，但「時時提高警覺」仍是全身而退的最佳法寶。走在路上，無論遇到「面帶微笑的搭訕男女」或「強調優惠的換錢掮客」都務必謹記不看不聽不理，此外，真正的保加利亞警察會穿著正式制服，不會無故在街上攔檢並要求出示錢包（真警察只會要求檢查護照），遭遇糾纏時，請快步往鬧區移動並伺機找當地人或真警察協助。由於外交部尚未在保加利亞設立駐館，如遇護照遺失、緊急危難等狀況，則需與我國於巴爾幹半島的唯一代表機構「駐希臘臺北代表處」（Taipei Representative Office in Greece）聯繫，其轄區除希臘全境，也兼理保加利亞、南賽普勒斯。

INFO ....

駐希臘臺北代表處

🏠 57, Marathonodromon Avenue, 15452 Paleo Psychico, Athens, Greece

　　+30 210 677 6750

🕐 平日 09:30 ～ 16:00（假日休）

🔔 國人如遭遇車禍、搶劫、攸關生命安全的緊急情況，可撥打急難救助電話 +30 6951853337；一般護照簽證等非急難重大事件，請於上班時間以辦公室電話聯繫。

📷 roc-taiwan.org/gr

....

退稅手續

與其他歐盟國類似，保加利亞境內的退稅業務主要由「環球藍聯」（Global Blue）、「卓越免稅」（Premier Tax Free）承攬，商家門口放有「Tax Free」的

標誌，即表示提供退稅服務。保加利亞的退稅基準為同日同店消費滿 250лв（約 €128），旅客需在購物日起 3 個月內離開歐盟地區，出境最後 1 個歐盟國時在當地海關提出退稅申請，並於購物日起 6 個月內寄回退稅單。也就是說，如果保加利亞是您此行經過的最後 1 個歐盟國，就必須在保加利亞完成退稅手續，反之則非。

一般而言，若是乘飛機離開（至伊斯坦堡、杜拜再轉機返臺），可於機場退稅櫃檯完成相關手續。若是搭跨境火車前往鄰國土耳其，則需在車輛行經邊境站、辦理過境手續時，向邊防警察表明要申請退稅，再請保國海關至車廂處理，待海關核對單據、商品無誤蓋章後，再將單據寄回退稅公司即可。

退稅流程（以機場辦理為例）

1. 於歐盟行程的最後一國辦理退稅前，需先備好「護照」、「登機證」、「商品收據」、「已填妥的退稅單據」（以英文填寫包括：護照號碼、姓名、住址、電子郵件、信用卡號等資料）、「未經使用的退稅商品」等 5 項物件。

2. 攜帶上述「退稅所需物件」至海關辦事處辦理退稅，待海關人員確認無誤後，即會在退稅單據上蓋章。如您的退稅商品置於托運行李，可領取登機證後，向地勤人員表示要辦退稅，完成檢查完後再將行李托運。

3. 持「海關蓋章的退稅單據」至各公司設於機場的服務櫃檯辦理，「環球藍聯」的退稅單據就需到「環球藍聯」的櫃檯，「卓越免稅」及其他公司以此類推。如個別退稅公司未於機場設置櫃檯，則需把「海關蓋章的退稅單據」放在專用信封（商家給予退稅單據時會一併附上）內寄回該公司。

4　在各退稅公司櫃檯辦理退稅時，可選擇「現金領取」或「退回信用卡」，前者的優點在於現場落袋為安，但需多負擔手續費且有金額限制（超過 € 800 只能採信用卡退稅）；後者享「全額退款」之餘，也不需臨櫃排隊辦理，只要直接將單據放在專用信封內再投入櫃檯旁的該公司專用郵筒即可（注意：「環球藍聯」的單據要投入「環球藍聯」的郵筒，以此類推，投錯將無法退稅）。以筆者的經驗，約莫 2 周內就可收到退款，相當簡單便捷。

`INFO` ···

環球藍聯

📷 globalblue.cn

🔍 詳列該公司退稅相關規定、如何退稅、追蹤退稅單等服務。

鄰國交通

　　保加利亞是連結中歐與中東的重要中轉國，鐵、公路網絡綿密發達，首都索菲亞每日都有發往鄰國的火車和巴士班次。需留意的是，車輛穿越邊境時，兩國邊防警察均會進行護照查驗工作，火車為車廂內逐一查核身分，巴士則採車進車出模式，即邊防警察將全車乘客護照收去後一併蓋章，再交由司機統一唱名發還。相較火車，跨境巴士有班次密、站點多且票價相對便宜的優點，唯一就是在跨境檢查證照時，需要花費較長的時間……如不巧遇上例假節日或同班車旅客證件有問題，也只能放鬆心情、靜靜等待。若有退稅需求的旅客，請盡量選擇搭飛機而非火車、巴士出境，避免因陸路海關不熟悉作業流程，增加退稅失敗的風險。

保加利亞國際火車班次概況

出發城市	抵達城市／隸屬國家	車程①	二等全票	附註
索菲亞	布加勒斯特／羅馬尼亞	9.5h	48.5лв	經魯塞
	克拉約瓦／羅馬尼亞	8.5h	36.77лв	經維丁
	塞薩洛尼基／希臘	7.5h	32.86лв	由塞市乘火車 6h 至雅典
	伊斯坦堡／土耳其	12.5h	36.18лв	
	貝爾格勒／塞爾維亞	11h	40.29лв	
瓦爾納	明斯克／白俄羅斯	16.7h	—②	僅 6 月至 9 月行駛

①文中所載為參考值，可能因邊境檢查或轉車情況不同而有所延遲。
②未查到確切票價。

※ 資訊僅供參考，實際發車狀況以現場標示為準。

INFO ···

火車時刻表—國際線

 bdz.bg/bg/razpisanie/category-international.html

 跨境車票仍需至車站售票櫃檯購買，有需要的旅客請提早諮詢。

保加利亞國際巴士班次概況

出發城市	抵達城市／隸屬國家	車程	單程票	附註
索菲亞	史高比耶／北馬其頓	5.5h	32лв	每日 6 班①
	布加勒斯特／羅馬尼亞	6h～7.5h	52лв	每日 5 班②
	貝爾格勒／塞爾維亞	7.5h	54лв	每日 1 班，14:30 發車
	伊斯坦堡／土耳其	9h～10h	40лв～50лв	每日 7 班③
	雅典／希臘	11.5h～14h	98лв～123лв	每日 7 班④
布爾加斯	伊斯坦堡／土耳其	5h～7.5h	60лв	每日 6 班⑤
魯塞	布加勒斯特／羅馬尼亞	1.3h～2.3h	24лв～29лв	每日 7～8 班⑥

①發車時間 07:00、09:30、16:00、17:30、19:00、23:59
②發車時間 03:00、06:30、15:30、21:00、23:00
③發車時間 09:00、12:00、17:00、20:30（2 班）、22:00、23:00
④發車時間 08:00（2 班）、08:05、17:00、18:00、18:30、20:00
⑤發車時間 11:50、12:30、13:15、14:00、22:00、23:15
⑥發車時間 01:45、01:55、03:55、05:45、11:00、11:25、12:30、13:20、21:00，其中 11:00、13:20 非每日行駛

※ 資訊僅供參考，實際發車狀況以現場標示為準。

INFO ··

BGRAZPISANIE 東歐車票查詢網站

🌐 bgrazpisanie.com/en

🔍 輸入起訖城市與日期，即可查詢巴士班次、車程、票價等資訊。

Getbybus 歐洲巴士線上購票系統

🌐 getbybus.com/en

🔍 歐洲各國境內、境外長途巴士車班即時資訊查詢與線上購票系統，可於此購買部分保加利亞巴士公司（如：KARAT-S、Arda Tur）的車票。

行程規劃

保加利亞地處巴爾幹半島，是遊客出行東歐必訪的「玫瑰王國」。無論自助或跟團，保加利亞最常與北側的羅馬尼亞組成「保羅 CP」，停留時間較長者，也可順道前往鄰近的塞爾維亞、北馬其頓，而對希臘或土耳其感興趣的朋友，同樣能循陸路輕鬆到達。如計畫在保加利亞待 5 日左右，可以索菲亞、普羅夫迪夫的城市觀光為主，想多跑多看，再輔以卡贊勒克（5 月～ 6 月玫瑰花季時最佳）、大特爾諾沃；如有 1 周甚至 10 日以上的時間，就可將腳步延伸至黑海沿岸的瓦爾納、布爾加斯（5 月～ 9 月人氣最旺）與毗鄰羅馬尼亞的邊界城市魯塞，並走訪散布其間的世界文化遺產。附帶一提，喜愛登山健行的朋友，可參考「保加利亞遠足指南」網站提供的豐富資訊與多款客製化的付費導覽團（每人每日 €70 起），在專業登山嚮導的帶領下，暢遊里拉七湖、巴爾幹山脈等壯麗的自然山川景致，體驗徒步旅行、山地騎行、越野跑步、滑雪旅遊、冰上攀岩、賞鳥攝影等野外活動。

移動方面，自駕擁有靈活快速、說走就走的優勢，大眾運輸則需遷就班次與站點，相對耗費時間。無論採用何種交通方式，行程基本上都可採取「首都出發、環遊一圈」的模式，再視接續旅遊的國家位置（往北到羅馬尼亞 or 往東南至土耳其 or 往西到塞爾維亞），安排順行且不走回頭路的取道。以下行程是以 1 周時間為基礎規劃，給有意在保加利亞多做停留的遊客參考，前往城市多寡、停留時間可視個人喜好增減。

夏季目不暇給 1 周

2日 索菲亞　　　　**0.5日** 卡贊勒克　　　　**1日** 瓦爾納　　　　羅馬尼亞

1.5日 普羅夫迪夫　　　　**1日** 布爾加斯　　　　**1日** 魯塞

2日 索菲亞　　　　**0.5日** 卡贊勒克　　　　**1日** 布爾加斯

1.5日 大特爾諾沃　　　　**2日** 普羅夫迪夫　　　　土耳其

1日 索菲亞　　　　**0.5日** 卡贊勒克　　　　**1日** 瓦爾納　　　　**1日** 索菲亞

1.5日 普羅夫迪夫　　　　**1日** 布爾加斯　　　　**1日** 大特爾諾沃

塞爾維亞 or 希臘

冬季歷史人文 1 周

2日 索菲亞　　**2.5日** 普羅夫迪夫　　**1.5日** 大特爾諾沃　　**1日** 魯塞　　羅馬尼亞

2日 索菲亞　　**1.5日** 大特爾諾沃　　**0.5日** 舊扎戈拉　　**2.5日** 普羅夫迪夫　　土耳其

1日 索菲亞　　　　　　**2日** 大特爾諾沃　　　　　　**1日** 索菲亞

2日 普羅夫迪夫　　　　　　**1日** 魯塞

塞爾維亞 or 希臘

INFO

保加利亞遠足指南（**Hiking Guide Bulgaria**）

bulguides.com

由保加利亞登山嚮導協會成立的非政府組織，可根據遊客喜好、能力與造訪的季節，規畫適合的路線與行程。

Part 3

玩轉「保」首
索菲亞

Sofia

　　地處巴爾幹半島心臟地帶的索菲亞，為連結黑海、愛琴海、亞得里亞海的陸路
要道，自古以來是該區政經貿易、宗教文化的發展重心。索菲亞在 17 世紀～ 19 世
紀時一度因鄂圖曼帝國的衰落而破敗，後於 1879 年被拔擢為首都後迅速復甦，十幾
年內就從第五大城躍升為第一大城。時至今日，儘管索菲亞在世界城市評比中已明
顯高於平均，卻仍是歐盟各國中偏低的首都之一……坦白說，這點對觀光客而言是
利多於弊，即表示能夠以相對低廉的物價（對比西歐格外明顯）獲得高品質的旅遊
體驗。

索菲亞 София（Sofia）

　　被群山圍繞的索菲亞，坐落於索菲亞谷地（Софийска котловина），是保加利亞首都兼第一大城，人口約 124 萬（與臺灣縣市人口數第 7 的彰化縣相當）。索菲亞早在 6 千年前的新石器時代已有人居，西元前 5 世紀時是色雷斯部落聯盟——奧德里西亞王國的勢力範圍，西元前 339 年遭馬其頓國王腓力二世（Φλιππο В'ο Μακεδν）攻破。西元前 28 年被古羅馬征服，羅馬人在此興建公共浴場、劇院、議會等公共建築，城市規劃與建築設計相當壯觀，是帝國轄下重要的政治與經濟中心。時序邁入中世紀，索菲亞（當時名為塞爾迪卡 Сердика，為現今市中心地鐵站名）的統治權在拜占庭帝國、保加利亞第一帝國間轉換，至保加利亞第二帝國初期才再度被征服，12 世紀至 14 世紀成為貿易及工藝中心。15 世紀中，索菲亞被鄂圖曼帝國占領，展開長達 400 年的土耳其統治時期，16 世紀開始興建大量的清真寺、土耳其浴場與噴泉，城市風貌轉變為鄂圖曼風格。俄土戰後，新成立的保加利亞大公國定都索菲亞，此後便成為保國最具代表性的城市，散發古今交疊、文化交融的獨特東歐韻味。

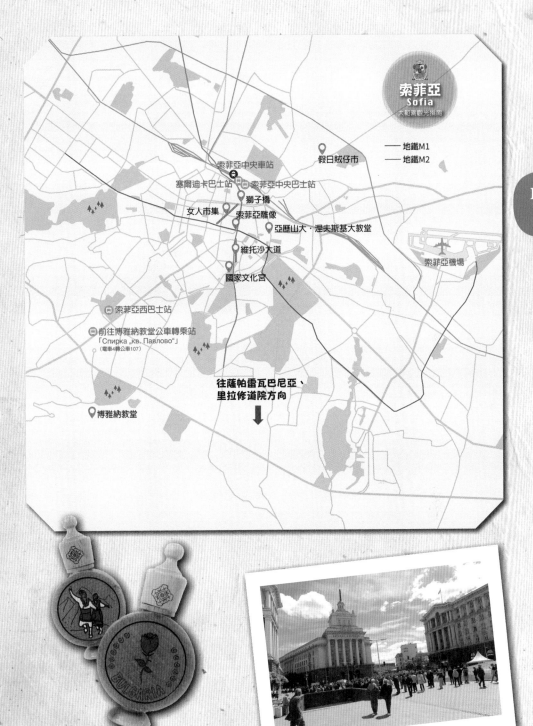

索菲亞
Sofia
大祀園觀光指南

—— 地鐵M1
—— 地鐵M2

假日賊仔市

索菲亞中央車站
塞爾迪卡巴士站 　索菲亞中央巴士站
獅子橋
女人市集　索菲亞雕像
亞歷山大‧涅夫斯基大教堂

維托沙大道

國家文化宮

索菲亞西巴士站

前往博雅納教堂公車轉乘站
「Спирка „кв. Павлово"」
（電車4轉公車107）

索菲亞機場

往薩帕雷瓦巴尼亞、
里拉修道院方向
↓

博雅納教堂

交通資訊

身為保加利亞的首善之都，索菲亞無疑是全國陸空交通的核心樞紐，國際鐵路、高速公路四通八達，可快速前往境內外各大城小鎮。市內移動部分，由於景點位置集中，多數步行可達，稍遠的也可搭乘地鐵或公車前往，整體而言相當便利。

索菲亞機場 Летище София

索菲亞機場（IATA 代碼：SOF）為保加利亞的主要國際機場，位於首都以東 10 公里處。機場現有兩座航廈，依照航空公司區分，第 1 航廈主要提供廉航班機與包機停靠，如：易捷航空（easyJet）、維茲航空（Wizz Air）等；第 2 航廈則以保加利亞航空（Bulgaria Air）為首，其餘也供俄羅斯航空（Aeroflot）、法國航空（Air France）、英國航空（British Airways）、德國漢莎航空（Lufthansa）、瑞士國際航空（Swiss International Air Lines）、卡達航空（Qatar Airways）、土耳其航空（Turkish Airlines）、瑞安航空（Ryanair）等定期航班停靠，兩座航廈距離約 2 公里，其間有

免費穿梭公車與迷你小巴連結，營運時間分別為前者 05:00 ～ 23:00 每 15 分鐘一班、後者 07:00 ～ 19:00 每半小時一班。

國內航線以「索菲亞—瓦爾納」為主，由保加利亞航空營運，每周近 20 個班次。國際航線方面，以往返倫

敦、維也納、法蘭克福、慕尼黑、特拉維夫、伊斯坦堡、米蘭、雅典、布魯塞爾、莫斯科與華沙的班次最熱門，航空公司方面，則是維茲、瑞安兩家廉價航空與保加利亞航空占比最高，達總服務量的近 7 成。臺灣與保加利亞並無直航班機，至少需轉機 1 ～ 2 次方可到達，綜合航行時間、轉機次數與機票價位等考量，筆者心目中的首選是轉機 1 次的土耳其航空（臺北—伊斯坦堡—索菲亞）。儘管票價含稅約 3.5

萬臺幣，略高於在俄羅斯、倫敦轉機的航班，但搭機過程相對簡單輕鬆（第一段航程 12 小時、第二段 1.5 小時，行李直掛），下飛機後也可直接於第 2 航廈搭乘地鐵 1 號線（紅色 M1），30 分鐘可達市中心。

索菲亞機場

🏠 бул. „Христофор Колумб" 1, 1540 София

📞 +359 2 937 2211

🕐 全日

🔔 Летище София 地鐵站(M1) 即達，票價 1.6 лв；公車 84、184 至 СУ „Св. Климент Охридски 地鐵站(M1M2，近鷹橋 Орлов мост) 再由此轉乘地鐵進入市區，公車票可於車站旁的自動售票機購買，票價 1.6 лв，每位旅客可免費攜帶 2 件手提行李，超過需額外購票。

📱 sofia-airport.bg

🔍 提供即時航班、交通資訊、機場餐飲等訊息。

索菲亞中央車站 Централна гара София

　　索菲亞中央車站為保加利亞最大的火車站，站體初建於 1888 年，1970 年代中以粗獷主義建築風格重建，2012 年至 2016 年間再進行一波徹底翻新，著重更新現代化設施與提升節能效益。作為首都，索菲亞無疑是全國鐵路網的中心，基本上可直達（或最多轉車 1 ～ 2 次）境內各大城市，班次方面也頗為密集。

由於自索菲亞中央車站發出的車班眾多，本文僅列出概略數字以供參考（以下為索菲亞至各城市的車程與票價）：普羅夫迪夫（車程 2.5h～4h，二等全票 9.5лв）、魯塞（車程 6h～7h，二等全票 18.9лв）、大特爾諾沃（車程 4.7h～6.7h，二等全票 15.4лв～18.4лв）、普列文（車程 3h～4.5h，二等全票 10.6лв～11.1лв）、瓦爾納（車程 7h～8h，二等全票 23.6лв）與布爾加斯（車程 6h～10h，二等全票 20.4лв）。購票方面，除部分班次能夠於保加利亞鐵路官網購買，亦可直接到中央車站售票窗口或設於國家文化宮的票務中心（Билетен център НДК）洽詢。

INFO ···

索菲亞中央車站

🏠 бул. „княгиня Мария Луиза" 102, 1202 Централна Жп Гара, София

📞 +359 88 975 4814

🕐 04:30～00:30

🚇 Централна гара 地鐵站（M2）即達

📱 bdz.bg（以保文輸入起訖點、搭乘日期即可查詢當日班次）

國家文化宮票務中心

🏠 бул. „България", 1463 Ндк, София（國家文化宮內東翼）

📞 +359 88 995 5012

🕐 平日 09:00～20:30；假日 10:00～20:00

🚇 НДК 地鐵站（M2）即達

···

索菲亞中央車站

國家文化宮票務中心正門

索菲亞中央巴士站
Централна Автогара София

索菲亞市內主要有 3 座長途巴士站，分別為中央巴士站、塞爾迪卡巴士站（Автогара Сердика）與西巴士站（Автогара Запад София），其中以鄰近中央車站的中央巴士站最具規模，路線基本涵蓋保加利亞的大城小鎮，不僅有往返普羅夫迪夫、布爾加斯、瓦爾納、魯塞、大特爾諾沃等的國內班次，亦有為數不少的國際車班，每日運輸超過上萬人次。基本上，各路線都有固定使用的月臺，譬如：普羅夫迪夫為 6 月臺、瓦爾納為 5 月臺等，搭車前可先詢問售票櫃檯。

塞爾迪卡巴士站毗鄰中央巴士站，位置介於中央車站與中央巴士站間，部分國內與國際線巴士也停靠於此；西巴士站則主營開往里拉修道院及南部城鎮布拉戈耶夫格勒（Благоевград）、班斯科（Банско）的車班。

自索菲亞搭巴士至普羅夫迪夫（車程 2h～2.5h、票價 12лв～14лв）、魯塞（車程 5h、票價 23лв）、大特爾諾沃（車程 3h、票價 19лв～20лв）、普列文（車程 2.5h～3h，票價 10лв）、瓦爾納（車程 5h～5.5h，票價 31лв～32лв）、布爾加斯（車程 5h～6.5h，票價 27лв）等皆十分便捷，每日班次介於十餘至二十餘班間，幾乎每個整／半點皆有發車。搭乘前，請先至「BGRAZPISANIE 東歐車票查詢網站」查詢班次時刻表。

索菲亞中央巴士站

··

索菲亞中央巴士站

🏠 бул. „княгиня Мария Луиза" 100, 1202 Централна, София

📞 +359 90 063 099

🕐 全日

🚇 Централна гара 地鐵站 (M2) 即達

📱 centralnaavtogara.bg（提供 30 日內網路預購票服務）

塞爾迪卡巴士站

🏠 бул. „княгиня Мария Луиза" 102, 1202 Централна Жп Гара, София

🕐 06:00 ～ 23:00

🚇 Централна гара 地鐵站 (M2) 即達

BGRAZPISANIE 東歐車票查詢網站

📱 bgrazpisanie.com/en

🔍 輸入起訖城市與日期，即可查詢巴士班次、車程、票價等資訊。

賽爾迪卡巴士站

索菲亞西巴士站

🏠 бул. „Овча купел" 1, 1618 Славия, София

📞 +359 87 510 5097

🕐 06:30 ～ 18:00

🚇 自 Сердика 地鐵站 (M1M2) 轉乘往南行駛的電車 4 號至「Овча купел」電車站（電車 5 號、公車 260 號等也有行經），下車後回頭走即達西巴士站。由市中心搭計程車前往，車資約 10лв。

📱 avtogarazapad.wixsite.com/avtogarazapad

···

索菲亞城市交通中心
Център за градска мобилност ———

　　在 Google Maps 尚未與索菲亞大眾運輸系統整合的情況下，欲查詢市區公車班次詳情，則需連結「eway.bg」網站、點擊左上角「SOFIA」選項，地圖上就會列出所有公車站的位置，選擇 A、B 兩點即可顯示行駛其間的公車班次、車

程及票價，對於規劃乘車動線很有幫助。除此之外，「索菲亞城市交通中心」同樣是一個很好利用的整合性智慧型網站，站內不僅有地鐵、公車等大眾運輸的時刻表與路線圖等資訊，亦包含自駕者最受用的停車場位置與即時車位狀況，並且同樣提供點對點的交通規劃服務。

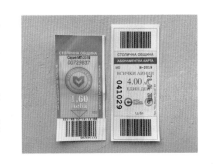

票價方面，市內無論搭乘巴士、電車或地鐵均為單一價 1.6лв，另有 10 次票 12лв（無時效限制）、1 日票 4лв、3 日票 10лв 等多種方案，其中「○日票」可於期限內不限次數搭乘各種大眾運輸工具，一天內只要乘車超過 4 趟便值得。除了各種乘車票卡，也推出結合交通與折扣的 3 日票「Sofia pass」，票卡售價 20лв，含 3 日大眾運輸任意搭及 60 個優惠項目，後者包括博物館、商家及畫廊等 5% 至 50% 不等的折扣。坦白說，由於此卡尚在初試水溫階段，CP 值有限，整體不若其他歐洲城市卡那般值得一買。

購票方面，除於地鐵站自動售票機、人工櫃檯洽詢外，也可於路邊的「藍色票亭」購買，票亭隸屬於「索菲亞城市交通中心」，因此可見象徵該機構的「C」符號，營運時間為 07:15 ～ 18:45，班亞巴什清真寺旁（索菲亞市集中心對面）、聖周日教堂靠馬路側對面均有設置。需留意的是，使用單程票或 10 次票的乘客，在上車後需自行使用車廂兩側的黃色驗票機手動打洞（將紙票插入機器後往上扳），否則會被視為逃票（車票未打洞＝未使用）；至於 1 日票並非 24 小時而是當日制，售票員會直接於票面蓋上當天日期，上車無須再打孔驗票。索菲亞市區查票頗為密集，以筆者一日搭 5 趟電車＋公車為例，

位於班亞巴什清真寺旁的藍色票亭

就遇上 1 次查票，查票員採前後包抄的方式，如遭查獲就是罰金伺候，切勿心存僥倖。

INFO ....
索菲亞大眾運輸
eway.bg/bg/cities/sofia

索菲亞城市交通中心
sofiatraffic.bg

索菲亞地鐵 Софийско метро

索菲亞地鐵是保加利亞唯一一座地下鐵系統，1998 年投入營運，目前有兩條路線（M1 紅線、M2 藍線）、35 個站點。地鐵站的營運時間為 05:00 ～ 00:00，平均每 7 分鐘一班，M1 與 M2 重疊路線由 M1 負責營運，尖峰時間縮短至 3 ～ 4 分鐘一班，離峰時間最長為 14 分鐘一班，假日班距會再稍微拉長。

地鐵站內自動售票機

票價方面，有單程票 1.6лв（售出後半小時內有效）、10 次票 12лв（無時效限制）、1 日票 4лв（適用市區所有大眾運輸工具）、3 日票 10лв 等多種方案，乘客可視個人需求選購。進車時需刷票卡過閘門，出站免刷票、直接走單通道閘門離開即可。由於路線少且不複雜，車廂內廣播報站包含保加利亞語和英語，只要記住欲前往站點的西里爾字母寫法或英語唸法，便可輕鬆搭乘。

INFO ....
索菲亞地鐵
metropolitan.bg

景點全覽

索菲亞市內景點集中，整體以 Сердика 地鐵站為中心向外放射，除城郊的博雅納教堂與百公里外的里拉修道院，其餘皆可步行前往。

作為「蓋在羅馬帝國上」的城市，索菲亞從地表到地底都十分精彩，不僅巷弄間隨處可見千年古蹟，市內更是滿地遺址的「厲害角色」！其中，鄰近俄羅斯教堂的塞爾迪卡舞臺酒店（Arena Di Serdica Hotel），便是一棟蓋在索菲亞羅馬圓形劇場（Софийски римски амфитеатър）遺址上的五星級飯店。這座建於西元 3～4 世紀的露天劇場，是羅馬帝國東部也是保加利亞境內規模最大的一個，儘管礙於地面建物無法窺見全貌，遊客仍可於飯店內免費參觀一部分遺跡。

索菲亞大學

整體而言，索菲亞是相當友善的旅遊城市，旅客可透過當地旅客服務處的網站或實體機構，取得實用資料與即時資訊。市區內 3 座服務處分別在 Сердика 地鐵站 2 號線出口旁、СУ „Св. Климент Охридски 地鐵站對面與城市花園內，前兩者營業時間為平日 09:30～18:00（假日休）、後者則是周一至周日 10:00～20:00。

> **INFO** ⋯⋯⋯⋯⋯⋯⋯⋯⋯⋯⋯⋯⋯
>
> **索菲亞旅客服務網**
>
> 🌐 visitsofia.bg
>
> 🔍 彙整交通資訊、景點介紹、餐館索引、購物指南等訊息。

⋯⋯⋯⋯⋯⋯⋯⋯⋯⋯⋯⋯⋯⋯⋯⋯

索菲亞每日都有非營利組織舉辦的免費英語步行導覽活動（Фрий София тур ╱ Free Sofia Tours），他們根據貓途鷹（TripAdvisor）的旅客回饋為指引，設計豐富精彩的導覽行程。徒步之旅固定於市中心的法院大樓（Съдебна палата）前

Сердика 地鐵站內旅客服務處

集合，在導遊的帶領下暢遊索菲亞雕像、聖佩特卡地下教堂、索菲亞猶太教堂、聖索菲亞大教堂、伊萬·瓦佐夫國家劇院與亞歷山大·涅夫斯基大教堂等 20 多個知名景點，整趟總步行距離約 3.2 公里、需時 2 個鐘頭，中途可自由離隊。儘管是免費行程，但若對導遊的介紹感到滿意，不妨在結束時透過捐款（10лв、20лв 不等，盡量使用紙幣）給予鼓勵。

INFO ⋯⋯⋯⋯⋯⋯⋯⋯⋯⋯⋯⋯⋯⋯⋯⋯⋯⋯⋯⋯

索菲亞免費英語步行導覽活動

📍 бул. „Витоша" 2, 1000 Център, София

📞 +359 988 920 461

🕐 4 月至 10 月 10:00、11:00、18:00；11 月至 3 月 11:00、18:00

🖱 freesofiatour.com

🖱 365association.org/tours/free-sofia-tour

⋯⋯⋯⋯⋯⋯⋯⋯⋯⋯⋯⋯⋯⋯⋯⋯⋯⋯⋯⋯⋯⋯⋯⋯⋯⋯⋯⋯⋯⋯⋯⋯⋯⋯⋯⋯

導覽活動參加者眾

索菲亞免費英語導覽步行活動集合處

Лъвов мост / Lion's Bridge Station地鐵站

往索菲亞中央車站、
塞爾迪卡巴士站、
索菲亞中央巴士站方向

索菲亞
Sofia
市中心觀光指南

往假日賊仔市方向

藍色票亭

Сердика / Serdika地鐵站
藍色票亭

往索菲亞西巴士站、
博雅納教堂方向

СУ „Св. Климент Охридски/
Sofia University St. Kliment Ohridski
地鐵站

往索菲亞機場方向

НДК / NDK地鐵站

① 城市花園：閱覽室兼旅客服務處
② 法院大樓：索菲亞免費英語步行
　導覽活動集合處
③ 聖佩特卡地下教堂
④ 索菲亞雕像
⑤ 聖周日教堂
⑥ 班亞巴什清真寺
⑦ 索菲亞區域史博物館
⑧ 免費汲泉區
⑨ 索菲亞市集中心
⑩ 索菲亞猶太會堂
⑪ 聖若瑟主教座堂
⑫ 聖喬治圓頂教堂

⑬ 保加利亞總統府
⑭ 國家考古博物館
⑮ 城市花園
⑯ 伊萬・瓦佐夫國家劇院
⑰ 俄羅斯教堂
⑱ 聖索菲亞大教堂
⑲ 亞歷山大・涅夫斯基大教堂
⑳ 露天跳蚤市場
㉑ 瓦西爾・列夫斯基紀念碑
㉒ 獅子橋
㉓ 女人市集
㉔ 維托沙大道
㉕ 國家文化宮

㉖ 柏林圍牆遺跡
㉗ 七聖人教堂
㉘ 沙皇解放者紀念碑
㉙ 索菲亞大學
㉚ 塞爾迪卡舞臺酒店
㉛ 烤爐坊
㉜ 斯卡帕酒吧
㉝ 咱家小館
㉞ 哈格即格酒窖餐廳
㉟ 廚師在線
㊱ 喝湯吧
㊲ 地窖小酒館
㊳ 藍餐館

㊴ 快樂燒烤吧
㊵ 人才餐廳
㊶ 仿膳中餐館

景 聖佩特卡地下教堂
Света Петка Самарджийска

中世紀時空膠囊

地處索菲亞正中央的聖佩特卡地下教堂，是一幢小型的單層建築，教堂建於 11 世紀、鄂圖曼土耳其帝國統治期間，堂內以保有 14、15、17、19 世紀的聖經場景壁畫而聞名。聖佩特卡地下教堂顧名思義是獻給東正教聖人、保加利亞的主要保護者——聖佩特卡（Петка Българска），至於將教堂「埋一半在地下」的原因，則源於當時伊斯蘭政權的規定——只要教堂高度不超過馬背上的士兵，便可容忍其

建造。教堂內部擁有半圓柱拱頂、半球形後殿與精美壁畫遺跡，至二次世界大戰後，更挖掘出牆壁厚達 1 公尺、由磚石砌成的地下墓室。

INFO

聖佩特卡地下教堂

🏠 1000 Център, София

📞 +359 2 980 7899

🕐 09:00 ～ 17:00

💲 2лв（攝影 10лв）

🚇 Сердика 地鐵站（M1M2）即達

景 索菲亞雕像 Статуята на Софияz

城市的象徵

位於十字路口旁的索菲亞雕像，建於 2000 年（2001 年將未覆蓋長袍的身體部分鍍金），是索菲亞的城市標誌，共黨統治時期，這裡曾放置著共黨領導人與

理論家列寧的雕像。索菲亞雕像由保加利亞雕塑家查卡諾威（Георги Чапкънов）設計，靈感來自索菲亞徽章上的女性形象。雕像以青銅材質創作，身著古風長袍，自地面到頂端高 22 公尺（雕像本身高 8 公尺），頭上戴著的皇冠、右手握住的月桂花環與站立左手上的貓頭鷹，分別象徵力量、聲譽和智慧，整體形象富麗堂皇、神聖莊嚴。

索菲亞雕像落成後，曾因冠上「聖索菲亞」的名稱，而被質疑有褻瀆東正教義和歪曲城市歷史的嫌疑。為此，設計者查卡諾威坦言雕像無關基督教／東正教，相反的，她屬於所有的索菲亞市民，無論是穆斯林、猶太教徒、佛教或其他宗教的信徒。

INFO ....

索菲亞雕像

🏠 1000 Център, София

📞 +359 2 491 8344

🚇 Сердика 地鐵站（M1M2）即達

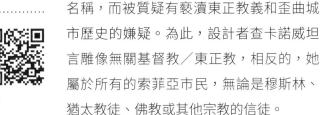

景 **聖周日教堂 църква „Света Неделя "** ─────

千年教堂的恐攻插曲

毗鄰 Сердика 地鐵站的聖周日教堂，是一座經歷多次破壞與重建的東正教堂，目前隸屬保加利亞東正教會，堂內主奉於羅馬皇帝戴克里先統治下殉難的基督教聖人──聖周日（Αγία Κυριακ）。聖周日教堂的歷史可追溯至 10 世紀，為石基礎上建成的木結構教堂，

18 世紀時，塞爾維亞國王斯特凡・米盧廷二世（Стефан Урош II Милутин，1282 ～ 1321）的遺體輾轉被移送於此並保存至今。1856 年，教堂進行全面性

的拆除改建，途中曾遭逢地震損害，最終於 1867 年落成，無論占地面積與內部裝飾都較原本的雄偉華麗。

遺憾的是，教堂在 1925 年遭到毀滅性的恐怖攻擊——保加利亞共產黨員在右翼政黨「軍官同盟」創始人康斯坦丁將軍（Константин Георгиев，同樣是遭保共刺殺身亡）的追悼會上炸毀教堂屋頂，試圖暗殺當時主導「白色恐怖」的保加利亞沙皇鮑里斯三世（Борис III），未料他因遲到得以倖免於難。只是，爆炸案不僅使教堂主體毀於一旦，更造成超過 150 人死亡，是保加利亞

史上最嚴重的恐攻事件。襲擊後兩年，教堂展開修復計畫，整體由保國建築師伊萬・瓦西里奧夫（Иван Васильов）與其合作夥伴成立的 Vasilyov-Tsolov 工作室負責，1933 年完工。翻新後的聖周日教堂，仍維持原本的拜占庭復興式風格，整體長 30 公尺、寬 15.5 公尺，中央圓頂高 31 公尺，現存的堂內壁畫裝飾則是 1970 年代初修復的版本。需留意的是，儘管參觀免費，但攝影仍得向櫃檯人員提出申請並支付費用。

INFO ....

聖周日教堂

🏠 площад Света Неделя 20, 1000 Център, София

📞 +359 2 987 5748

🕐 09:00 ～ 19:00

💲 免費（攝影 5лв）

🚇 Сердика 地鐵站（M1M2）即達

🔗 sveta-nedelia.org

....

景 班亞巴什清真寺 Баня Баши джамия

穆斯林信仰中心

鄂圖曼土耳其帝國統治期間，索菲亞市內曾有多達 70 座清真寺，但隨著保加利亞脫離伊斯蘭政權已逾百年，現僅存班亞巴什清真寺一處仍在運作，為當地

穆斯林的信仰中心。1567年建成的班亞巴什清真寺，由鄂圖曼帝國最傑出的建築師希南（Mimar Sinan，伊斯坦堡的蘇萊曼清真寺、埃迪爾內的塞利米耶清真寺等均出自其手筆）設計，屬鄂圖曼建築風格，清真寺的主樓為長方形格局，中央圓頂直徑 15 公尺，上面繪有精美的裝飾花紋與古蘭經文

字，是保國現存唯一建於立方體基座上的圓形屋頂。寺內一塊大型的象牙白大理石上面刻有麥加禁寺克爾白（或稱天房）的圖像，克爾白是伊斯蘭教最神聖的聖地，全球穆斯林都須面對此方向禮拜，也是信徒一生必去朝觀之地。

班亞巴什清真寺的「Баня Баши」（拼音 Banya Bashi）意指「很多浴室」，名稱來自鄰近的土耳其公共浴場（Обществена тоалетна），惜目前浴場僅存部分遺址。清真寺的主建築旁有一座叫拜樓，頂端放置擴音器，用於召喚信徒進行每日 5 次的禮拜。清真寺約可容納 700 位穆斯林入內，主麻日（周五）或節日則會有破千人前來，無法進入清真寺的信徒會在戶外的人行道上禮拜，整個區域因此明顯擁擠熱鬧。需留意的是，班亞巴什清真寺雖非正式對外開放的旅遊景點，但只要穿著適當（長褲長袖長裙、勿裸露）且非禮拜時間（日出之前、正午時分、

下午時間、日落之後與夜晚之前），包括女性在內的非穆斯林和觀光客都可入內參觀。進入清真寺前，務必記得脫鞋（踏足地毯或禮拜廳前），女性需圍頭巾（門口免費提供），如欲拍照攝影，也請先取得寺方人員同意，避免干擾正在祈禱的信徒。

INFO ··

班亞巴什清真寺

🏠 Център, 1000 Център, София

📞 +359 2 981 6001

🕐 09:00 ～ 17:30（假日休）

💲 免費

🚇 Сердика 地 鐵 站（M1M2）
以北 250 公尺

📷 grandmufti.bg
·····························

景 索菲亞區域史博物館 Музей за история на София ———

浴場的新任務

以收藏並展示索菲亞市內文物為主軸的區域史博物館，源於 1928 年、時任索菲亞市長——佛拉基米爾·瓦佐夫將軍（Владимир Вазов）的倡議，1941 年首個永久性展覽在班斯基廣場（Площад Бански，位於班亞巴什清真寺與區域史博物館現址間）3 號樓開辦。遺憾的是，該

棟建物在二戰時因轟炸被毀，之後數十年，博物館只得在無固定展覽場所的情況下，進行保存與研究史料的工作。轉折發生在 1998 年，索菲亞市政委員會決定將其遷入中央礦泉浴場（Централна минерална баня），經過幾年籌備，2005 年 9 月正式對外開放，2016 年再由市級文化研究所提升至區域史博物館層級。館內現藏超過 12 萬件古蹟與藝品，其中不乏具高藝術價值的宗教畫作、聖器、黃金馬車與沙皇鮑里斯三世的相關文物等。

博物館所在的中央礦泉浴場，鄂圖曼帝國時期為一座土耳其浴場，惜毀於戰爭。現存建物完成於 20 世紀初，由保加利亞知名建築師彼得科（Петко Момчилов）和喬丹（Йордан Миланов）共同設計，採分離派風格之餘，整體仍保留傳統的保加利亞、拜占庭與東正教元素。浴場在二戰後期受英美聯軍轟炸而嚴重受損，戰後一度恢復公共浴場功能，唯 1986 年因狀況不佳關閉，目前一半空間供索菲亞區域史博物館使用。博物館另外收取攝影費，需一併於櫃檯加購，館方人員對此非常重視，切莫因一時不察而違反規矩。

`INFO` ....

索菲亞區域史博物館

🏠 1 Banski Sq, 1000 Център, София

📞 +359 2 985 4455

🕐 10:00 ～ 18:00（周一休）

💲 8лв（每月第 1、3 個周四免費，攝影 15лв）

🚇 Сердика 地鐵站（M1M2）東北 450 公尺

📱 sofiahistorymuseum.bg

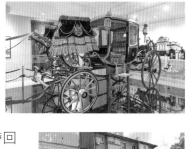

附帶一提，博物館北側有一座擁有千年歷史的免費汲泉區（Минерален извор），現場有十餘個不間斷的出水口，當地民眾不僅直接將溫泉喝下肚，還會攜帶瓶罐「裝好裝滿」帶回家飲用。溫泉水溫約 46°C、PH 值 9.6，內含豐富礦物質成分，具有健胃整腸、消炎等食療功效，是索菲亞市民引以為傲的天然財。

`INFO` ....

免費汲泉區

🏠 ул. „Екзарх Йосиф" 37, 1000 Център, София

🕐 全日

景 索菲亞市集中心
Централни софийски хали

所有「保」物、一站購足

　　面積近千坪的索菲亞市集中心，是首都乃至全國最富歷史也是最重要的商業場所，建物由保加利亞建築師諾姆（Наум Торбов）設計，整體屬新文藝復興風格，兼具新拜占庭式與新巴洛克式元素，工程歷時兩年，1911 年正式開放。歷經超過一甲子的營運，市集中心於 1988 年關閉並展開全面翻新，2000 年復活節期間重新開幕，目前75% 的股權已被以色列跨國集團 Ashtrom 公司收購，超過千名員工受聘於此。空間配置方面，市集中心 1 樓為販售糕點、麵包、堅果、橄欖、玫瑰周邊紀念品的攤位；2 樓以服裝、飾品、珠寶為主；地下室則有保加利亞式快餐店、辦公室與古蹟遺址。

　　欲購買玫瑰相關保養品的朋友，不妨到位於市集二樓（入內後自右側搭手扶梯即達）的美妝超市「ELITIS」選購，店內採開架式陳列，品牌多元、價格實惠，是除了品牌門市外的另一種選擇。至於保加利亞特色紀念品方面，一樓靠近正門

的左右兩側有多個攤位，價格透明公道，其中又以右側一間名為「ORESHAK」的木製品專賣店最為划算，玫瑰精油小罐裝僅要價1.5лв（筆者購買時恰巧遇上 9 折優惠，變為 1.35лв，一般售價約 2 ～ 3лв），堪稱全保最低價！

INFO ·····················

索菲亞市集中心

🏠 бул. „княгиня Мария Луиза" 25, 1000
Център, София

📞 +359 2 917 6106

🕐 08:00 ～ 21:00

🚇 Сердика 地 鐵 站(M1M2)
以北 350 公尺

·····················

景 # 索菲亞猶太會堂 Софийска синагога

猶太人的故事・保加利亞版

索菲亞猶太會堂為巴爾幹半島規模最大、歐洲排名第三（次於布達佩斯、阿姆斯特丹）的猶太教徒聚會場所，堂內最多可容納近 1,200 名信徒。猶太會堂的興建始於 1905 年，由奧地利建築師弗里德里希（Friedrich Grünanger）設計，整體屬摩爾復興式風格，同時又帶有新藝術運動元素，立面則參考威尼斯建築，工程一度因資金缺口與社區意見分歧而延宕，終在 1909 年完工。會堂占地 200 坪、總高 31 公尺，內部圓頂直徑 19 公尺、挑高 23 公尺，中央懸掛保國境內最大、重達 2.2 頓的枝形吊燈，據傳是以古巴基斯坦的黃金製成。

索菲亞猶太會堂在二戰期間遭受多次襲擊，不僅部分精美裝飾遭到破壞，大量珍貴的希伯來文典籍也被燒毀，所幸近年在以色列多倫多基金會的資助下，恢復昔日輝煌。1992 年，會堂內開闢一座猶太人主題博物館，回顧保加利亞的猶太社區歷史與二戰時期猶太人遭大屠殺與獲得庇護的種種史實，唯有時會因技術問題暫停開放。

INFO ....

索菲亞猶太會堂

🏠 ул. Екзарх Йосиф I 16, 1000 Център, София

📞 +359 2 983 1273、博物館 +359 2 983 1440

🕐 09:00 ～ 17:00（周六閉館）

💲 4лв

🚇 Сердика 地鐵站（M1M2）以北 350 公尺

🌐 sofiasynagogue.com

景 聖若瑟主教座堂 Катедрала „Св. Йосиф

教宗的善意

　　位處索菲亞市中心的聖若瑟主教座堂，是保加利亞境內第三大的天主教堂，目前所見的建物屬後現代主義風格，建物總長 23 公尺、寬 15 公尺、高 19 公尺（屋頂高 23 公尺）、含 350 個座位、最多可容納千名信徒；中央塔樓高 33 公尺、上面配置 4 座電子鐘。堂內祭壇上方為一座 7 公尺長的木製十字架，下方為聖母瑪利亞的畫像，兩旁的塑像分別為聖若瑟與聖方濟各·亞西西。

主教座堂的前身──聖若瑟舊教堂（Старата катедрала „Свети Йосиф"）建成於 1880 年，1944 年因二戰英美聯軍轟炸被毀，之後轉作其他用途。直到 2002 年，天主教教宗若望‧保祿二世訪問保加利亞時，為重建聖若瑟主教座堂奠下基石，教堂獲得來自世界各地的天主教財源支持，終於 4 年後的 2006 年重新面市，堂外柵欄旁的教宗若望二十三世銅像，也是若望‧保祿二世當年造訪時的獻禮。附帶一提，主教座堂前有一整片的開放式遺跡公園，雖然規模與歷史價值已達博物館典藏等級，但在古蹟遍地的索菲亞卻是司空見慣。

INFO ‥‥‥‥‥‥‥‥‥‥‥‥‥‥‥‥‥‥‥‥‥‥‥‥‥‥‥

聖若瑟主教座堂

🏠 146,Kniaz Boris I St,1301 Sofia, 1000 Център, София

📞 +359 2 811 4656

🕐 08:00 ～ 18:00

💲 免費

🚇 Сердика 地鐵站 (M1M2)
西北 200 公尺

📱 sofia.capucini.bg

景 聖喬治圓頂教堂 Ротонда Свети Георги

千年隱士

　　以紅磚砌成、採對稱格局的聖喬治圓頂教堂，位於總統府和索菲亞巴爾幹酒店（София Хотел Балкан）間的庭院內，完成於 4 世紀、羅馬帝國君士坦丁大帝統治時期，為索菲亞現存最古老的建築之一。根據考古研究，圓頂教堂最初為一間行政機構，屬於大型羅馬建築群的一部分，從周圍挖掘的遺跡可知，這裡曾有街道、噴泉、排水系統、地暖等公共設施。4 世紀以來，圓頂教堂就是基督徒舉行洗禮儀式的場所，之後歷經數度損毀與重建，16 世紀鄂圖曼帝國統治時又轉作清真寺。直到 19 世紀中、保加利亞脫離穆斯林政權，才恢復東正教堂的身分。

除了建物本身，堂內壁畫則是聖喬治圓頂教堂的另一亮點。千餘年來，牆面反覆塗上一層又一層的畫，目前透過儀器檢測可知至少有 5 層──第 1 層可追溯到 4 世紀拜占庭藝術風格的花卉圖；第 2 層是 10 世紀前後描繪的天使；第 3 層為完成於 11、12 世紀的基督升天等場景；第 4 層是 14 世紀保加利亞人修復教堂後繪製的天使和主教肖像；第 5 層則為 16 世紀晚期的伊斯蘭裝飾圖案。外觀簡樸的聖喬治圓頂教堂，雖沒有其他教堂的華麗裝飾和宏偉氣勢，卻擁有千年光陰刻劃的斑駁痕跡，值得撥空停留品味。

INFO ┈┈┈┈┈┈┈┈┈┈┈┈┈┈┈┈┈

聖喬治圓頂教堂

🏠 бул. „княз Александър Дондуков" 2, 1000 Център, София

📞 +359 2 980 9216

🕐 09:00 ～ 17:00

💲 免費 (內部禁止攝影)

🚇 Сердика 地鐵站 (M1M2) 東南 200 公尺

🖱 svgeorgi-rotonda.com

景 保加利亞總統府
Президент на Република България ────

一國之腦

現行保加利亞共和國體制始於 1990 年，總統由全民直接選舉產生，為國家的首腦與軍隊最高指揮官，每屆任期 5 年、得連任 1 次，月薪為 5,568лв。保加利亞總統府平日雖不對外開放，但遊客可於行政大樓前欣賞精彩的整點衛兵換崗儀式。這群象徵國家門面的

衛兵全名為「保加利亞國民警衛隊」（Национална гвардейска част на България），前身是 1879 年由亞歷山大一世（Александър I）成立的護衛隊，隨著政治變革，衛隊的任務也隨之調整，唯猩紅色制服、配戴在帽前的鷹羽和帽中央的「亞歷山大之星」徽章，仍是源於保加利亞王室的傳統。國民警衛隊目前直接隸屬於國防部，是保護國家元首及展現國家精神的重要象徵。

INFO ··

保加利亞總統府

🏠 бул. „княз Александър Дондуков" 2, 1000 Център, София

📞 +359 2 923 9333

🕐 周一至周四 10:00 ～ 12:00、14:30 ～ 17:00（周五至周日休）

💲 免費(內部不開放)

🚇 Сердика 地鐵站(M1M2)東南 300 公尺

📱 president.bg

景 國家考古博物館
Национален Археологически Институт с Музей

館藏千年史

19 世紀 40 年代，受鄂圖曼政權打壓的保加利亞流亡知識份子，興起籌設考古博物館的想法，隨著新政權——保加利亞大公國的成立，考古博物館的計畫也隨之展開，後於 1905 年正式對外開放。博物館所在的建物為索菲亞市內最具規模也是最古老的大清真寺（Büyük Camii），該寺建於 1451 ～ 1494 年，在鄂圖

曼帝國撤出後，這裡陸續轉作醫院、國家圖書館（1880～1893），最終成為國家考古博物館的落腳處。

博物館內主要有中央大廳、中世紀廳、史前史廳、珍寶館與臨時展等 5 個區塊：「中央大廳」位於 1 樓，收藏古色雷斯（包含今保加利亞南部、希臘北部與土耳其歐洲部分）、希臘與羅馬到中世紀晚期的各種物品；「中世紀廳」位於 2 樓，藏有一系列中世紀的書籍、金屬或木製品與畫作等；「史前史廳」則在博物館東翼 1.5 樓（由 2 樓循指示下階梯即達），按時間序列展示西元前 16,000 年至西元前 1,600 年的早期人類器具、繪畫、陶器等；「珍寶館」則地處東

翼 2.5 樓（毗鄰史前史廳入口處，循指示推開鐵門即達），陳列青銅時代晚期到古代晚期的珍貴墓葬品，包括保加利亞的兩大珍寶——公元前 16～12 世紀瓦車特倫寶藏（Вълчитрънско съкровище，保加利亞境內最大規模的色雷斯人黃金文物）與公元前 4 世紀的路科維克寶藏（Луковитско съкровище，色雷斯人的銀製飾品）。整體而言，國家考古博物館不僅是保加利亞境內、也是巴爾幹地區考古藏品最豐富的一間。

INFO ··

國家考古博物館

🏠 ул. „Съборна" 2, 1000 Център, София

📞 +359 2 988 2406#223

🕐 5 月 至 10 月 10:00 ～ 18:00、11 月 至 4 月 10:00 ～ 17:00（周一休）

💲 10лв（英語導覽 20лв）

🚇 Сердика 地鐵站（M1M2）東南 350 公尺

🔖 naim.bg

景 城市花園 Градска градина

城市之肺＋市民樂園

　　城市花園位於首都黃金地段，1878 年 4 月 4 日對外開放，是一座綠樹成蔭的公眾休憩場所。園區內有美麗的植物造景、水池噴泉、雕塑等裝置藝術，不僅為市民喘息放鬆的世外桃源，也是西洋棋愛好者切磋棋藝的熱點。城市花園隨著季節轉換而有不同風景——春季生機盎然，新綠綻放；夏季是乘涼、享受日光浴的好時機；秋季落英繽紛，另有一番蕭瑟美感；冬季則是白茫茫一片，伊萬・瓦佐夫國家劇院前的區域更搖身一變成為人潮絡繹的溜冰場。

　　城市花園內有一座以玻璃帷幕打造的特殊建築，乍看猶如電話亭放大版的兩層小屋，其實是提供書籍捐贈和閱讀、旅客諮詢的閱覽室（ЧитАлнЯта）兼旅客服務處。為了能發揮最大藏書功能，閱覽室的一樓牆面被具有自然手感的木製

書架環繞，上面放滿各種旅遊書與免費地圖、指南及 DM；往上一層的閣樓，同樣是塞滿書籍的閱讀空間，讓人感受「被書包圍」的有趣經驗。閱覽室設置 1 名通曉英語的服務人員，態度親切積極，提供完整的旅客諮詢服務。

 INFO

城市花園

🏠 1000 Центьр, София

🕐 全日

🚇 Сердика 地鐵站 (M1M2) 東南 500 公尺

閱覽室兼旅客服務處

🏠 пл. „Княз Александър I" 4, 1000 Центьр, София

📞 +359 88 592 1620

🕐 10:00 ～ 20:00

📷 chitalnyata.bg

景

伊萬 · 瓦佐夫國家劇院
Народен театър „Иван Вазов "

保加利亞最高藝術殿堂

　　1907 年啟用的伊萬 · 瓦佐夫國家劇院，是保加利亞最古老、最具代表性的國家級表演機構，其最初僅被稱作國家劇院，1962 年才正式以「保加利亞

文學之父」劇作家——伊萬·瓦佐夫（Иван Минчов Вазов，1850～1921）為全名。國家劇院屬於新古典主義風格，由奧地利劇院建築師赫爾曼（Hermann Gottlieb Helmer）、費迪南（Ferdinand Fellner）聯合設計，他們是這類建築的權威，作品包括：維也納國家劇院、卡羅維瓦利市立劇院、薩格勒布藝術館、薩格勒布國家劇院等），擅長將洛可可、巴洛克與文藝復興時期的圖案巧妙融合於當代建築潮流中。

伊萬·瓦佐夫國家劇院面向城市花園，內部有一座設備齊全、含 750 個座位的主舞臺；一座規模較小、含 120 個座位的次舞臺，以及四座 70 個座位的小舞臺，每晚 19:00～23:00 都有高質量的售票演出，惜目前並無針對觀光客的導覽行程（除非買票看表演，否則無法入內參觀）。劇院曾因 1923 年的火災與二次世界大戰遭受嚴重破壞，所幸在多次修復下獲得新生，不僅內部裝潢更寬敞舒適、音響舞臺設備也大幅更新，現僅建築外觀仍保留百年前的原始模樣。

INFO ....

伊萬·瓦佐夫國家劇院

🏠 ул. „Дякон Игнатий" 5, 1000 Център, София

📞 +359 2 811 9227

🚇 Сердика 地鐵站 (M1M2) 東南 700 公尺

🖱 nationaltheatre.bg

景

俄羅斯教堂
Руска Църква „Свети Николай Мирликийски "

見證奇蹟的地下室

　　向來有「索菲亞最漂亮教堂」美譽的俄羅斯教堂，正式全名為「奇蹟創造者聖尼古拉教堂」（Церковь святителя Николая Чудотворца），是俄羅斯移民在保加利亞的信仰中心。俄羅斯教堂始建於 19 世紀晚期，原址是毀於 1882 年的清真寺，教堂整體屬俄羅斯復興式（псевдоруски，保有 19 世紀俄羅斯傳統的前提下納入現代風格），建築以綠色琺瑯瓷磚屋瓦與白色牆面為主體，共有 5 座金質圓頂，中央圓頂高 19 公尺，鐘樓內的鐘則是來自俄羅斯帝國末代沙皇尼古拉二世（Николай II）的捐贈。

　　除堂外的華美外觀與堂內的精緻壁畫，俄羅斯教堂的地下室更是來者必訪的「許願聖地」。地下室由主入口左側進入，為前主教聖塞拉芬（Серафим Богучарски）的長眠處，他生前是保加利亞最傑出的神職人員，死後更成為幫助信徒實現願望的奇蹟創造者。無論是否信仰東正教，當地人只要遇到生命中的重要時刻（疾病、考試等），就會將寫有祈禱內容的紙條投入墳墓旁的特殊盒子內，以期獲得聖塞拉芬的幫助。

 **INFO** ···

俄羅斯教堂

🏠 бул. „Цар Освободител " 3, 1000 Център, София

📞 +359 2 986 2715

🕐 07:45 ～ 18:30

💲 免費（內部禁止攝影）

🚇 Сердика 地鐵站 (M1M2) 東南 700 公尺

📷 podvorie-sofia.bg

景 聖索菲亞大教堂 Храм „Света София "

索菲亞的由來

以紅磚建成，外觀屬樸素對稱風格的聖索菲亞大教堂，建堂史可追溯至西元 6 世紀、拜占庭帝國皇帝查士丁尼大帝（Justinianus I，他更為人熟知的功績，是重建位於伊斯坦堡的聖索菲亞大教堂）統治期間，在此之前，這裡曾是古羅

馬劇院、幾座早期教堂的所在地，唯陸續在哥特人和匈人入侵時遭毀。保加利亞第二帝國時期（1185 ～ 1396），聖索菲亞大教堂獲得「都主教」的地位（當地教會領袖）；14 世紀時，大教堂的名稱正式成為城市的名字，值得一提的是，

「索菲亞」並非指歷史上的聖人，而是象徵「聖潔智慧」的基督教神學概念。16 世紀鄂圖曼帝國統治時，大教堂被改建成一座清真寺，12 世紀的珍貴基督教壁畫也被刨除，並加入尖塔建築；19 世紀，先是尖塔毀於地震，再因伊斯蘭政權撤出而遭廢棄。之後，這棟建築一度作為首都消防指揮部的觀察站，1900 年展開修復工作，1930 年第一階段重建結束，並重新以教堂之姿對外開放。

就文化歷史而言，聖索菲亞大教堂的價值體現在保留早期基督教（260 ～ 525）的藝術和建築，地板上覆蓋著複雜的動植物主題馬賽克，而位在教堂地

下室、規模宏大的考古博物館，亦保留許多歷史悠久的墓葬遺跡與豐富壁畫。走出教堂，南側有立於 1981 年的無名戰士紀念碑（Паметник на Незнайния воин），包括一座石碑與獅子雕塑，用以紀念成千上萬在保衛祖國戰爭中犧牲的保加利亞士兵；東側花園則埋葬著保國名作家伊萬‧瓦佐夫，特別的是，刻有姓名與生卒年的巨石，是運自他生前偏好度假的景區——金橋（Златните мостове，首都西南約 15 公里處），該處為保國最大的石河（由大而圓的石頭組成的岩體）所在地。教堂由立面右側小門進入，堂內左側為通往考古博物館的地下室入口，旅客可由此購票入內參觀。

無名戰士紀念碑

INFO ....

聖索菲亞大教堂

🏠 ул. „Париж" 2, 1000 Център, София

📞 +359 2 987 0971

🕐 教堂 5 月至 10 月 07:00 ～ 19:00、11 月至 4 月 07:00 ～ 18:00；墓室博物館 5 月至 10 月 10:00 ～ 18:00、11 月至 4 月 10:00 ～ 17:30（周一休）

💲 教堂免費（內部禁止攝影）、墓室博物館 6лв（攝影 15лв）

🚇 СУ „Св. Климент Охридски 地鐵站（M1M2）西北 700 公尺

📱 pravmladeji.org

....

景
亞歷山大‧涅夫斯基大教堂
Храм-паметник „Свети Александър Невски "

鎮國之寶

位於市中心的亞歷山大‧涅夫斯基大教堂，占地近千坪（3,170 平方公尺），最多可容納萬名信徒，其不只是一城、一國的地標，也是巴爾幹半島上規模第二大的東正教堂（僅次於塞爾維亞貝爾格勒的聖薩瓦教堂）。大教堂建於 1882 ～

1912 年間，由俄國知名建築師亞歷山大・波梅蘭采夫（Александр Никанорович Померанцев）設計規劃，目的在紀念因俄土戰爭（1877 ～ 1887）喪生、信仰東正教的斯拉夫人。教堂以古俄羅斯知名統帥、東正教聖徒亞歷山大・涅夫斯基

（Александр Невский，1220 ～ 1263）命名，不僅如此，祭壇左側還展示一塊由俄羅斯東正教會提供、被稱作亞歷山大・涅夫斯基文物（мощи）的疑似肋骨。

　　亞歷山大・涅夫斯基大教堂屬於新拜占庭式風格，從建材到內部裝飾處處講究，最具代表性的鍍金圓頂和鐘塔分別高 45 及 53 公尺，前者鍍金面積達 200 餘坪、共使用 8.35 公斤的純金，上面刻有《主禱文》（廣義基督教最為人熟知的經文）；後者放置 12 個總重 23 頓、運自莫斯科的鐘（最重的 12 頓、最輕的 10 公斤），而懸浮教堂中央、距離地面 27 公尺的吊燈則有 2,500 公斤重。祭壇、主教寶座、聖幛（又稱聖像牆，藉此分隔象徵天國與現實世界的聖所和中殿）的支柱……不是產自義大利的彩色大理石、巴西瑪瑙、印度雪花石膏，就是委請威尼斯、德國等知名廠家製作的馬賽克壁畫與金屬雕刻聖殿之門，當然還有多不勝數、以金色為主軸的宗教壁畫。大教堂在第二次世界大戰期間，遭英美聯軍轟炸

而嚴重受損，整體以建築西北角受創最劇。此後，教堂經歷數度所費不貲的維修，2001 年單是維護 20% 面積的鍍金圓頂，就使用近乎 999 純金、8.4 ㎝ ×8.4 ㎝尺寸的金箔紙共 2.5 萬張，足見維持現況也非易事。

INFO ··

亞歷山大·涅夫斯基大教堂

🏠 пл. „Свети Александър Невски", 1000 Център, София

📞 +359 2 988 1704

🕐 07:00 ～ 18:00

💲 免費(攝影 10лв，需手持票券置於相機下方，以利工作人員辨識)

🚇 СУ „Св. Климент Охридски 地鐵站 (M1M2) 以北 500 公尺

🖱 bg-patriarshia.bg

··

景 露天跳蚤市場 Битака

尋找有緣物

亞歷山大·涅夫斯基大教堂與俄羅斯教堂間的綠地廣場，不僅是市民休閒遊憩的熱點，也有常規的紀念品二手攤位聚集（周末假日人潮更洶湧），讓偏好舊貨古董的觀光客，訪勝之餘還可順道淘寶！跳蚤市場主要販售各種古董舊貨，從獎牌硬幣、手織衣襪、地毯桌墊、俄羅斯娃娃、銀飾珠寶、老相機、舊樂器、留聲機到軍用頭盔、共產主義紀念品、宗教畫等⋯⋯包羅萬象。需留意的是，一些老闆見到外國遊客不免「自動漲價」，下手前請記得討價還價。

INFO

露天跳蚤市場

🏠 ул. „Георги С. Раковски", 1000 Център, София

🕐 10:00 ～ 18:00

景 瓦西爾 · 列夫斯基紀念碑
Паметник на Васил Левски

勿忘革命真諦

瓦西爾 · 列夫斯基（Васил Левски，1837 ～ 1873）是保加利亞推翻鄂圖曼帝國統治的民族英雄。19 世紀下半，他受到法國大革命與歐洲自由主義浪潮的啟發，在全國各地成立反土耳其的祕密革命組織，欲透過各機構分支煽動並串聯全國的武裝革命，成立一個以平等主義為核心的保加利亞共和國。1872 年底，瓦西爾在保國中北部的卡卡里納村莊（Къкрина）遭土耳其當局捕獲，由於他堅不透露組織細節且承擔全部責任，隔年 2 月被處以絞刑。隨著保加利亞在 1878 年脫離土耳其獨立，瓦西爾成為最受人民推崇的革命烈士，新成立的索菲亞市議會便決議在市中心興建一座紀念碑，經過一些資金、選址等波折，終於 1895 年正式開放。

瓦 西 爾 · 列 夫 斯 基 紀 念 碑 位 於 揚 克 · 薩 卡 佐 佛 大 道（бул. „Янко Сакъзов"）、瓦西爾·列夫斯基大道（бул. „Васил Левски"）與莫斯科街（ул.

„Московска"）交匯的圓環內，這裡正是他殉難的位置，紀念碑高 13 公尺、屬花崗岩材質，碑上刻有瓦西爾浮雕像。紀念碑的設計草稿上有象徵基督教與伊斯蘭教的十字架和新月，但因其（對宗教上的不寬容）與瓦西爾的寬容信念相違背而被刪除。附帶一提，瓦西爾 · 列夫斯基的長眠處至今仍未可知，許多人相信他的遺體被埋葬在市中心的聖佩特卡地下教堂，但始終未獲得證實。

INFO ⋯⋯⋯⋯⋯⋯⋯⋯⋯⋯⋯⋯⋯⋯⋯⋯⋯⋯⋯⋯⋯⋯⋯⋯⋯⋯⋯⋯⋯⋯⋯⋯⋯⋯⋯⋯⋯⋯

瓦西爾 · 列夫斯基紀念碑

 бул. „Васил Левски“, 1527 Център, София

СУ „Св. Климент Охридски 地鐵站(М1М2) 以北 600 公尺

景 **獅子橋 Лъвов мост**

鈔票上的獅子

　　橫跨樸迪斯卡河（Владайска река）的獅子橋，總長僅 26 公尺、寬 18.1 公尺，是連結市中心與索菲亞中央火／汽車站的必經要道。獅子橋落成於 1891 年，由捷克籍建築師瓦茨拉夫 · 普羅斯克（Václav Proek）與他的兄弟及堂兄一同設計，橋體採岩石材質，名稱來自橋上的 4 座青銅獅子雕塑，它也是保加利亞 20 元紙幣（1999、2007 年發行）的背面圖案。2014 年，獅子橋周圍進行大幅度的改造工程，將車輛導引至鄰近橋梁，目前僅供有軌電車及行人使用。

 INFO ⋯⋯⋯⋯⋯⋯⋯⋯⋯⋯⋯⋯⋯⋯

獅子橋

бул. „княгиня Мария Луиза“ 1202, 1202 Център, София

Лъвов мост 地鐵站(М2) 即達

景 **女人市集 Женски пазар**

賣什麼都不奇怪

　　地處市區北側的女人市集，是索菲亞最具規模也是最繁忙的庶民露天市場，範圍介於斯利夫尼察大道（бул. „Сливница“）與主教約瑟夫路（ул. „Екзарх

Йосиф "）之間的斯特凡‧斯塔姆博洛夫大道（бул. „Стефан Стамболов "）
之間，簡言之，約是從獅子橋至女人街公車站（Спирка „Женски пазар "）間。
市集商品包羅萬象，諸如：時令蔬果、奶酪起司、現烤麵包、自製泡菜、醃漬肉
類、咖啡茶點、哈爾瓦酥糖（Халва，質地綿密的高熱量堅果糖塊）、風味美食、
生活用品、廉價服飾、共產主義時期的二手貨、民俗紀念品等，族繁不及備載。

儘管名為女人市集，但無論賣家
或買家都並非「女性限定」，有來自
阿拉伯、土耳其、中國等地的移民，
也有販售自家產品的鄉村小農，商品
均有清楚標示價格，被坑騙的機會並
不高。最後，人在市集務必提高警
覺，拍照或議價時需當心扒手，盡量
不要在人潮洶湧處張望或逗留。

INFO ⋯⋯⋯⋯⋯⋯⋯⋯⋯

女人市集

🏠 бул. „Стефан Стамболов", 1000
Център, София

🕐 整日（上午攤位較多）

🚇 Лъвов мост 地鐵站(M2) 即
達；Сердика 地鐵站(M1M2)
以西 500 公尺

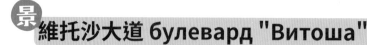

景 維托沙大道 булевард "Витоша"

索菲亞一街

地處市中心的維托沙大道，是首都的主要商業街，名稱源自位於保加利亞西部、鄰近索菲亞的維沙托山（Витоша，最高點海拔 2,290 公尺，全國第 4 高）。大道呈東北、西南走向，起訖點分別為周日教堂與南方公園（Южен парк），沿線聚集許多景點、餐廳、酒吧與商店。維托沙大道的發展始於保加利亞脫離鄂圖曼帝國統治的 19 世紀末，二次世界大戰後，大型公共建設陸續落成與商業活動日漸蓬勃，根據美國高緯環球公司（Cushman & Wakefield）在 2007 年的研究，已躍升全球第 22 大最昂貴商業街。

2007 年起，官方啟動修復維托沙大道計畫，將道路復刻為上世紀 30 年代的索菲亞舊時風格，增設仿古路燈和長椅、新藝術運動風格的圓形亭

與噴泉、綠地等。到了 2015 年中，又進行新一輪的翻修，將與東西向道路 —— 阿拉賓大街（ул. „Алабин "）和埃弗帝米族長大道（бул. „Патриарх Евтимий "，國家文化宮園區北側道路）交叉的範圍改為行人專用區。

INFO

維托沙大道

🏠 бул. „Витоша"

🚇 Сердика 地鐵站(M1M2) 往南、НДК
地鐵站(M2) 往北

景 國家文化宮
Национален дворец на културата

保加利亞藝文中心

1981 年 3 月 31 日對外開放的國家文化宮簡稱 НДК（拼音 NDK），為一棟地面 8 樓、地下 3 層的鋼筋混凝土建築，總面積達 37,200 坪，是索菲亞乃至東南歐規模最大的多功能會議暨展覽中心。國家文化宮始於前保加利亞人民共和國領導人托多爾・

日夫科夫（Тодор Христов Живков）之女柳德米拉（Людмила Тодорова Живкова）的倡議，這位致力保護與發揚國族文化藝術的元首千金，長年執掌政府文化相關部門，國家文化宮便是她為慶祝保加利亞人在巴爾幹地區定居

1,300 年的獻禮。1981 年 7 月，年僅 38 歲的柳德米拉因腦腫瘤病逝，有鑑於她對國家文化宮的貢獻，其一度更名為「柳德米拉・日夫科娃人民文化宮」（Народен дворец на културата „Людмила Живкова"），直到 1990 年政權民主化後才改回原名。

國家文化宮內含 12 個多功能展廳，最大的 1 號廳可容納 3,380 個座位。館方每年籌辦包括國際／商務會議、政治論壇、科學研討會、音樂／電影節、舞蹈／戲劇表演、各類展覽與交易會等超過 300 場活動，其中以春季舉行的索菲亞國際

電影節（Международен София Филм Фест）最受矚目。國家文化宮本身精彩豐富之餘，其周圍的同名園區（НДК парк）同樣是市民休閒散步的好去處，園區內除為數不少的雕塑、瀑布造景和兒童遊樂設施，園區中央、面向文化宮的左側還豎立著象徵共產主義的柏林圍牆遺跡。

柏林圍牆遺跡

柏林圍牆遺跡地址

INFO ···

國家文化宮

🏠 бул. „България", 1463 Ндк, София

📞 +359 88 621 7240

🕐 平日 09:00 ～ 19:00、假日 10:00 ～ 19:00

💲 免費(觀賞展覽或表演需另外購票)

🚇 НДК 地鐵站(M2)即達

🖱 ndk.bg

景

七聖人教堂
Храм "Свети Седмочисленици"

清真前世、教堂今生

　　1903 年竣工的七聖人教堂，是一座由廢棄清真寺改建而成的東正教教會，教堂以兩位拜占庭帝國時期（9 世紀中）的傳教士聖人西里爾與美多德（Κριλλο κα Μεθ διο）及祂們的 5 位門徒命名，堂內聖像與十字架等均出自保加利亞著名雕刻工匠之手。根據 1901 年挖掘出土的考古遺跡，該位置於西元 4～5 世紀時曾是一座基督教修院，至鄂圖曼土耳其帝國統治時期，在第 10 任蘇丹——蘇萊曼一世（I. Süleyman）的命令下在此地興建黑色清真寺（Чернаджамия，因尖塔使用黑色花崗岩而得名），並由當時帝國最出色的建築師希南負責監督工程，1528 年落成。19 世紀前半，清真寺的尖塔因地震毀損，1878 年保加利

亞脫離土耳其統治後，原址陸續被改成軍用倉庫與監獄，直到 20 世紀初才在建築師亞歷山大‧波梅蘭采夫（亞歷山大‧涅夫斯基大教堂也是他的作品）的規劃下，將殘存的清真寺重建為具折衷主義風格的東正教堂。

INFO ....

七聖人教堂

🏠 ул. „Граф Игнатиев" 25, 1000 Център, София

📞 +359 2 987 8023

🕐 07:00～18:00

💲 免費（內部禁止攝影）

🚇 НДК 地鐵站（M2）以西 800 公尺

值得一提的是，七聖人教堂不僅是索菲亞的信仰中心與舉行婚喪禮的主要場合，也是曾 4 次擔任該國首相的自由主義政治家——佩特科‧卡拉維洛夫（Петко Каравелов，1843～1903）與他的女兒勞拉（Лора Каравелова，1886～1913，因忌妒丈夫與人曖昧而自戕）及女婿、同時也是保加利亞 20 世紀最偉大詩人之一的佩約‧亞沃羅維（Пейо Яворов，1878～1914，因背負妻子自殺陰影而飲彈自盡）的長眠之地。

假日賊仔市 Битпазар Малашевци

真的，什麼都可以賣！

位於索菲亞市東北市郊的假日賊仔市，顧名思義是一座僅在周六、日對外開放的跳蚤市場，商品以各式各樣的舊貨雜貨為主，從電器用品、陶器杯皿、徽章擺件、共產時代紀念品、二手服飾、零食飲料等包羅萬象。由於擺攤方式隨性自在，攤主幾乎是「未經挑選」地將商品原況呈現，以姜太公釣魚的姿態等候有緣人上門。坦白說，賊仔市令人開眼界的樂趣遠多於購物，畢竟這裡販售的是「不知是否仍堪用」的 N 手貨，加上現場人流混雜，還是以自身安全為最優先考量。除鐵皮圍籬內的賊仔市主場

地，由公車站通往主場地的小徑也有斷斷續續的攤位，基本上只要跟著人潮與攤位，搭配 Google Maps 的指引，就可順利找到地處較深處的賊仔市。

INFO ··

假日賊仔市

🏠 ул. „Лавандула" 45Б, 1225 София

📞 周六 06:00 ～ 14:00、周日 07:00 ～ 14:00（平日休）

🚇 免費汲泉區(索菲亞區域史博物館旁)對面「Централни Хали」公車站乘電車 22 號（往東行駛）經 9 站至「Пл. Пирдоп」，下車後過地下道至北側同名公車站，乘公車 90 號（往北行駛）經 4 站至「Ул. Васил Кънчев」。跟隨人群過馬路至對面大型超市 Kaufland，沿超市左側走（一旁空地可見攤位），至底見十字路口右轉，順路順人潮配合 Google Maps 步行約 800 公尺即可到達，途中皆可見攤位。

··

景 博雅納教堂 Боянска църква

有溫度的壁畫

坐落於索菲亞市郊博雅納村的博雅納教堂，是一座中世紀建成的東正教堂，1979 年被聯合國教科文組織列入世界文化遺產。博雅納教堂由 3 座建物組成，由東向西分別建於 10 世紀末至 11 世紀初、13 世紀中與 19 世紀中，最古老的東側建築為單後殿交拱式教堂，內部設置十字交叉拱型支撐與向外突出的半圓形後殿。毗鄰東教堂的第二部分，是在保加利亞第二帝國時期的領主卡洛揚（Севастакратар Калаян）夫婦的委託與贊助下，所興建的兩層陵墓室教堂，包括底層的半圓穹頂家

族墓，上層是與東教堂設計相同的家族禮拜堂，堂內牆面繪製 89 幅壁畫，外牆裝飾陶瓷製品。至於最後完成的西教堂，則是運用當地社區捐贈的資金所修建。

壁畫是博雅納教堂吸引世人目光的亮點，取材包括：「最後的晚餐」（值得一提的是，耶穌是坐在畫面左側而非中央，餐桌上放有保加利亞人偏好的食材──大蒜）、保加利亞沙皇康斯坦丁・阿森（Константин Асен）與皇后畫像及聖經故事「海上的風暴」等，堂內不同時期的壁畫，層層覆蓋於牆面，其中以繪製於 1259 年的第 2 層壁畫名聲最響（11 世紀完成第 1 層僅存殘片），這些由未知藝術家創作的壁畫，畫風融合當時藝術創作元素，人物栩栩如生、神態溫和安詳，為巴爾幹地區保存最完好的中世紀藝術作品。

壁畫在 1912 ～ 1915、1934 ～ 1944 年皆進行過維修，1954 年在修繕與保護的前提下一度關閉，至 2008 年才全面對公眾開放。目前，教堂透過安裝低熱燈與空調，將溫度控制在 17 ～ 18℃，由於室內空間有限，教堂採取嚴格的人流

控制，遊客須跟隨導覽員入內，且單
次人數控制在8名，每次限時10分鐘。
一般而言，教堂常有許多旅行團湧入，
為消化大量團體客，散客可能被拒於
門外（售票窗口直接關閉），請盡量
於剛開門或中午時間造訪，以縮短排
隊等候時間。

INFO ....

博雅納教堂

🏠 ул. Боянско езеро 3, 1616 кв. Бояна, София

📞 +359 2 959 0939

🕐 4 月至 10 月 09:30 ～ 18:30、11 月至 3 月 09:00 ～ 17:30

💲 10лв（內部禁止攝影）

🚇 Витоша 地鐵站 (M2) 轉乘公車 64 號（往南行駛）至公車站「Боянско Ханче」，車程約 15 分；Сердика
地鐵站 (M1M2) 轉乘電車 4 號（往南行駛）至倒數第 2 站「Спирка „кв. Павлово"」，過短邊馬路至 ул.
„Александър Пушкин"，順行 1 分鐘到達同名車站，乘公車 107 號至終點站「Боянско
Ханче」，總車程約 40 分。附帶一提，無論搭乘公車 64 或 107，下車後都需再爬 300 公
尺的緩坡，才可到達博雅納教堂；由市中心乘計程車約 9 公里、約 20 分，車資 15лв 左右。

📷 boyanachurch.org

.... Спирка „кв. Павлово" 車站位置

景 里拉修道院 Рилски манастир ─────────

來去世遺住一晚

　　1983 年登錄世界文化遺產的
里拉修道院，位於首都南方 120 公
里、里拉山脈西南（海拔 1,147 公
尺）的里拉河（Рилска река）谷
間，總建築面積 2,662 坪，為巴爾
幹半島規模最大的東正教修道院。
傳統上認為里拉修道院初建於 10

世紀、保加利亞沙皇彼得一世（Петър I）統治期間，當時東正教隱士——里拉的聖約翰（Иван Рилски，876～946）在洞穴內苦修，他的學生籌資興建修道院，以作為學習教義的場所。12～14世紀時，修道院獲得歷代保加利亞沙皇的尊重與支持，遷移至現址並擴展規模，成為國家精神信仰的中心。然而，里拉修道院的榮景在鄂圖曼帝國征服後被終止，不僅功能遭到弱化還屢屢受到襲擊，儘管情況欠佳，修道院在土耳其占領期間仍是保存保加利亞語言文化的重鎮。里拉修道院於1833年毀於大火，隔年在保加利亞富商的捐贈下分階段展開重建，1834～1837年教堂建築落成、1838～1860年內部裝飾完工，即是今日所見的修院規模。

里拉修道院整體屬矩形格局，以近千坪的內院為中心，裡面包含主教堂、博物館、住宅區與堡壘塔（Хрельовата кула，僅6月至9月開放參觀）等部分。主教堂共有5座穹頂、3個祭壇和2間小教堂，藏有珍貴的鍍金聖像、精緻木雕與保國知名畫家札哈里（Захарий Христович Димитров）及其兄長迪米塔爾（Димитър Христов）等繪製的聖像壁畫。住宅區為一棟貌似堡壘的4層建築，內有300個房間、4座小教堂、修道院長室、廚房，以及容納250份手抄本和9,000份印刷史料的圖書館。至於博物館的鎮館之寶，是一座1802年完成的椴木微雕藝品——拉斐爾的十字架（Рафаилов кръст），整件作品高80公分、寬42公分、厚3公分，上面共呈現36個宗教場景、超過600個微型人物。十字架的創作過程十分艱辛，修士使用針與放大鏡精雕細琢，過度耗費眼力的結果就是作品完成不久便告失明。

里拉修道院每日有1班長途巴士往返首都索菲亞，去程10:20、返程15:00，單趟車程2.5小時；或可搭長途巴士或火車至布拉戈耶夫格勒，再由此乘公車

（07:00、12:00、15:00 發車）或搭計程車（車資約 35лв）前往。自駕者需留意沿途路況，蜿蜒山路務必慢行，修道院旁設有露天停車場，停車費一次 5лв，如遇滿場或想省下此筆費用，可於靠近修道院時於路面較寬敞處伺機停車。

　　除當天往返，修道院本身也提供住宿服務，欲體驗「來去世遺住一晚」的旅客，待確定行程後可寫信至 info@rilskimanastir.org 洽詢訂房事宜，或到達索菲亞後再請旅社代為協助致電聯繫，如非假日或特殊節慶多數時候都有房可住。修道院有套房（獨立衛浴）與床位（共用衛浴）兩種住宿類型，價位為一人 30лв 起，住客可享受遊人漸稀後的寧靜時光，唯修道院內沒有餐廳與商店，僅後門出口附近有一些餐廳與小販，請記得自備飲食。

INFO ·······································

里拉修道院

🏠 107 14, 2643 Рилски манастир

📞 +359 89 687 2010（住宿預訂）

🕐 院區 08:00 ～ 21:00、教堂 08:00 ～ 18:00、博物館 08:00 ～ 16:30

💲 院區與教堂內免費（內部禁止攝影）、博物館＋修院內部導覽 8лв（禁止攝影）

🚌 前往里拉修道院有直達與轉乘兩種方式，前者無須換車但每天只有一班、後者費時較長但相對自由，如想在修道院多作停留，可選擇去程直達、返程轉乘（或兩者對調）的方式。里拉修道院在淡季時遊客較少，公車可能無預警減班，站內時刻表有時僅供參考，請務必備有腹案。

　　直達：自 Сердика 地鐵站(M1M2) 轉乘往南行駛的電車 4 號至「Овча купел」站（電車 5 號、公車 260 號等也有行經），下車後前往背面的西巴士站，搭乘 10:20 開往里拉修道院的長途巴士，13:00 到達修道院停車場；回程為 15:00 於修道院停車場發出的同班車輛，單程票 11лв，直接向司機購買。需留意的是，儘管這是每日唯一一臺穿梭市區與修道院的直達車，但車體不大且車齡偏高。

　　轉乘：自索菲亞中央巴士站搭 10:00 或 12:30 開往布拉戈耶夫格勒的長途巴士，車程 1.5 小時、單程票 10лв；或自索菲亞中央車站搭 07:35 或 10:00 開往布拉戈耶夫格勒的火車，車程 2 小時 16 分～ 2 小時 40 分、二等座 7.5лв。下車後，如未遇上每日 3 班、由布拉戈耶夫格勒巴士站發出的直達車，就需再乘公共小巴至里拉鎮(Рила)，每小時 1 班、票價 2лв。里拉鎮雖有始發或行經開往里拉修道院的公車，但班次少、需碰運氣，也可與當地計程車司機議價前往，費用 15лв 左右。

🔗 rilskimanastir.org

·······································

美食攻略

　　保加利亞菜以番茄、洋蔥、黃瓜、南瓜、酸奶、各種肉類為主要食材，烹調方式不脫離蔬菜涼拌、肉類炭烤或燉煮，並有份量偏大、調味較重的情形，部分餐館也提供蔬食（純素）料理。當地菜單常備有英文版，上面詳細標明內容物與重量，服務生多可以英語溝通，上菜速度流暢，除非假日熱門時段，一般都可即到即吃。除了保加利亞傳統及東歐、希臘料理，索菲亞市區也有為數不少的湯品專賣鋪（當地人好喝湯配麵包）與日式壽司、美式漢堡、義式披薩和亞洲風味快餐店，滿足不同喜好的味蕾。

　　除了獨自搜尋索菲亞好料，遊客也可參與名为「巴爾幹咬一口」（Balkan Bites）的免費英語美食導覽行程，在當地導遊的帶領下前往 4、5 間餐館，淺嘗具保加利亞特色的食物。導覽團每日於俄羅斯教堂斜對面水晶花園（Градина „Кристал"）內的斯特凡・斯塔姆博洛夫（Стефан Стамболов）雕像前集合，整趟需時約 2.5 個鐘頭、單團最多人數 15 名，儘管預約並非必要，但為確保參加無虞，請至少提前 24 小時透過臉書報名。

INFO ⋯⋯⋯⋯⋯⋯⋯⋯⋯⋯⋯⋯⋯⋯⋯⋯⋯⋯

巴爾幹咬一口

📍 Градина „Кристал", 1000 Център, София

📞 +359 87 761 3992

🕐 14:00 ～ 16:30

💻 balkanbites.bg

📘 facebook.com/pg/BalkanBitesFoodTours

巴爾幹咬一口集合處

食

烤爐坊 Фурна

第 1 名＋零負評

　　烤爐坊是由一群志同道合的年輕烘焙愛好者創立，旨在以天然無負擔的原料製作可口的麵包糕餅，並藉此衍生三明治一類輕食與現煮咖啡、現榨果汁等飲料，店內不只有新鮮出爐的成品，也販售自家使用的麵粉、咖啡豆、花茶等原物料。眾好評糕點中，以南瓜麵包（тиквен хляб，2.9лв）最受來客讚賞，口感外酥脆內綿密，是回購率最高的招牌商品之一。對半斜切的蘑菇馬鈴薯、番茄起司、洋蔥菠菜等口味的酥皮餡餅（баница）同樣出色，餡餅以白起司為主軸，外皮油酥香脆、內餡飽滿濃郁，是保人的早餐首選。烤爐坊來客絡繹但座位有限，如無暇久候，不妨至店前長椅小憩，享受悠哉的早／午茶時光。

INFO ···

烤爐坊

🏠 бул. „Стефан Стамболов" 3, 1000 Център, София

📞 +359 89 449 6659

🕐 08:00 ～ 19:30

💲 夾餡麵包 2лв 起、咖啡 1.6лв 起

🧍 5лв ～ 10лв

🚇 Сердика 地鐵站 (M1M2) 以西 500 公尺

🔍 女人市集、聖若瑟主教座堂、索菲亞猶太會堂、索菲亞市集中心

f facebook.com/furnabg

···

食 斯卡帕酒吧 Скаптобара

歐洲第一堡

由數位保加利亞美國大學（American University in Bulgaria）校友合開的斯卡帕，是一間以美式風格為主軸的餐館兼酒吧，儘管開業不過幾年，卻已在「貓途鷹」累積破千好評，高居索菲亞餐廳總榜第二之餘，更是許多網友心目中的「全歐最棒漢堡」！斯卡帕酒吧致力於製作「富有想像力」的創意漢堡，選材、烹調處處用心，肉排使用本地農場新鮮直送的溫體牛肉，薯條則以手工現切現炸，醬汁也是自家熬煮的獨門配方。除了用料講究，漢堡上桌時的視覺效果同樣令人震撼，呼之欲出的爆滿餡料很勉強地夾在兩塊麵

包間，無法兩手掌握的紮實厚度，強勢挑戰你的張嘴極限！

斯卡帕酒吧裝潢處處巧思，從外牆的大型人像畫到室內的各種塗鴉令人目不暇給，更有趣的是，每個桌面都擺放一臺俄羅斯方塊掌上遊戲機。不只有圖文並茂的固定菜單，店家還會不定期推出期間限定的創意漢堡，筆者遇到的是「喜歡、討厭由你決定」跳 tone 組合──甜菜根杏片牛肉漢堡。除了首都索菲亞，斯卡帕酒吧也在保國第二大城普羅夫迪夫開設同名 2 號店（Скаптобара 2）。與本店相同，地處市中心的 2 號店同樣廣受饕客喜愛，在貓途鷹的餐館評價中高居普市第一！

INFO ....

斯卡帕酒吧

🏠 ул. „Искър" 11А, 1000 Център, София

📞 +359 87 733 3233

🕐 10:00 ～ 00:00（歡樂時光 15:00 ～ 19:00 調酒打 85 折）

💲 漢堡 10.99лв 起、飲品 1.6лв 起、調酒 6.9лв 起

👤 15лв ～ 20лв

🚇 Сердика 地鐵站(M1M2)東北 700 公尺

🔍 索菲亞區域史博物館

📘 facebook.com/skaptobara

🖱 skaptobara.com

食 咱家小館 Мейд ин Хоум

烹調東歐家鄉味

　　供應家庭式東歐料理的咱家小館，以舒適的用餐氛圍和自製的美味料理廣受好評。店內裝潢採五、六零年代的懷舊風格，隨興彩繪的斑駁牆面，富歷史感的木櫃、壁燈與珠簾，花磚拼貼的桌面與各自獨立的木板凳與老沙發，呈現出宛如穿越時光隧道般的用餐空間。不僅環境別具特色，小館的料理也很具水準，其中鷹嘴豆泥、甜菜根泥和番薯泥組成的三拼開胃菜（16.9лв）、雞肉沙威瑪（13.9лв）、自製紙包蝦（15.9лв）與辣烤肋排佐蒜味薯條（16.9лв）更是必點的招牌菜，如果無法取捨，也可請親切友善的服務生代為推薦。咱家小館雖然訂價略高，但無論環境與菜色皆有所值，是回訪率極高的口碑名店。

INFO ·····················

咱家小館

🏠 ул. „Ангел Кънчев" 30, 1000 Център, София

📞 +359 87 688 4014

🕐 周一 12:00 ～ 21:00、周二至周四＋周日 12:00 ～ 22:30、周五與周六 12:00 ～ 23:00

💲 沙拉與前菜 10.9лв 起、肉類與海鮮主餐 13.9лв 起、甜點 6.9лв 起、飲品 2лв 起

👥 30лв ～ 40лв

🚇 НДК 地鐵站(M2) 東北 350 公尺

🔍 國家文化宮、維托沙大道、七聖人教堂

📘 facebook.com/madeinhomesofia

🍴 **哈格即格酒窖餐廳**
Hadjidraganovite Izbi - Хаджидрагановите изби

保加利亞風味餐

　　泥灰石牆、細膩木雕、樸質壁畫、手工刺繡與蒙塵藏酒……地處索菲亞市中心的哈格即格酒窖，是一間富有保加利亞傳統氛圍的主題餐館，來客不僅能在此品嘗正統料理，細琢聲名遠播、種類繁多的本地葡萄酒和啤酒，晚餐時間還有現場演奏的民族音樂及舞蹈表演。店內羅列超過 60 道菜餚，幾乎囊括所有的保加利亞傳統菜與東歐、希臘料理，像是名為扁平香腸（луканка）的保式薩拉米、鄉巴佬沙拉等。其中最罕見的，莫過堅持每日柴燒窯烤悶製的烤全羊（Гергьовско агне в пещ），羊肉完全熟成並帶有炭烤香氣，是饕客大推的鎮店之寶。

INFO ···

哈格即格酒窖餐廳

🏠 ул. „Христо Белчев" 18, 1000 Център, София

📞 +359 2 981 8148

🕐 11:30 ～ 02:00（周二至周六 20:30 ～ 00:00 現場音樂表演）

💲 沙拉 5.9лв 起、肉類主餐 11.8лв 起、烤羊肉一份 33.6лв、愛蘭 1.9лв

🧍 20лв ～ 40лв

🚇 Сердика 地鐵站(M1M2) 以南 700 公尺、НДК 地鐵站(M2) 以北 500 公尺

🔍 維托沙大道、聖周日教堂、伊萬·瓦佐夫國家劇院、國家文化宮

📱 izbite.com

···

食 廚師在線 Chef's Live

（傳統＋國際）× 創意

　　由名廚維克托·安格洛夫（Виктор Ангелов）主持的廚師在線，是一間在保加利亞傳統菜基礎上融合國際料理及個人創意的現代風格餐館，位於 2013 年開業的五星級飯店「Sense Hotel Sofia」一樓。主廚會根據當季食材製作別出心裁的佳餚，俄式開胃菜、牛肉漢堡、肋眼牛排、泰式風味炒海鮮、炸魚薯條、

紅酒燉牛舌、韓式脆皮鴨……不分東方西方、通俗獨特皆有涉獵。不僅如此，饕客還能品嘗到經典的保加利亞名菜──優酪乳湯、豬肚湯等，前者是在傳統的基礎上加以變化，以食物調理機將薄荷等香料融入其中；後者則需將豬肚洗淨後切塊與奶油燉煮，上桌後再淋上蒜泥果醋、乾辣椒末，搭配麵包食用，當地人相信此湯有緩解宿醉、健胃整腸的療效。

廚師在線的價位在索菲亞屬於偏高，如欲享用完整一餐──沙拉／湯＋前菜＋主菜＋甜點，單人至少 50лв 起跳。儘管所費不貲，但餐館基本上沒有地雷，食材新鮮、料理純熟，整體具有米其林等級的水平。

INFO ·······································

廚師在線

🏠 бул. „Цар Освободител" 16. „Цар Освободител, 1000 Център, София

📞 +359 89 502 0020

🕐 12:00 ～ 23:00

💲 沙拉 15.9лв 起、湯品 7.9лв 起、主菜 24.9лв 起、肋眼牛排每百公克 19.8лв（最低須點 200g）

🧍 30лв ～ 50лв

🚇 Сердика 地鐵站（M1M2）東南 950 公尺

🔍 水晶花園、俄羅斯教堂、露天跳蚤市場、亞歷山大‧涅夫斯基大教堂

📷 chefs-bg.com

食 喝湯吧 Supa Star

逛累了？來碗療癒系保式靚湯

「湯是一種古老而健康的飲食習慣。」保加利亞人素來愛湯成性，無論男女老少都是愛湯懂湯、一日三餐離不開湯的內行「喝貨」。不僅如此，街頭也常見以湯（supa）為主角的專賣店，人們逛街累了便會停下腳步喝碗湯，密集程度甚至不遜咖啡館與酒吧。位於索菲亞市中心、2009 年開幕的喝湯吧，正是以自製靚湯竄起的快餐店，人們可在此品嘗新鮮厚實的三明治，以及或冷或熱、或葷或素、或鹹或甜或辣、或濃郁或清爽、或傳統或摩登的各式好湯。

　　由於湯品組合包羅萬象，喝湯吧每日都會於臉書公布欲販售的款式，根據當季食材與氣候現場熬煮香濃靚湯。眾湯品中，以傳統風味的優酪乳湯（таратор，夏季供應）最受歡迎，其為保加利亞人夏季必喝的消暑聖品，製作時只需將小黃瓜、核桃切成碎丁，再將其

與酸奶、冰水、蒜汁、胡椒、蒔蘿、橄欖油調勻便告完成，是自古以來固胃長壽的飲食妙方。基本上，每道湯品都附有清晰的英文說明，服務人員亦通曉英語，點餐過程十分順暢。

INFO ·····························

喝湯吧

🏠 ул. „Цар Шишман“, 1000 Център, София

🕐 周一至周六 10:30 ～ 21:00、周日 10:30 ～ 19:00

💲 傳統酸菜起司湯 4лв、牛肉湯 5.2лв、麵包 0.5лв

🧍‍♂️ 5лв ～ 10лв

🚇 СУ „Св. Климент Охридски 地鐵站(M1M2) 以東 400 公尺

🔍 伊萬‧瓦佐夫國家劇院、亞歷山大‧涅夫斯基大教堂

ⓕ facebook.com/BarSupaStar

食 地窖小酒館 Izbata Tavern

「保」餐一頓

　　坐落於半地下室的地窖小酒館，是一間以保加利亞傳統文化為主題的東歐料理餐廳，店內從播放的音樂、環境的布置（手工編織地毯、鐵製水壺、民俗風燈具）、侍應生的服裝、供應的餐點到盛裝菜餚的彩繪陶器餐盤，均與保加利亞人的傳統生活緊密連結。小酒館的料理份量很足，雖無高級餐館的精緻擺盤但美味

毫不打折，其中以優酪乳湯（2.5лв）、高麗菜捲（Домашни зелеви сърми，12.8лв）與用料豐富的傳統燉菜（Капама，或稱亂燉，上面蓋著薄脆麵皮，內含雞肉、香腸、豬肉、洋蔥、蘑菇、高麗菜等，12.8лв）、烤南瓜（печена тиква，將南瓜烤熟後灑上堅果與白糖，冬季限定）都是值得一嘗的道地滋味。需提醒的是，上述傳統料理調味偏鹹，建議以多人分享為佳，或點麵包搭配。

`INFO` ···

地窖小酒館

🏠 ул. „Славянска" 18, 1000 Център, София

📞 +359 2 989 5533

🕐 11:30 ～ 23:30

💲 沙拉 5.8лв 起、前菜 7.8лв 起、肉類主餐 12.8лв 起、蔬食主餐 7.8лв 起

👤 15лв ～ 25лв

🚇 СУ „Св. Климент Охридски 地鐵站 (M1M2) 以西 550 公尺

🔍 伊萬・瓦佐夫國家劇院、亞歷山大・涅夫斯基大教堂

📱 izbata.bg（含線上訂位）

···

食 藍餐館 Мейд ин блу

饕客的祕密花園

位於獨棟三層洋房內的藍餐館，從裝潢擺設到菜色設計都不拘泥陳規，處處洋溢手作自然風，不成套的桌椅沙發、鑲嵌牆壁上的老剪刀，在蘊含懷舊氛圍的空間裡意外合拍，形成帶有波希米亞風的摩登時尚感。顧名思

義，藍餐館的主牆面、地板和盛裝料理的器皿都是以藍色為主軸，各隔間包廂再於此基礎上加以變化，造就既跳 tone 又融合的趣味性。

餐點方面，食客不僅可在藍餐館嘗到結合美式、歐式、俄式、保加利亞式、印度甚至亞洲風味的混血料理，幸運的話，還能碰上主廚依據當季食材推出的季節限定菜單。需留意的是，藍餐館假日經常高朋滿座，會有上菜遲滯的情況，建議盡量於周間或非尖峰時間光顧。附帶一提，藍餐館周邊巷弄內有不少別具特色的創意小店，從個人風格強烈的選物店、畫廊到手作服飾、飾品以及書店等十分豐富，用餐後不妨在附近走走看看。

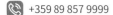

藍餐館

🏠 ул. „Юрий Венелин" 6, 1000 Център, София

📞 +359 89 857 9999

🕐 周二至周四 11:30 ～ 22:30、周一
與周日 11:30 ～ 22:00、周五至周
六 11:30 ～ 23:00

💲 醬燒胡椒蝦 17.9лв、蒜香炸小魚
15.9лв、自製檸檬汁 4.2лв、義式
咖啡 1.9лв

💲 20лв ～ 30лв

🚇 СУ „Св. Климент Охридски 地
鐵站(M1M2) 西南 650 公尺

🔍 七聖人教堂

📘 facebook.com/madeinbluesofia

🍴 快樂燒烤吧 Хепи бар и грил

全國連鎖＋大眾口味

　　快樂燒烤吧（英文名 Happy Bar & Grill）為保加利亞知名的連鎖餐廳，舉凡索菲亞、普羅夫迪夫、瓦爾納、魯塞等各大城市都有設點。首都目前有超過 10 家分店，而位於拉科夫斯基路（ulitsa „Georgi S. Rakovski"）、2000 年開業的快樂燒烤吧，則是其中資格最老的一間。儘管餐廳以美式速食、義式料理為主軸，但實際上都已是經過在地化的保加利亞口味，品項從漢堡、義大利麵、炸雞、沙拉、焗烤、烤肉、牛排到冰淇淋、蛋糕、烤布蕾應有盡有。不僅如此，為迎合當地消費者近年偏好日式壽司的飲食改變，店內亦聘請專門廚師現場製作各式各樣的創意握壽司、花壽司和沙拉壽司，儘管與臺灣人熟悉的正規日式料理有段距離，但仍稱得上新鮮可口。最後，別於宛若無字天書的純文字版本，快樂燒烤吧的菜單圖文並茂、一目了然，即使語言文字不通，也能靠「一指神功」輕鬆點餐。

INFO ....

快樂燒烤吧

🏠 ул. „Георги С. Раковски" 145A, 1000 Център, София

📞 +359 700 20 888 (統一訂位號碼)

🕐 12:00 ～ 23:00

💲 肉餅餐 7.99лв、BBQ 肋排餐 17.99лв、鮭魚生魚片 9.99лв、鮮果汁 4.99 лв

👤 10лв ～ 30лв

🚇 СУ „Св. Климент Охридски 地鐵站 (M1M2) 以西 900 公尺

🔍 伊萬・瓦佐夫國家劇院、七聖人教堂

📱 happy.bg

食 人才餐廳 Talents Restaurant

米其林育成所

　　人才餐廳是一間以啟發創意靈感、培訓烹飪人才為目標的廚師育成中心，餐廳隸屬於東歐首屈一指的 HRC 烹飪學院，學院吸收來自世界各地的優秀學生，提供有系統的教育訓練，其中也包括到旗下餐廳累績實作經驗。人才餐廳走高級餐館路線，菜單選項雖少，但每道料理都是依據當日氣候、食材加以變化。沒有制式的菜色內容與擺盤呈現，學生們可以任意揮灑自己的創意和

想法，無論食物本身或用餐氛圍都在水準之上，是廣受饕客稱讚的米其林預備班。想要淺嘗的朋友，經濟實惠的商業午餐會是不錯的選擇，1 道半份前菜＋ 1 道主菜＋ 1 道甜點，訂價僅 12лв，即可以 200 臺幣享受米其林儲備軍烹調的特色料理。

INFO ···

人才餐廳

🏠 ул. „д-р Петър Берон" 9, 1142 Център, София

📞 +359 2 421 9068

🕐 11:30 ～ 14:30、17:00 ～ 22:00

💲 午餐前菜 6.5лв 起、午餐主菜 8лв、午餐甜點 6.5лв

👤 20лв ～ 40лв

🚇 НДК 地鐵站以東 200 公尺

🔍 國家文化宮 (近柏林圍牆遺跡)

🔗 restauranttalents.bg (線上預訂座位)

食 仿膳中餐館 Фаншан

犒賞家鄉「胃」

　　華人家庭經營的仿膳餐館，以高 CP 值的保式中菜贏得當地人的好口碑，店內厚實的木桌椅與仿古宮燈，令人宛若回到臺灣 30 年前的實惠小飯館。料理保有中餐特有的熱燙濃郁，糖醋肉、麻婆豆腐、辣子雞丁、酸辣湯……選擇多元、份量頗大（單盤份量約等於臺灣的 2 倍、飯量更是 1 碗抵 3 碗），也可直接以中文請廚師客製化烹煮。雖有稍微偏油略鹹的情況，但偶爾淺嘗倒也無妨。附帶一提，店家提供的餐具為鐵製刀叉，如索取免洗筷將另收取一副 0.5лв，打包盒則是一個 0.3лв。

INFO ···

仿膳中餐館

🏠 ул. „Струма" 2, 1202 Център, София

📞 +359 2 836 0469

🕐 11:00 ～ 23:00

💲 糖醋肉 8.5лв、青椒牛肉 9.9лв、春捲 2 條 3.2лв

👤 10лв ～ 20лв

🚇 Лъвов мост 地鐵站 (M2) 以南 400 公尺

🔍 女人市集、獅子橋、索菲亞市集中心

Part 4

品味「保」中
普羅夫迪夫＋舊扎戈拉＋卡贊勒克

Plovdiv,
Stara Zagora,
Kazanlak

　　位於保加利亞中部的普羅夫迪夫與舊扎戈拉，早在羅馬帝國統治期間即備受重視，至今仍可見不少古羅馬時期的建物遺跡與出土文物，不僅如此，當地還保有鄂圖曼帝國時期興建的清真寺與民族復興式建築，稱是「保加利亞建築史活化石」也不為過。相形之下，卡贊勒克雖然城市規模與歷史背景均不若前兩者輝煌，卻因名聲響亮的「玫瑰谷」而廣為人知，每年 6 月初舉辦的「玫瑰節」，更是全球遊客趨之若鶩的世界級慶典。

普羅夫迪夫 Пловдив（Plovdiv）

位於保加利亞中南部、馬里查河（Марица）上游的普羅夫迪夫，為保國第二大城，人口約 35 萬（與臺灣縣市人口數第 16 名的基隆市相當）。普市早在 6 千年前的新石器時代就有人類居住的紀錄，而且可貴的是至今從未間斷，市內保留豐富的建築古蹟與文化遺產，歷史甚至比羅馬、雅典、迦太基、伊斯坦堡還要悠久。

普羅夫迪夫傳統上是色雷斯人的聚居地，因此被納入色雷斯部落聯盟——奧德里西亞王國的範圍，西元前 342 年遭馬其頓國王腓力二世征服，曾一度隨希臘獨立，未幾又被併入羅馬帝國。爾後，普羅夫迪夫因位處交通要衝而備受重視，羅馬人於此興建大量劇場、競技場、浴場等公共建築，時至今日，市區無論路面地底，仍處處可見帝國時代的各種遺跡。9 世紀上旬，普羅夫迪夫首度納入保加利亞帝國的勢力範圍，之後統治權就在保加利亞與拜占庭帝國間反覆轉換，不穩定的狀態直到 1371 年被鄂圖曼土耳其帝國占領才告終。1878 年，普市在俄羅斯軍隊的協助下脫離鄂圖曼帝國、加入新成立的保加利亞公國，從此便一直是保國中部的主要城市。

普羅夫迪夫曾於 1981 年、1985 年、1991 年三度舉辦「專業博覽會」（與世界博覽會師出同門，唯其範圍與投資較小，時間也較短），主題

分別為「狩獵、捕魚和社會中的男人」、「青年發明家的創作」及「青年發明家為世界和平服務的創造性活動」。2014 年，與義大利的馬泰拉一同被授予 2019 年歐洲文化之都的稱號。

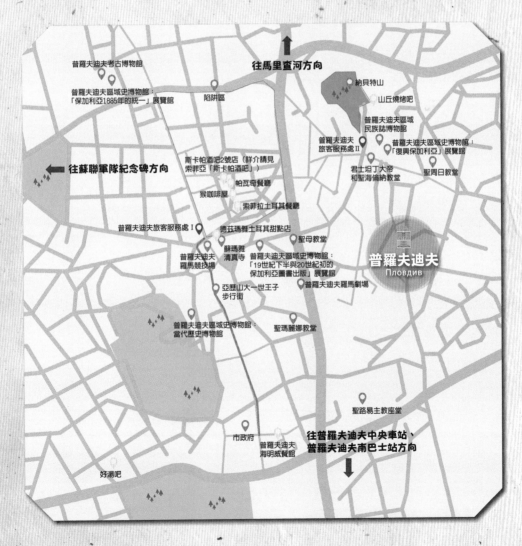

交通資訊

位居國土中央的普羅夫迪夫，自古以來就是僅次於索菲亞的主要交通樞紐，目前也是公路與鐵路的匯聚點。透過以南北、東西串聯的十字主軸路網，遊客可輕鬆搭乘火車或巴士，前往境內外各城鎮。普羅夫迪夫與首都間有 A1 高速公路相連，兩者距離 150 公里，開車需時約 1 小時 40 分；對仰賴大眾運輸的非自駕旅客來說，班次頻繁的巴士、火車也同樣便捷。

市內移動部分，由於景點位置集中，步行是最便捷的方式，唯一稍有距離的是位於市中心以南 1.8 公里的中央車站與南巴士站，所幸兩者間有數臺公車穿梭運行，往返兩地的車班包括：1、4、5、93、99 等路線，1лв 就能免去行軍之苦。欲知普羅夫迪夫市內的公車運行詳情，可連結「eway.bg」網站、點擊左上角「PLOVDIV」選項，地圖上就會列出所有公車站的位置，選擇 A、B 兩點即可顯示行駛其間的公車班次、車程及票價，十分清晰便捷。最後，如欲利用計程車，請盡量透過電話叫車安排，如選擇一般路邊等候的車輛，將有相當高的機會碰上黑心司機，繞路裝傻不在話下、瘦荷包事小、憂慮氣憤事大。

 INFO ....

普羅夫迪夫大眾運輸

 eway.bg/en/cities/Plovdiv

普羅夫迪夫中央車站
Централна Гара Пловдив

中央車站建於 1873 年，20 世紀初在義大利建築師馬里亞諾教授（Мариано Пернигони）的指導下，進行現代化及擴建工程，外牆裝飾採當時盛行的分離派風格——整體造型簡潔集中，並使用直線與大面積光牆面和簡單立方體。

普羅夫迪夫是保加利亞南部的鐵路運輸網中繼點，車班自索菲亞發車後多會

行經並停靠普羅夫迪夫（停車時間約 5 ～ 10 分鐘），再繼續開往境內各城鎮。普市與首都索菲亞每日對開超過 10 個班次，快車占多數、車程 2 小時 12 分 ～ 2 小時 37 分，票價方面為二等全票 9.5лв、一等全票 11.8лв，部分班次可於保加利亞鐵路官網直接購買。

保加利亞旅遊攻略

Part
4

品味「保」中──普羅夫迪夫＋舊扎戈拉＋卡贊勒克

INFO ············

普羅夫迪夫中央車站

🏠 бул. „Христо Ботев" 46, 4002 Южна промишлена зона, Пловдив

📞 01:00 ～ 03:20、04:20 ～ 00:00

🚇 自車站往北步行 1.8 公里、約 20 分鐘，即進入市中心。公車 1、7、20、26 路皆行駛於車站和市中心間，單程票價 1лв、上車購票，乘 5 站即可下車，車程約 6 分鐘。

📱 bdz.bg（以保文輸入起訖點、搭乘日期即可查詢當日班次）

普羅夫迪夫南巴士站 Автогара Юг Пловдив

普羅夫迪夫有南、北兩座巴士站，無論班次密集或便利度都以毗鄰中央車站的南巴士站為優。南巴士站為一棟兩層建物，不僅是前往保加利亞南部主要城市的中繼站，亦有通往伊斯坦堡、雅典的跨國班次，站內還設置專責處理國際票務的服務窗口。

普羅夫迪夫與索菲亞每日對開約 25 個班次，車程介於 2 小時 ～ 2 小時 20 分間，單程票價 12лв ～ 14лв。國際跨境班次部分，普羅夫迪夫開往伊斯坦堡的車次每日有 5 ～ 6 班，車程 6 小時 30 分 ～ 8 小時、票價 35лв ～ 40лв，發車時間為 01:00（周一停駛）、11:15、14:15、19:10、22:30、22:45；開往雅典的車次每日有 5 班，車程 14 小時 30 分 ～ 16 小時 20 分、單程票價 112лв ～ 133лв，發車時間為 05:30、05:50、13:45、15:10、16:10。

INFO ············

普羅夫迪夫南巴士站

🏠 бул. „Христо Ботев" 47, 4000, 4000 Център, Пловдив

📞 +359 32 626937

📱 班次訊息： bgrazpisanie.com/ bg/автогара/ пловдив%2Вюг

景點全覽

　　普羅夫迪夫的市中心主要坐落於馬里查河右岸與格萊斯頓街（ul. "Gladston"）間，南北向的沙皇鮑里斯三世大道（бул. „Цар Борис III-ти Обединител "）不僅為交通主動脈，亦是城區的分界線：大道以東是老城區，而大道以西、薩伯納街（ул. „Съборна "）以北是名為陷阱區的新創搖籃。舊城區以普羅夫迪夫羅馬競技場為中心向周圍延伸，範圍不大、景點集中，處處是動輒千年的歷史古蹟與富含當地特色的民族復興式傳統建築（其中不少為博物館、藝術展場或餐館），可

採步行方式輕鬆遊覽。普羅夫迪夫是一座易於親近的旅遊城市，市區兩間旅客服務處分別鄰近普羅夫迪夫羅馬競技場與君士坦丁大帝和聖海倫納教堂，可在此諮詢景點、住宿、公共運輸等即時訊息，或購買門票、明信片、手信等相關商品。

INFO ············

普羅夫迪夫旅客服務網

 visitplovdiv.com

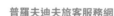 彙整交通資訊、景點介紹、餐館索引、購物指南等訊息。

普羅夫迪夫旅客服務處 I（近普羅夫迪夫羅馬競技場）

 ул. „Доктор Стоян Чомаков" 1, 4000 Старыя град, Пловдив

 +359 32 620 453

 4 月至 10 月 09:00 ～ 18:00；11 月至 3 月 09:00 ～ 17:30

············

INFO

普羅夫迪夫旅客服務處 II（近君士坦丁大帝和聖海倫納教堂）

🏠 ул. „Райко Даскалов" 1, 4000 Център, Пловдив

📞 +359 32 620 229

🕐 4 月至 10 月 09:00 ～ 18:00；11 月至 3
月 09:00 ～ 17:30

普羅夫迪夫旅客服務處 II

　　與索菲亞相同，當地也有非營利組織舉辦的免費英語步行導覽活動（Free Plovdiv Tours），旅程每日固定於普羅夫迪夫市政府（Община Пловдив）前集合，在導遊的帶領下暢遊普市各主要景點。徒步之旅整趟約 2 個鐘頭，途中可自由離隊，儘管是免費導覽，仍建議在結束時以捐款方式表達感謝。

INFO

普羅夫迪夫免費英語步行導覽活動

📍 пл. Стефан Стамболов 1, 4000 Център, Пловдив

📞 +359 886 993 977

🕐 5 月至 9 月 11:00、18:00；10 月至 4 月 14:00

📱 freeplovdivtour.com

📱 365association.org/tours/free-plovdiv-tour

普羅夫迪夫市政府前、免費
英語步行導覽活動集合處

景 普羅夫迪夫羅馬競技場
Античен стадион на Филипополz

地底的遺跡

　　建於 2 世紀初、羅馬帝國皇帝哈德良統治時期的普羅夫迪夫羅馬競技場，不僅是當時規模最大，也是目前巴爾幹半島上保存最完整的古羅馬建築。原始的羅馬競技場總長 240 公尺、寬 50 公尺，設置 14 排座位，座椅由 40cm×75cm 的

長方形大理石塊組合而成，最多可容納 3 萬名觀眾。經過千餘年的塵封，羅馬競技場遺址在 1923 年被發現，1970 年代由考古學家展開精細的挖掘與研究工作，目前僅北側彎曲段已修復並開放參觀，其餘從可見部分向南延伸的主結構，仍位在主要街道和建物下方，附近樓宇的地下室也可看到一些競技場的遺址。

INFO ....

普羅夫迪夫羅馬競技場

🏠 ул. „Христо Г. Данов", 4000 Стария град, Пловдив

🕙 10:00 ～ 20:00

💲 免費

🔘 antichen-stadion-plovdiv.bg

景 蘇瑪雅清真寺 Джумая джамия

鄂圖曼帝國的印記

　　位於老城區西側、徒步街中心的蘇瑪雅清真寺，是普羅夫迪夫規模最大（約 360 坪）且仍在運行中的清真寺，為當地伊斯蘭教徒的信仰中心。清真寺建於 14 ～ 15 世紀、鄂圖曼帝國統治期間，屬鄂圖曼式建築（有巨大圓形拱頂與注重和諧統一，所有的鄂圖曼式清真寺基本上都是以伊斯坦堡的聖索菲亞大教堂為樣

本），清真寺共有 9 個圓頂、1 座叫拜樓與面積約 270 坪（33m×27m）的祈禱大廳。儘管是歐洲現存規模數一數二的清真寺，卻因時不我予──伊斯蘭文化在保加利亞境內的弱勢地位而相對寂寥，每逢民族衝突事件，蘇瑪雅清真寺也易成為民族主義激進分子的滋擾目標。蘇瑪雅清真寺的入口位於與其相鄰的德茲瑪雅土耳其甜點店旁，需要爬約 1.5 層的階梯，如同參觀所有的清真寺，請在非禮拜

時間前往，並且務必穿著不裸露肢體的服飾，入內時切記脫鞋，拍照攝影前先取得寺方同意，避免干擾信徒祈禱。

INFO ....

蘇瑪雅清真寺

🏠 ул. „Железарска", 4000 Стария град, Пловдив

📞 +359 32 629 097

🕐 06:00 ～ 23:00

💲 免費

🚇 普羅夫迪夫羅馬競技場以東 20 公尺

景 亞歷山大一世王子步行街
ул. „Княз Александър I-ви "

普市一街

　　以普羅夫迪夫羅馬競技場為中心向南北延伸的亞歷山大一世王子街，是貫穿普市舊城區與陷阱區的主要商業步行街。街道兩側各類店家林立，從摩登時尚的

連鎖服飾、露天餐館咖啡廳、玫瑰保養品牌、別具特色的街頭藝人表演到洋溢保加利亞民俗風情的紀念品店，不僅是觀光客的最愛，亦為當地人休憩放鬆的首選。步行街的南端為市政府前公園，這裡也是免費英語徒步導覽行程的集合地點。

INFO ··

亞歷山大一世王子步行街

🏠 ул. „Княз Александър I-ви", 4000, 4000 Център, Пловдив

···

景 聖母教堂 Църква "Св. Богородица"

宗教聖地

　　坐落於老城區內、納貝特山腳的聖母教堂，早在 9 ～ 10 世紀，其所在位置就被視為基督教聖地，陸續興建和翻修教堂及修道院。直到 14 世紀下半，土耳其人於保加利亞——奧圖曼戰爭期間征服普羅夫迪夫，教堂等建物才因此被摧毀。目前所見的聖母教堂，建於 1844 ～ 1852 年間，資金來自數位保國巨賈的奉獻，堂內的聖幛與裝飾均出自名家之手。

　　值得一提的是，聖母教堂在 19 世紀中成為「保加利亞教會獨立運動」（Борба за

българска църковна независимост）最激進的主戰場，主教不僅於此舉行第一場保加利亞語禮拜（此前只能使用希臘語），更公開譴責位在伊斯坦堡的希臘正教會，經過十餘年的鬥爭，終於讓鄂圖曼帝國承認保加利亞東正教的獨立性與合法性。1881 年，保加利亞脫離土耳其人統治第 3 年，捷克裔保加利亞籍建築師約瑟夫‧施尼特（Йосиф Шнитер）於教堂西側建造一座俄羅斯古典風格的半球型 3 層式鐘樓，藉此表達公民對俄羅斯軍隊在 1878 年 1 月 4 日解放普羅夫迪夫的感激之情。

INFO

聖母教堂

🏠 ул. „Съборна" 2, 4000 Стария град, Пловдив

🕐 07:30 ～ 18:30

💲 免費（內部禁止攝影）

🚉 普羅夫迪夫羅馬競技場以東 300 公尺

景 普羅夫迪夫羅馬劇場
Античния театър на Филипополис

千年共賞劇

　　建於西元 1 世紀 90 年代的普羅夫迪夫羅馬劇場，是一座超過兩千年歷史的古劇場，推估可能建於羅馬皇帝圖密善（Titus Flavius Domitianus，51 ～ 96）在位期間。可貴的是，劇場不僅是當今世上保存最完好的同類古蹟之一，還保有原本的功能——每年夏季都會舉行名為「普羅夫迪夫歌劇祭」（Plovdiv Opera

OPEN）的精采戲劇和音樂表演，單場至少可容納 3,500 名觀眾。

普羅夫迪夫羅馬劇場坐落於老城區內、兩座山丘間的鞍部，為外直徑 82 公尺的半圓形露天建築，內部格局分成觀眾席和舞臺區，前者藉由挖空山坡來建造兼具弧度與堅實支撐的座椅，後者則是被觀眾席環繞、長 26.64 公尺的馬蹄形空間。與羅馬帝國境內的所有劇場相仿，觀眾席的大理石座位被刻上榮譽銘文或城市區域名稱，讓來看表演的顯貴和平民一看便知自己的「座位所在」。劇場在 4 世紀末遭地震或火災摧毀大半，未幾又遭匈奴破壞，便從此消聲匿跡。直到 20 世紀 60 年代末，劇場才因山體滑動而被發現，隨即被視為重大的考古事件，經過專業團隊的挖掘、研究和修復，終使這座羅馬帝國時代的劇場得以重獲世人矚目。

INFO

普羅夫迪夫羅馬劇場

🏠 Ул."Цар Ивайло 4, 4000 Стария град, Пловдив

📞 +359 32 621 040

🕐 4 月至 10 月 09:00 ～ 18:00；11 月至
　　3 月 09:00 ～ 17:30

💲 5лв

🚉 普羅夫迪夫羅馬競技場東南 500 公尺

普羅夫迪夫夏日歌劇祭

📞 +359 32 625 553

🕐 5 月至 9 月 19:00 ～ 22:00

💲 10лв

📷 operaplovdiv.bg

景 聖瑪麗娜教堂
Храм "Света Великомъченица Марина"

石頭教堂・木鐘樓

　　聖瑪麗娜教堂的歷史相當悠久，最早的文獻資料來自德國神學家斯蒂芬・格拉赫（Stephan Gerlach）於 16 世紀中造訪時撰寫的紀錄，他描述普羅夫迪夫有 8 座教堂，其中聖瑪麗娜教堂是地位重要的主教座堂。遺憾的是，教堂先於 17 世紀初遭祝融焚毀，1783 年重建後又被破壞，現存建物則是 1856 年落成的版本。以石材興建的聖瑪麗娜教堂整體屬保加利亞民族復興風格，圓頂繪有 29 幅聖經場景壁畫。除了教堂本身，位在北側的木製鐘樓也是一大亮點，鐘樓完成於 1870 年，高 17公尺、共 6 層，從地面開始的每個樓層都要比前一層窄，形成穩固的獨特結構。

`INFO` ┄┄┄┄┄┄

聖瑪麗娜教堂

🏠 ул. „Доктор Георги Вълкович" 7, 4000 Стария град, Пловдив

📞 +359 32 623 276

🕐 07:00 ～ 20:00

💲 免費(內部禁止攝影)

🚇 普羅夫迪夫羅馬競技場東南 450 公尺 ┄┄┄┄┄┄┄┄┄┄

景 君士坦丁大帝和聖海倫納教堂
Храм "Св. св. Константин и Елена"

皇帝的善意

　　地處老城區中心的君士坦丁大帝和聖海倫納教堂，名稱來歷需回溯至羅馬帝國統治的 4 世紀初── 304 年，38 名居住在此的基督教徒遭羅馬皇帝戴克里以

異教徒問罪迫害致死，之後繼任的君士坦丁大帝卻於 313 年頒布的《米蘭敕令》，全然承認基督教的合法地位。政令的反轉導致前朝的死刑罪民變成為宗教烈士，337 年信徒在他們殉教的地方興建一座教堂，更以君士坦丁大帝及其母親海倫納命名。此後，教堂經歷多

次摧毀與重建，現存建築為 1832 年興建、1836 年完工，由保加利亞民族復興式的早期代表性建築大師佩特科‧博茲（Петко Боз）設計，教堂的西北角為一座高 13 公尺的鐘樓，堂內則裝飾佐格拉夫兄弟（Димитър Зограф、Захарий Зограф）等多位保加利亞民族復興派宗教畫家的傑出作品。

附帶一提，教堂前的主街道上有多間富饒特色的舊貨古董店，從精緻首飾、宗教畫、民族服飾、油燈鈴鐺到二手陶製玻璃器皿應有盡有。如時間允許，不妨停下腳步尋找多年前就在此等您的有緣物。

INFO ┄┄┄┄┄┄┄┄┄┄┄┄┄┄┄┄┄┄

君士坦丁大帝和聖海倫納教堂

🏠 пл. „Хисар капия", 4000 Стария град, Пловдив

📞 +359 32 624 573

🕐 4 月至 10 月 08:00 ～ 20:00；11 月至 3 月 08:00 ～ 17:30

💲 免費

🚇 普羅夫迪夫羅馬競技場東北 600 公尺

┄┄┄┄┄┄┄┄┄┄┄┄┄┄┄┄┄┄

景 普羅夫迪夫區域民族誌博物館
Регионален Етнографски Музей – Пловдив

房子是亮點

儘管在 19 世紀末就有設立普羅夫迪夫區域民族誌博物館的構想，但直到 1917 年，才在民族學者斯托伊・希什科夫（Стою Шишков）的主導下獲得實現，博物館的初期運作也由希什科夫全權負責。1938 年，時任普羅夫迪夫市長的伯茲達爾・德拉維科夫（Божидар

Здравков）提出博物館翻新計畫，不僅提升組織的層級地位，更將其遷往現址——海姆祖夫的房子（Куюмджиевата къща），經過數年籌備，終於 1943 年再次對外開放。目前，博物館內有涵蓋農牧業器具、傳統工藝、民族服飾、地毯布料、樂器繪畫等超過 4 萬件文物，為保加利亞第二大的民族誌博物館。

不讓豐富館藏專美於前，博物館的所在建物同樣吸睛，這座 1847 年落成的華麗樓宇，是由出身普羅夫迪夫、在維也納從事布料買賣的富商海姆祖夫（Аргир Христов Куюмджиоглу）出資興建，因此被稱作「海姆祖夫的房子」。房屋總面積超過 170 坪，立面屬對稱設計，內外牆面都繪有繁複的植物圖案，內含 12 間客房與通風採光的沙龍，天花板均使用木雕裝飾，為普羅夫迪夫 19 世紀中的巴洛克式建築典範。海姆祖夫在保加利亞脫離鄂圖曼帝國統治後移居伊斯坦堡，房屋陸續被改為女子寄宿公寓、倉庫與工廠；1930 年被漢堡的希臘菸草商收購，本將被拆除

重建，但遭市政府阻止；1938 年由市政府出資買下並整修，撥給區域民族誌博物館使用。

INFO ·······································

普羅夫迪夫區域民族誌博物館

🏠 ул. „Доктор Стоян Чомаков" 2, 4000 Стария град, Пловдив

📞 +359 32 625 654

🕐 4 月至 10 月 09:00 ～ 18:00（周一休）；11 月至 3 月 09:00 ～ 17:00（周一休）

💲 6лв（攝影 6лв）

🚌 普羅夫迪夫羅馬競技場東北 600 公尺

🌐 ethnograph.info

景 納貝特山 Небет Тепе

歷史活化石

自古以來，普羅夫迪夫以坐擁 7 座山丘聞名，惜其中一座毀於 19 世紀初，納貝特山為市內現存的 6 座山丘之一。納貝特山最高處海拔 207 公尺，人類在此定居的歷史可回推至數千年前的銅石並用時代（新石器與銅器時代的過渡期），為保國境內十分重要的文化古蹟。隨著羅馬帝國的擴張，這裡成為保衛城鎮的堡壘所在，現今北側仍可見到西元 6 世紀、查士丁尼大帝時期的塔樓、城牆與拱門。值得矚目的是，這些古羅馬遺址採取與邁錫尼遺址相仿的「巨人工程」工法（cyclopean masonry，

或稱蠻石圬工）──不使用黏著劑與焊接的情況下將大型岩塊直接堆砌建成。據西元 77 年出版的《博物志》記載，此工法是由哲學家亞里斯多德所發明，而「巨人工程」的名稱則是源於古希臘神話中的獨眼巨人（Cyclops），象徵只有祂的神力才能移動並堆疊如此巨大的岩石。

INFO ⋯⋯⋯⋯⋯⋯⋯⋯

納貝特山

🏠 4000 Стария град, Пловдив

🕐 全日

🚉 普羅夫迪夫羅馬競技場東北 750 公尺

景 陷阱區 Капана

文化之都的創意魂

　　坐落於沙皇鮑里斯三世大道以西、薩伯納街以北的陷阱區，是由 Железарска、Кожухарска、Абаджийска、Златарска 等數條小巷所組成。

陷阱區的稱呼源於 15 世紀，當時這裡有兩座名為「Ун капан」與「Буюк капан」的市場，狹窄的區域內擠入許多商店，而這裡也一直是城市的商業核心。1906 年，陷阱區的建築物毀於大火，1980 年代曾推動一波規劃與改建，可惜成效不彰，數年過去，已是落寞的廢棄工廠區。

　　轉折發生在 2014 年，陷阱區從外觀到內涵進行全方位的重塑，短短幾年便吸引大批藝術愛好者進駐，隨處可見別無分號的個性店與天馬行空的奔放塗鴉，不僅是

文藝活動頻繁的創意大本營，也有許多個人工作室、小酒吧、特色餐館在此落腳。隨著普羅夫迪夫被授予「2019 年歐洲文化之都」的稱號，陷阱區也嘗試在發展現有的創意產業之餘，融入原有的傳統工匠及手工藝技術，體現歷史傳承與創新並存的多元想像。

INFO ···

陷阱區

🏠 Капана, Пловдив

🚇 普羅夫迪夫羅馬競技場以北 100 公尺即進入範圍

···

景 普羅夫迪夫考古博物館
Регионалният археологически музей в Пловдив

穿梭普史數千年

1882 年正式對外開放的普羅夫迪夫考古博物館，以典藏當地出土的歷史文物與古錢幣為主，為保加利亞境內最早的文化機構之一。隨著歲月的演進，博物館目前擁有超過十萬件的藏品，時空涵蓋舊石器時代至 15 世紀，展場主要劃分為 7 個類別，包括：史前藝術、色雷斯藝術、古希臘藝術、古羅馬藝術、中世紀

藝術、保加利亞藝術復興及多達 6 萬枚的錢幣收藏，眾典藏中，又以黃金材質的色雷斯倖存珍寶——帕納久里什泰寶藏（Панагюрско съкровище）的複製品、各年代的古硬幣與大面積的馬賽克畫作最引人矚目。

INFO ··

普羅夫迪夫考古博物館

🏠 пл. „Съединение" 1, 4000 Център, Пловдив

📞 +359 32 624 339

🕐 5 月至 10 月 10:00 ～ 18:00（周一休）;09:30 ～ 17:00（周日、周一休）

💲 5лв

🚇 普羅夫迪夫羅馬競技場西北 500 公尺

🖱 archaeologicalmuseumplovdiv.org

景 普羅夫迪夫區域史博物館
Регионален Исторически Музей – Пловдив

城市寶庫 3 ＋ 1

　　1951 年成立的普羅夫迪夫區域史博物館，為該市最具規模的歷史博物館群，目的在論述、研究、保存與呈現普羅夫迪夫 15 至 20 世紀的文化生活，館藏涵蓋軍事裝備、武器槍枝、功勳獎章、照片文獻、出版品等總數超過 6 萬件。特別的是，博物館並非集中在單一建築內，而是由分散於市內的 4 座展覽館組成，各館依照聚焦主題分區，包括：保加利亞 1885 年的統一（Съединение на България от 1885 г.）、復 興 保 加 利 亞（Българско възраждане）、19 世紀下半與 20 世紀初的保加利亞圖書出版（Експозиция „Книгоиздаване в България през втората половина на 19 и началото на 20 век "）和當地歷史博物館（Музеен център за съвременна история）。

INFO ·····································

普羅夫迪夫區域史博物館

🔗 historymuseumplovdiv.org

　　「保加利亞 1885 年的統一」展覽館位於一棟 1885 年落成、由義大利籍建築師彼得‧羅蒙塔尼（Пиетро Монтани）設計的建物內，最初是為供區域議會使用而建，因此中央設置寬敞的會議大廳。不料，隨著保加利亞獨立建國，這裡陸續有國家圖書館、博物館、普羅夫迪夫工商會、南保加利亞藝術家協會落腳，卻始終不曾有議會進駐。1985 年開幕的「保加利亞 1885 年的統一」展覽館，具有慶祝保國統一 100 周年的特殊意義，展示從 1878 年簽署《柏林條約》到 1885 年塞爾維亞——保加利亞戰爭（保加利亞方獲勝，確認保加利亞統一的基礎）的珍貴史料。

INFO ·····································

「保加利亞 1885 年的統一」展覽館

🏠 пл. „Съединение" 1, 4000 Център, Пловдив

📞 +359 32 629 409

🕐 4 月至 10 月平日 09:30 ～ 18:30（假日休）；11 月至 3 月平日 09:30 ～ 17:00（假日休）

🚇 普羅夫迪夫羅馬競技場西北 500 公尺

···

　　1961 年開幕的「復興保加利亞」展覽館，坐落在老城區的一棟橙褐色 3 層建物內。這棟 1848 年興建的古宅為保國重要的文化古蹟，整體造型獨特、依山而建，樓內有 144 個窗戶，牆壁繪有幾何與花卉圖案的裝飾，天花板同樣雕刻精美。實際上，類似從 2 樓開始向外拓展的民族復興式建築在普羅夫迪夫舊城區十分常見，房屋上層都以斜拱承托、層層延伸，主因在當時房屋稅是按照 1 樓面積計算，為了節稅，該時期房屋多呈

現頭重腳輕的模樣。「復興保加利亞」以豐富多元的素材呈現普羅夫迪夫 15 至 19 世紀的歷史，其中 1、2 樓以當地的經濟文化為主軸，展示 18、19 世紀的居家擺飾，3 樓則展示保加利亞人在異族統治下為爭取教育、教會及民族獨立而發動武裝戰鬥時，所使用的槍械、大砲、軍服等時代文物。

INFO ··

「復興保加利亞」展覽館

🏠 ул. „Цанко Лавренов" 1, 4000 Стария град, Пловдив

📞 +359 32 623 378

🕐 4 月 至 10 月 每 日 09:30 ～ 18:00（周 二 12:30 ～ 18:00）；11 月至 3 月平日與周六 09:30 ～ 17:00（周二 112:30 ～ 17:00、周日休）

💲 4лв（攝影 1лв）

🚇 普羅夫迪夫羅馬競技場東北 650 公尺
··

「19 世紀下半與 20 世紀初的保加利亞圖書出版」展覽館坐落於一棟保加利亞民族復興式建築內，該處原本是保加利亞出版業創始者、知名學者與教育家里斯托‧達諾威（Христо Г. Данов，1828 ～ 1911）的宅邸。被譽為「保加利亞古騰堡」的里斯托，曾擔任普羅夫迪夫市長約兩年半，期間拒絕支領薪水，並推動首個城市規劃與山丘植林計畫，對普市的現代化貢獻良多。展覽館以里斯托為中心，展示保加利亞文藝民族復興時期的書籍、教材等出版品，以及里斯托的私人物件和他經營出版社的獨到理念。

INFO ···

「19 世紀下半與 20 世紀初的保加利亞圖書出版」展覽館

🏠 ул. „Митрополит Паисий" 2, 4000 Стария град, Пловдив

📞 +359 32 629 405

🕐 4 月至 10 月平日 09:30 ～ 18:30（假日休）；11 月至 3 月平日 09:30 ～ 17:00（假日休）

🚇 普羅夫迪夫羅馬競技場以東 200 公尺

···

擁有現代化寬敞大廳的當代歷史博物館，旨在提供展示歷史、藝術、攝影作品及各類公眾活動的公開場域。特別的是，館內有一個名為「日本娃娃魂」

（Душата на японската кукла）的常設展，此為普羅夫迪夫區域史博物館與日本國際協力機構（JICA）合作的成果，藉此把日本傳統的「人偶文化」（將人偶視為生物、擁有靈魂與記憶等）介紹給保加利亞民眾。

INFO ···

當代歷史博物館

🏠 ул. „Ангел Букурещлиев" 14, 4000 Пловдив

📞 +359 32 628 886

🕐 4 月至 10 月平日 09:30 ～ 18:00（假日休）；11 月至 3 月平日 09:30 ～ 17:00（假日休）

💲 日本娃娃魂特展 2лв

🚇 普羅夫迪夫羅馬競技場西南 200 公尺

···

景 聖周日教堂 Храм "Света Неделя"

保加利亞民族復興代表作

　　根據文字記載，聖周日教堂的前身建於 17 世紀初，是一座外觀簡單而內部華麗的小型建築，舊堂在 1829 年拆除後，才於原址興建現存的新堂。新堂由佩

特科‧博茲設計（君士坦丁大帝和聖海倫納教堂也是出自他的手筆），包含3座祭壇的3個船型中殿（彼此以6對木柱隔開），總面積750平方公尺，為保國最寬敞、內部裝飾最細膩精緻的保加利亞民族復興時期教堂之一。自1832年竣工後，聖

周日教堂陸續進行整建，1905年修築高40公尺的4層鐘樓，並在其上放置一座大型法國時鐘。教堂雖一度因1928年的7.0級奇爾潘大地震（Чирпанско земетресение，震央在保加利亞南部）嚴重受損，所幸在多位藝術家的齊力翻修下獲得重生。

INFO ⋯⋯⋯⋯⋯⋯⋯⋯⋯⋯⋯⋯⋯⋯⋯⋯⋯⋯⋯⋯

聖周日教堂

🏠 ул. „Петко Р. Славейков" 27, 4000 Стария град, Пловдив

📞 +359 32 623 270

🕐 08:00～18:00

💲 免費(內部禁止攝影)

🗺 普羅夫迪夫羅馬競技場東北750公尺

景
聖路易主教座堂
Катедрала „Свети Лудвиг "

天主教徒的心靈支柱

　　聖路易主教座堂為天主教索菲亞暨普羅夫迪夫教區（直屬羅馬教廷）的所在地，是保國境內最具規模與最重要的羅馬天主教堂，主教座堂的名稱則來自13世紀的明君——法王路易九世（Louis IX）。主教座堂的歷史可回推至19世

紀中，之後經歷數度自然災害與重建，目前所見是1932年落成的版本，為混和新古典與新巴洛克風格的折衷主義風格。

主教座堂的鐘樓建於1898年，上面裝有5座由教宗良十三世（Leo PP. XIII）贈送的德製鋼鐘。堂內祭壇的右側擺放著保加利亞王國開國君主——沙皇斐迪南一世（Фердинанд I）的第一任妻子瑪麗．路易絲公主（Мария-Луиза Бурбон-Пармска，1870～1899）的石棺，年僅29歲的瑪麗．路易絲在誕下第4個孩子後因肺炎惡化病逝，儘管婚姻生活並不如意，這位早逝的公主仍謹記自己對丈夫與王室的使命，一如刻在石棺上的遺言：「我將要死去，但我會在天上守護著你、我們孩子與保加利亞。」

INFO

聖路易主教座堂

бул. „Княгиня Мария Луиза“ 3, 4000 Център, Пловдив

+359 32 650 291

08:00～10:00、16:00～18:30

免費

普羅夫迪夫羅馬競技場東南900公尺

景 蘇聯軍隊紀念碑 Альоша

歷史的一部分

位在解放者山（Хълм На Освободителите）軍事公園內的蘇聯軍隊紀念碑，落成於1957年，為一座立於花崗岩基座的鋼筋混凝土人形雕像，紀念碑總

高 17.5 公尺（雕像 11.5 公尺），基座上刻有名為「蘇聯軍隊擊敗敵人」和「人民遇見蘇聯士兵」的淺浮雕，藉此紀念在二戰時蘇聯（同盟國）占領保加利亞（軸心國）期間死傷的士兵。值得一提的是，這名手持 PPSh-41 衝鋒鎗（蘇聯紅軍在二戰中的指標裝備之一）、望向東方的士兵雕像並非虛構，而是以一位戰功彪炳的蘇聯軍官阿列克謝（Алексéй Ивáнович Скурлáтов）為原型的製作，他在 1944 年的保加利亞行動（蘇聯對抗德、保聯軍）中表現優異。蘇聯軍隊紀念碑在保共統治期間（1946 ～ 1990）地位崇高，不僅受到當地市民景仰，1966 年還出現以它為主題的歌曲，1989 年再被選為普羅夫迪夫的官方歌曲，當時無論電臺開播還是文化活動，都必定會播放這首「Альоша」。

　　儘管蘇聯軍隊紀念碑是普羅夫迪夫的標誌性景點，但不可諱言，它也是保國曾被蘇聯占領的象徵。有鑑於此，1990 年代陸續有普羅夫迪夫行政機構乃至市長，提出拆除紀念碑的訴求，不料，此舉反而引起當地市民與俄羅斯退伍軍人的反感，導致一場轟轟烈烈的保護運動——人們徹夜守衛紀念碑、老兵甚至威脅自焚！轉折發生在 1996 年，保加利亞最高法院裁定蘇聯軍隊紀念碑是第二次世界大戰的文物，不得拆除，紀念碑的存廢爭論也終於劃下句點。

INFO ⋯⋯⋯⋯⋯⋯⋯⋯⋯⋯⋯⋯

蘇聯軍隊紀念碑

🏠 Хълм На Освободителите, Пловдив

🕐 全日

📍 普羅夫迪夫羅馬競技場西南 1.5 公里

⋯⋯⋯⋯⋯⋯⋯⋯⋯⋯⋯⋯⋯⋯

美食攻略

普羅夫迪夫市內飲食選項豐富，從街邊臺幣百元以內的沙威瑪、披薩、漢堡，到 500 臺幣有找的餐廳料理，無論預算高低、口味輕重，都不愁沒得吃。如想品嘗道地實惠的速食簡餐或放慢腳步小酌一杯，位在市中心的陷阱區會是很棒的選擇，這裡聚集各式酒吧、湯吧、咖啡館和土耳其菜為主的異國餐館，每間店雖規模不大，但都各具巧思。要留意的是，部分熱門餐廳在用餐時間會有人力吃緊的問題，尖峰時間光顧需有久候（服務怠慢或上菜延誤）的心理準備。

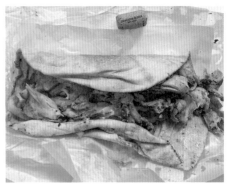

食 索菲拉土耳其餐廳 Sofra Turkish Restaurant

正宗好「土」味

位於陷阱區的索菲拉餐館，供應實惠道地的土耳其菜。店家不僅食物美味、服務親切，空間設計也富饒趣味，戶外用餐區的牆面壁畫色彩繽紛，是來者必

拍的打卡熱點。餐館各類鹹甜料理都很出色，無論是辣味烤牛／雞肉串、絞肉製成的烤肉條，到任君挑選的多款熟食（多為絞肉或雞腿＋生菜洋蔥＋薄餅香料飯的組合）都很受歡迎，當然保加利亞餐館必備的湯品和愛蘭，同樣不會令人失望。用餐尾聲，也別忘記點一塊甜滋滋的果仁蜜餅（Baklava）與一杯熱騰騰的現煮土耳其咖啡或香濃土耳其紅茶，畫下完美的土式句點。

INFO ....

索菲拉土耳其餐廳

🏠 ул. „Железарска" 13, 4000 Капана, Пловдив

📞 +359 87 628 8245

🕐 09:00 ～ 23:00

💲 烤牛肉串套餐 11лв、烤雞肉串套餐 8лв、優酪乳湯 3лв、烤肉全餐 40лв

👥 10лв ～ 20лв

🚇 普羅夫迪夫羅馬競技場東北 100 公尺

🔍 陷阱區、蘇瑪雅清真寺、普羅夫迪夫羅馬競技場、亞歷山大一世王子步行街、普羅夫迪夫區域史博物館轄下「19 世紀下半與 20 世紀初的保加利亞圖書出版」展覽館

f facebook.com/plovdivsofraturkishrestaurant

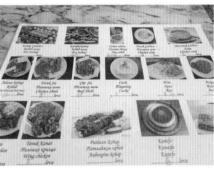

....

食 德茲瑪雅土耳其甜點店
Турска сладкарница „Джумая "

徜徉「土」時光

　　鄰近蘇瑪雅清真寺的德茲瑪雅甜點店，從裝潢、器皿到食物均洋溢濃濃土耳其風情，一踏進店內，彷彿開啟哆啦A夢的任意門，瞬間來到500公里外的伊斯坦堡。甜點店的地理位置優越，經常吸引觀光客造訪，糕餅飲品道地之餘也在甜度上略作調整，由土耳其人習慣的極甜變為普羅大眾可接受的很甜。美中不足的是，店員在忙碌時態度較不友善，而這也是店家獲得少數1星負評的主因。

INFO

德茲瑪雅土耳其甜點店

🏠 пл. „Джумаята ", ул. „Железарска " 1, 4000 Стария град, Пловдив

📞 +359 32 631 402

🕐 08:00 ～ 23:00

💲 糕餅 3лв 起、咖啡 1.5лв 起

💲 5лв ～ 10лв

🚌 普羅夫迪夫羅馬競技場以東 20 公尺

🔍 蘇瑪雅清真寺、普羅夫迪夫羅馬競技場、亞歷山大一世王子步行街、陷阱區、普羅夫迪夫區域史博物館轄下「19 世紀下半與 20 世紀初的保加利亞圖書出版」展覽館

食 帕瓦奇餐廳 Ресторант Паваж

道地「保」家菜

深得當地民心的帕瓦奇，是一間以地中海料理為主體的東歐餐廳。店內氣氛輕鬆友善，餐點份量充足，除了令人陷入選擇困難症的肋排、鱒魚、雞肉、肉餅等主餐，沙拉、前菜與以紅蘿蔔蛋糕（5.4лв）為首的甜點，同樣在水準之上，如於周六、日造訪，還可品嚐假日限定的保加利亞風味早餐（自製果醬＋保式起司＋炒蛋，4.5лв，供應至 13:00），整體而言，只有油炸類食物因含油量略高而稍嫌遜色。餐廳座位有限，用餐時間造訪最好能事先預約，現場排隊需有等候半小時以上的心理準備，店家只接受現金（含歐元）付款。

INFO

帕瓦奇餐廳

🏠 ул. „Златарска" 7, 4000 Капана, Пловдив

📞 +359 87 811 1876

🕐 12:00 ～ 23:00（周一休）

💲 湯品 3.9лв 起、沙拉 6.9лв 起、主餐 7.9лв 起、甜點 4.5лв

🅰💲 15лв ～ 25лв

🚉 普羅夫迪夫羅馬競技場東北 200 公尺

🔍 陷阱區、蘇瑪雅清真寺、普羅夫迪夫羅馬競技場

f facebook.com/pavaj.plovdiv

食 猴咖啡屋 Monkey House

好「豆」不寂寞

2016 年開幕的猴咖啡屋，裝潢採輕工業風結合北歐設計的簡約格局，店家憑著精心烘焙的咖啡豆、款式多元的精釀啤酒、特調雞尾酒與冷壓果汁等飲品廣

受好評，短短幾年就成為粉絲口中普市甚至保國最棒的咖啡館。優良的網路評價為咖啡屋吸引絡繹不絕的人潮，所幸忙碌並未影響咖啡品質或服務態度，而且即使室內客滿，戶外還有露天座位，來客無論何時造訪，都能品嚐招牌的卡布奇諾與香蕉蛋糕！

INFO ┈┈┈┈┈┈┈┈┈┈┈┈┈┈┈┈┈┈┈

猴咖啡屋

🏠 ул. „Златарска" 3, 4000 Капана, Пловдив

📞 +359 88 967 8333

🕐 10:00 ～ 00:00

💰 10лв ～ 20лв

🚉 普羅夫迪夫羅馬競技場東北 150 公尺

🔍 陷阱區、蘇瑪雅清真寺、普羅夫迪夫羅馬競技場

🅕 facebook.com/monkeyhousecafe

食

普羅夫迪夫海明威餐館
Ресторант Hemingway Пловдив

異國的異國風情

　　毗鄰一座小型羅馬露天劇院遺跡（Римски Одеон）的海明威餐館，擁有近 200 個座位，空間以波希米亞風格為裝飾主軸，摩登雅致又帶有異國情調的用餐環境，洋溢巴黎小酒館慵懶舒適的氛圍，營造令人難忘的料理饗宴。海明威餐館菜式選項豐富，幾乎涵蓋當地常見的地中海與東歐餐點，創意、口味和擺盤皆不在話下，唯價位也略高於當地平均值。食物頗受好評之餘，餐館的葡萄酒單更是精彩，好此道者不妨請侍應生推薦合適佐餐的保加利亞美酒。

INFO ··

普羅夫迪夫海明威餐館

🏠 ул. Ген.И.В.Гурко 10, 4000 Център, Пловдив

📞 +359 32 267 350

🕐 11:30 ～ 02:00

💲 沙拉 6.3лв 起、義大利麵 12.8лв、豬肉主餐 12.8лв 起、小牛肉主餐 16.9лв

🧍 20лв ～ 30лв

🚇 普羅夫迪夫羅馬競技場以南 550 公尺

🔍 普羅夫迪夫市政府、西蒙沙皇花園（Градина Цар Симеон）、聖路易主教座堂

📱 hemingway.bg

🄵 facebook.com/RestorantHemingwayPlovdiv

食 好湯吧 Cупа Бар

想喝湯，來這兒喝

　　對熱愛喝湯的保加利亞人而言，湯吧是每座城市必備的「小酌」空間，位於城南的好湯吧便是這樣一間「為你熬好湯」的人氣小店。好湯吧每天會依照氣候與食材推出至少6款湯品，除了經典的優酪乳湯，也有使用牛肉、米飯或馬鈴薯、鷹嘴豆、蔬菜等燉煮的葷素自製濃湯，以及青椒燉雞肉、茄子釀飯等配菜，搭配麵包一同下肚，不僅飽足感滿點，亦鹹淡適中。喝完靚湯，不妨再來1個米布丁（Мляко с ориз，1.79лв）或1塊藍莓起司蛋糕（Чийз кейк，4.19лв），以紮實香濃的甜點完美收尾。

INFO ....

好湯吧

🏠 ул. „Виктор Юго" 27, 4000 Център, Пловдив

📞 +359 87 729 0030

🕐 08:00 ～ 23:00

💲 湯品 2.69лв 起、沙拉 3.69лв 起、主餐 4.19лв 起、飲料 0.99лв 起

👥 5лв ～ 10лв

🚇 普羅夫迪夫羅馬競技場西南 850 公尺

🔍 西蒙沙皇花園、普羅夫迪夫市政府、蘇聯軍隊紀念碑

📷 supabar.com

食 山丘燒烤吧 Бирария Рахат тепе

山頂上，吃個「保」

位在老城區北側高處的山丘燒烤吧，是一間美食與美景兼具的保加利亞傳統餐廳，遊客可在此品嘗優酪乳湯、鄉巴佬沙拉、豬肚湯、燒烤拼盤等正統保式料理。燒烤吧除了烤肋排、烤雞肉串、炸薯塊與每桌必點的開胃菜炸櫛瓜，也有以圓形鐵

板盛裝的保加利亞鐵板燒 сач（拼音 sach，9.9лв 起），這道乍看與日式壽喜燒有幾分相似的料理，其實是將肉類（雞肉、豬肉、香腸、魚類等）醃漬後與蔬菜

（番茄、青椒、櫛瓜、茄子、蘑菇等）半煎半悶再烤至熟成的料理，有各種不同搭配組合，鹹淡適中、頗對華人胃口。

INFO ....

山丘燒烤吧

🏠 Пловдив, ул. Д-р Стоян Чомаков 20, 4000 Стария град, Пловдив

📞 +359 87 845 0259

🕐 10:00 ～ 00:00

💲 炸櫛瓜 6.9лв、綜合保加利亞鐵板燒 17.9лв、烤鴨心 5.9лв、烤雞肉串 13.5лв

👤 15лв ～ 25лв

🚉 普羅夫迪夫羅馬競技場東北 700 公尺

🔍 納貝特山

舊扎戈拉 Стара Загора（Stara Zagora）

舊扎戈拉為保加利亞第 6 大城與舊扎戈拉州（Област Стара Загора）的首府，色雷斯人早在西元前 5～4 世紀就在此定居，西元 342 年由馬其頓國王腓力二世正式建城，是保國乃至全歐最古老的城市之一，城內至今仍可見不少古羅馬時期的建築。不僅如此，因位居全國路網中心，舊扎戈拉也是保加利亞重要的鐵公路交會點，連結各大城市的長途火車與巴士皆有行經，遊客可由此直達北面的大特爾諾沃與東南側的布爾加斯等城市。

舊扎戈拉在保加利亞的歷史上長期扮演重要角色，羅馬帝國統治期間是僅次於菲利普波利斯（Филипопол，即今普羅夫迪夫）的第 2 大城，羅馬皇帝塞提米烏斯·塞維魯斯、卡拉卡拉、戴克里先均曾親自造訪。之後數百年間，該城命運多舛，數度經歷戰爭被毀與重建的循環。其中，影響城市最劇的一場戰役，是 1877～1878 年俄土戰爭（同時也是保加利亞解放戰爭）中的舊扎戈拉之役（Битката при Стара Загора）——俄保聯軍與土軍爆發激戰，致使土軍在舊

扎戈拉進行大規模的掠奪與破壞，屠殺平民為主的 14,500 名保加利亞人，經過這場可能是保加利亞史上最嚴重的滅城浩劫，擁有千年歷史的舊扎戈拉幾乎被徹底摧毀。所幸，保加利亞王國成立後，隨即展開恢復舊扎戈拉的行動，邀請奧匈帝國的著名

土木工程師拜耳（Либор Байер）
擔任城市首席設計師，他以典型的
矩形棋盤布局為規劃主軸，使其迅
速從殘破的廢墟慘況，搖身一變成
為保國境內第一座全面依照發展計
畫重建的現代化城市。

Sushi Time

往舊扎戈拉溫泉區方向

舊扎戈拉
Стара Загора

古羅馬廣場遺址
舊扎戈拉區域史博物館

杰奧・米列夫戲劇院
舊扎戈拉
旅客服務處
市政市場

10月5日公園
馬其頓燒烤
三明治專門店

亞細亞中餐館
宗教博物館

杰奧・米列夫博物館

前往舊扎戈拉溫泉區公車搭乘處
（車班9、91、92、93、96）

獨特餐廳

往舊扎戈拉捍衛者紀念碑方向

改善KAIZEN Sushi

舊扎戈拉巴士站

舊扎戈拉火車站

交通資訊

舊扎戈拉距離首都索菲亞、主要城市普羅夫迪夫與布爾加斯分別為 230、130 和 170 公里，往北則可前往 100 與 200 公里外的大特爾諾沃及魯塞，是往返保加利亞縱／橫軸的必經城市。地處全國陸路運輸網中心的優勢也體現在高速公路，城市周圍有 E85、E773、A1 行經，前者更是起於立陶宛，經白俄羅斯、烏克蘭、羅馬尼亞、保加利亞，終至希臘的東歐國際公路線。

舊扎戈拉火車站 Жп Гара Стара Загора

舊扎戈拉火車站為保加利亞中部重要的鐵路樞紐，南北向有縱貫保加利亞、全長 415 公里的「鐵路 4 號線 魯塞↔波克瓦利」（Главна железопътна линия № 4 Русе – Подкова）行經，東西向則是「鐵路 8 號線 普羅夫迪夫↔布爾加斯」（Главна железопътна линия № 8 Пловдив – Бургас）中繼點，前往保國境內各城市都十分便捷。以下為舊扎戈拉到普羅夫迪夫、布爾加斯、索菲亞的車班摘要，班次可能發生變動，搭乘前請務必至官網查詢最新時刻表。

◇ 前往普羅夫迪夫的車次每日 13 班，其中絕大多數為直達車、僅 1 班需轉乘 1 次。乘車介於 1 小時 40 分～ 3 小時，以 07:05、09:16、11:52、15:42、17:33、18:22 發車的直達班次最佳，二等全票 5.7лв ～ 6.5лв、一等全票 7.1лв ～ 8.1лв。

◇ 前往布爾加斯的車次每日 8 班，其中直達與轉乘 1 次各半，車程 2 小時～ 3.5 小時。發車時間為 03:29、09:19、09:59、10:41、14:50、16:10、16:19、17:58，以 10:41 發出的班次最佳（免轉乘、車程僅 1 小時 55 分、二等全票 12.7лв），二等全票 8.9лв ～ 13.8лв、一等全票 15.9лв ～ 17.4лв。

◇ 往索菲亞的車次每日 12 班，其中直達 5 班、轉乘 1 次 7 班，車程 4 小時～ 5.5 小時。以 06:10、07:10、09:16、09:59、11:52、15:42、16:19、18:22 發車的班次較佳，二等全票 13лв ～ 15.1лв、一等全票 16.3лв ～ 18.8лв。

INFO

舊扎戈拉火車站

🏠 ул. „Герасим Папазчев" 20, 6002 Южна промишлена зона, Стара Загора

🕐 全日

🖱 bdz.bg（以保文輸入起訖點、搭乘日期即可查詢當日班次）

舊扎戈拉巴士站 Автогара Стара Загора

位於舊扎戈拉火車站東北方 600 公尺的巴士站，是一座現代化設計的公共運輸建物，站內提供免費無線網路。舊扎戈拉與保國境內各大城小鎮均有車班往返，其中前往鄰近的普羅夫迪夫與卡贊勒克的班次最為密集，

分別為一日 16 和 29 班（唯淡旺季、每日略有差異），如非特殊節假日，車票一般可隨到隨買。

INFO ·······························

舊扎戈拉巴士站

🏠 бул. „Славянски“ 18, 6002 Южна
промишлена зона, Стара Загора

📞 +359 42 605 349

🕐 03:30 ～ 22:00

🚇 公車 Автогара - Изток、Автогара - Запад
（巴士站 - 東、巴士站 - 西，行經班次 65、204）即達

📱 avtogara.starazagora.bg

🔍 提供即時出發／抵達車班、班次時刻表等相關資訊。

··

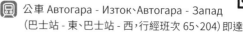

舊扎戈拉前往各城市巴士車班

目的地	發出班次	發車時間	車程	票價
索菲亞	每日 14 班	04:00、07:41、09:00、10:00、13:04、14:00、15:30、17:00、17:30、18:18 ①	3h ～ 5h	16лв ～ 20лв
布爾加斯	每日 16 班	07:10、07:30、08:30、09:05、10:30、11:00、11:30、13:00、15:00、16:00、16:30、18:20 ②	50m ～ 1.5h	8лв
魯塞	每日 14 班	03:00、10:30、11:30、13:30、16:15、18:31、20:30、20:38 ③	2.5h ～ 4h	14лв ④
大特爾諾沃	每日 4 班	08:20、10:00、12:00、15:00	55m ～ 2.5h	12лв ～ 20лв
卡贊勒克	每日 29 班	07:15、07:45、08:45、09:45、10:45、11:15、12:15、12:45、13:15、14:15、14:45、15:45、17:30、17:40、18:05、19:20、19:50 ⑤	30m ～ 45m	4лв ⑥

①每日行駛班次
②每日行駛班次
③每日行駛且票價 14лв 班次
④ 07:15、08:45、08:55、14:30、14:50 班次票價為 20лв ～ 23лв，票價越高速度越快。
⑤每日行駛且票價 4лв 班次
⑥少數車班票價 6лв、13лв 甚至 20лв，但車程一樣甚至略長，購票時需留意。
※ 資訊僅供參考，實際發車狀況以現場標示為準。

舊扎戈拉交通 TransInfo-Община Стара Загора

舊扎戈拉市內有約 30 條公車路線，其中 1、2、26、36 為無軌電車，市區採均一票價 1лв，上車向司機購票，距離較長（開往市郊）的班次則按里程數等比級數計算。儘管大眾運

輸網絡綿密，但除往返火車／巴士站或前往距離較遠的舊扎戈拉捍衛者紀念碑、舊扎戈拉溫泉區，其餘基本步行可達。

`INFO` ....

舊扎戈拉交通

🔗 transinfo.starazagora.bg

🖥 transinfo.starazagora.bg/trip-planner

🔍 詳列各路線的站點、時刻表等，也提供兩點間的交通規劃，輸入起、訖點並選擇出發或到達時間，即顯示可以搭乘車班的詳細資訊。

景點全覽

舊扎戈拉的景點多集中於市中心 10 月 5 日公園 (Парк "5ти октомври") 周圍，基本上步行遊覽已綽綽有餘，僅前往市郊東側的捍衛者紀念碑與西側的溫泉

國家歌劇院

區，需仰賴當地公車接駁。除書中介紹的區域史、宗教博物館與杰奧‧米列夫戲劇院，市內還有杰奧‧米列夫博物館 (Къща-музей "Гео Милев")、國家歌劇院 (Държавна опера，2010 年重建)、國家木偶劇院 (Държавен куклен театър)、新石器時代民居博物館 (Неолитни жилища)、拜耳展覽

舊扎戈拉旅客服務處

館 (Изложбена зала Байер，拜耳為舊扎戈拉城市現代化的推手)、舊扎戈拉藝術畫廊 (Художествена галерия Стара Загора，位於旅客服務處的同棟建築內) 等多間類似的文化科研機構，遊客可根據個人喜好斟酌造訪。

舊扎戈拉旅客服務處

🏠 бул. „Руски"27 , 6000 Стара Загора Център, Стара Загора

📞 +359 888 625 852

🕐 平日 09:00 ～ 18:00、周六 10:00 ～ 16:00 (周日休)

🚏 10 月 5 日公園以北 200 公尺；公車 Верея 站 (行經班次 1、9、13、14、17、21、26、33、34、44、36、51、62、64、65、92、94、96) 以北 400 公尺

📷 starazagora.love

景 **舊扎戈拉區域史博物館**
Регионален исторически музей - Стара Загора

在地的故事

1907 年開幕的區域史博物館，是舊扎戈拉最具歷史的博物館機構，擁有超過 12 萬件館藏，藏品橫跨新石器時代、色雷斯人、希臘羅馬時期、中世紀至近現代，類型包含錢幣首飾、武器車輛、服裝布料、照片文獻等，2007 年適逢建館百年並遷入新址，2009 年重新對外開放。舊扎戈拉區域史博物館的目的在優先保護及研究當地的考古成果與文化遺址，館方以時間為縱軸，透過系統性的規劃，條理介紹數千年來在地生活的演變。不僅如此，博物館的地下層還復刻一條古羅馬街道，兩側陳設為數眾多的羅馬柱、雕像、石碑等遺跡與一臺依考古資料打造的仿古馬車，乍看簡單無華、實際處處用心，步行其間彷彿穿越時光隧道。

[INFO] ....

舊扎戈拉區域史博物館

🏠 бул. „Руски 42", 6000 Стара Загора Център, Стара Загора

📞 +359 42 919 206

🕐 10:00 ～ 18:00（周一休）

💲 5лв（內部禁止攝影）

🚇 10 月 5 日公園東北 200 公尺

🔗 museum.starazagora.net

景 杰奧 · 米列夫戲劇院
Драматичен театър „Гео Милев "

藝文養成所

地處市中心的杰奧 · 米列夫戲劇院，為舊扎戈拉歷史最悠久且最負盛名的表演機構，當地早在 1870 年便展開正統的戲劇演出活動，之後陸續推出不少膾炙人口的劇作，參加成員也由最初的業餘、非專業提升至專業藝術家層級。戲劇院舊稱舊扎戈拉國家人民劇院，1970 年改為現名，隔年遷入現址，目前為舊扎戈拉乃至全保加利亞相當重要的傳承暨創新據點。值得一提的是，儘管表演十分專業，票價卻非常親民，基本在 6лв ～ 20лв 間，最貴也僅需 400 臺幣、十分超值。

戲劇院名稱中的杰奧 · 米列夫（Гео Милев，1895 ～ 1925）是一位保國知名詩人與報導文學家，他幼時與家人移居舊扎戈拉，十幾歲即展現豐富的創作力，擅長將實事與詩歌結合，同時也積極參與當地劇團活動。一戰期間，因砲擊重傷頭部而失去右眼（造成他日後以長瀏海遮蓋右眼的形象），回國後創辦《天秤座》（Везни）雜誌，由於內容涉及敏感的政治議題而遭政府起訴並判刑，並在一次警方約談後失蹤……直到 1950 年代，官方才在索菲亞郊區的亂葬崗發現米列夫的遺體，憑證是裝在右眼的人工眼球，經過司法調查，確認他當年是在時任保加利亞王國戰爭部長伊萬 · 瓦爾科夫（Иван Вълков）的授意下遭電線勒斃。

時至今日，市內不僅有以杰奧．米列夫命名的戲劇院，還有一座以他為主題的同名博物館（Къща-музей "Гео Милев"），實際上，這位因白色恐怖而早逝的作家，正是造就舊扎戈拉「詩人和椴樹城市」暱稱的關鍵角色之一。

INFO ....

杰奧．米列夫戲劇院

🏠 бул. „Митрополит Методи Кусев" 28, 6000 Стара Загора Център, Стара Загора

📞 +359 42 622 283

🕐 售票櫃檯 10:00 ～ 13:30、15:00 ～ 18:00；表演時間 18:00、19:00

🚇 10 月 5 日公園以北 200 公尺

🔗 dtgeomilev.com

景 宗教博物館 Музей на Религиите

流轉的信仰

宗教博物館位於一幢建於 1409 年的埃斯基清真寺（Ески джамия）內，根據考古研究，該處最早曾是色雷斯異教徒的庇護所，10 世紀時則是教堂與基督教公墓，至鄂圖曼帝國統治初期被改建為清真寺。俄土戰爭期間，舊扎戈

拉遭到嚴重火吻，埃斯基清真寺是唯一倖存的公共建築，隨著保加利亞脫離土耳其的控制，清真寺一度轉作教堂，爾後恢復給穆斯林使用。1970 至 1980 年代，在保共強調民族復興（強制同化保國境內的土耳其穆斯林，禁止他們行使原本的

宗教、習俗、語言等）的政治氛圍下，清真寺被劃歸為國家歷史古蹟，失去原本的宗教功能，一旁的叫拜樓也被拆除。時序邁入 21 世紀，當地政府在歐盟的資助下重修清真寺，基於這裡自古以來被各宗教賦予的神聖價值，而將其轉型為宗教博物館。

INFO ....

宗教博物館

🏠 бул. „Цар Симеон Велики" 115, 6000 Стара Загора Център, Стара Загора

📞 +359 42 600 299

🕐 10:00 ～ 18:00（周日、周一休）

💲 3лв（內部禁止攝影）

🚇 10 月 5 日公園東南 250 公尺

景 古羅馬廣場遺址 Форум на Августа Траяна

古蹟新生

位在市中心、呈半圓形格局的古羅馬廣場遺址，建於 2 世紀末的羅馬帝國統治時期，當時這裡不僅是城市的政治經濟、文化生活的中心，也是人們討論公共議題的重要場所。隨著帝國的消亡，失去作用的羅馬廣場逐漸頹圮毀損、長埋地下，直到市政府為興建辦公大樓而大興土木，才讓它得以重見天日。目前，廣場除免費對公眾開放，也是芭蕾舞、歌劇、舞臺劇等藝文活動的表演舞臺。除古羅馬廣場遺址本體，其東側亦延伸出一條寬敞的古羅馬遺跡大道，步行其間有種時空交錯的獨特氛圍。

INFO ··

古羅馬廣場遺址

🏠 бул. „Митрополит Методи Кусев“ 33, 6000 Стара Загора Център, Стара Загора

🕐 全日

💲 免費

🚇 10 月 5 日公園西北 300 公尺

··

景 市政市場 Общински Пазари

舊扎戈拉的廚房

　　位於舊扎戈拉市中心的市政市場，是一座具有暖氣設備的現代化果菜市場，供應物美價廉的水果蔬菜與堅果香料、蜂蜜麵包等新鮮農產。市場內商品陳列乾淨整齊，標價童叟無欺，遊客即使語言不通也能輕鬆購物。除市場建物本身，其所在的購物街（ул. „Пазарска“）徒步區也有綿延數公尺、販售衣物鞋襪、種子果樹、鮮花盆栽、家庭五金、生鮮熟食等的露天攤位，是當地市民十分仰賴的城市廚房。市政市場及其周邊雖為全日營業，但傍晚以後商販漸減，整體而言仍以午前較為豐富熱鬧。

INFO ··

市政市場

ул. „Пазарска" 4, 6000 Стара Загора Център, Стара Загора

08:00 ～ 21:00

10 月 5 日公園以東 450 公尺

景 舊扎戈拉捍衛者紀念碑
Бранителите на Стара Загора

對抗壓迫的勇士啊

　　地處舊扎戈拉東郊的捍衛者紀念碑，落成於 1977 年 7 月 30 日，為一座高 50 公尺的混凝土建築群，規模宏偉、相當壯觀。由保加利亞現代知名雕塑家克魯姆‧達米雅諾夫（Крум Дамянов）設計，目的為紀念「在 1877 年起義對抗壓迫的舊扎戈拉義勇軍」，儘管他們最終因此犧牲，卻喚起後繼者起身對抗的勇氣，是舊扎戈拉的驕傲與保加利亞人民捍衛國家的濫觴。紀念碑主體以「飄揚的薩馬拉旗」為靈感，薩馬拉旗（Самарско знаме）為俄土戰爭期間（1877 ～

1878）修女縫製給保加利亞義勇軍的代表旗幟，另一側為 1 位俄羅斯軍官和 6 名義勇軍，象徵 6 個保加利亞義勇軍志願營在俄羅斯軍隊的指揮下進行戰鬥。

INFO ·

舊扎戈拉捍衛者紀念碑

🏠 6009 Бранителите На Загорка, Стара Загора

🕐 全日

💲 免費

🚇 自市區步行約 30 ～ 35 分可達；去程於市中心 Верея 站（靠近 ул. „Иван Мирчев"路的 ул. „Генерал Гурко"路上，車輛往東行駛一側）乘公車 17、34 至 Самарско знаме 站，往東北步行 300 公尺即達。

· ·

景

舊扎戈拉溫泉區 Старозагорски бани

體驗保式泡湯

　　位在舊扎戈拉市中心西北 14 公里的舊扎戈拉溫泉區（音譯斯塔佐闊斯奇巴尼），坐落於數百公尺群山間的谷地，是一處擁有礦物質溫泉的度假小鎮。早在史前時期，這裡就因冬暖夏涼的氣候與自然湧出的溫泉吸引人類定居，當地也挖掘出許多新石器時代的文物與古羅馬浴場的遺址，1967 年更被官方指定為國家溫泉度假區。舊扎戈拉溫泉區的泉水約 40°C，內含碳酸氫鹽、硫酸鹽、鈣、鎂等微量元素，對肝膽腸胃、肌肉痠痛、婦科疾病均有舒緩作用。鎮內散布 20 多間、規模不等的 SPA 溫泉旅館和民宿，其中卡莉斯塔水療酒店（Spa Hotel Calista）、Hotel Izvor 等四星級旅館價位親民（雙人房 2,000 臺幣左右）、CP

值高，如時間許可不妨留宿一晚。不過，由於此地均為溫泉旅館，缺少超市或小商店，到訪前請務必攜帶足夠的飲用水，以免面臨無處買水的窘境。

到溫泉區，除了享受保加利亞式的泡湯體驗，也可驅車或步行前往北方 1.5 公里的聖母足跡朝聖所（Богородична стъпка）。該處有一塊類似女性腳掌踏過的岩石，據傳是聖母瑪利亞所留下的足跡，信徒認為祂具有神聖的治癒療效，足跡遺址旁還有一座小巧精緻的聖母誕生教堂。

卡莉斯塔水療酒店

INFO ....

舊扎戈拉溫泉區

🏠 6062 Старозагорски бани

🚌 去程於市中心 Верея 公車站（бул. „Митрополит Методи Кусев“、ул. „Генерал Гурко“ 兩 路 叉口，車輛往西行駛一側）乘公車 9、91、92、93、96 至 Армира、Мини Марица Изток 站即達。返程於溫泉區 6602 號公路旁 Старата Автогара (към града) 公 車 站（Хотел „Загоре“ ПРО ЕАД 旅館附近，非去程下車處）乘上述路線至 Верея 公車站，即回到市區。

Верея
公車站位置

Старата Автогара
公車站位置

INFO ....

聖母足跡朝聖所

🏠 6062 Старозагорски бани

🕐 全日

💲 免費

🚌 前往聖母足跡朝聖所的路徑屬非正規道路，依循正規道路的 Google Maps 導航將屢屢吃驚，請按照以下指示前往。自 Хотел Тирон（Hotel Tiron）旁、南北向的小巷 Ул. Богородична стапка（Bogorodichna stapka St.），順路一直往前，不久可見景點名稱指示牌，繼續向前右轉（紅色箭頭指示牌）進入土路，沿著黑石子路陸續走約 900 公尺即達，途中偶爾有可供休憩的座椅，整趟需步行約 30 分。提醒自駕者，由於路面狀況欠佳、砂石多且崎嶇不平，如對車輛性能有信心，可一路開至朝聖所旁的空地。

聖母足跡朝聖所

美食攻略

　　儘管舊扎戈拉的餐廳選項不如索菲亞、普羅夫迪夫等大城多元，但絕對稱得上種類齊全。除為數最多的東歐餐館、披薩店與咖啡廳、酒吧，市中心也有幾間 CP 值頗高的中式（亞細亞、鴻福樓）與日式（改善 KAIZEN Sushi、Sushi Time）餐館。有趣的是，這些看似熟悉的家鄉料理，在保加利亞都有明顯在地化的現象，從菜色、調味到呈現方式均針對保人喜好加以調整，形成一種令東方人「既熟悉又驚奇還帶著幾分妙趣」的味蕾體驗。

食 馬其頓燒烤三明治專門店
Македонска Скара - Сандвичарница

夾出好滋味

　　受到大批在地饕客愛戴的馬其頓燒烤，是一間以各類三明治聞名的速食店，來客可依照個人喜好，選擇不同的肉類與配料。店內的三明治均為現點現做，收到訂單後，俐落的小哥店員才將肉排放上烤架，待肉熟後再與番茄、洋蔥、生菜、薯條等調料夾入現烤麵包內（可根據個人喜好選擇或全加），外脆內軟的麵皮搭配層次豐富的餡料和酸甜濃郁的醬汁，造就幾近零負評的口碑。如果時間允許，建議於上午剛開門 10:00 ～ 11:00 或下午 15:00 ～ 17:00 等非用餐時段造訪，否則都需排隊久候。

`INFO` ···

馬其頓燒烤三明治專門店

🏠 ул. „Цар Иван Шишман" 58, 6000 Стара Загора Център, Стара Загора

📞 +359 89 486 2336

🕐 平日 10:00 ～ 23:00、周六 11:00 ～ 23:00、週日 12:00 ～ 23:00

💲 雞肉三明治 2.9лв、牛肉三明治 3лв

🧍 5лв ～ 10лв

🚉 10 月 5 日公園以東 250 公尺

🔍 宗教博物館、舊扎戈拉區域史博物館、旅客服務處、市政市場

食 獨特餐廳 Restaurant Uniqato

城市裡的花園饗宴

　　地處市區巷弄、隸屬同名旅館的獨特餐廳，不僅供應水準頗高、選項豐富的歐式料理，亦提供寬敞舒適、鬧中取靜的用餐環境。眾餐點中，以餐廳特調的獨特沙拉、手作披薩、義大利麵與各式烤肉最受歡迎，其中尤其推薦名為 Sea Food Cocktail（12.9лв）的熱開胃菜，廚師對海鮮的處理非常熟練，外焦內嫩、鮮美多汁。鑑於餐點現點現製，如於假日尖峰時間造訪，需有稍候的心理準備。

INFO ┈┈┈┈┈┈┈┈┈┈┈┈┈┈┈┈┈┈┈┈┈┈┈┈┈┈┈┈

獨特餐廳

🏠 ул. „Сава Силов" 36, 6000 кв. Славейков, Стара Загора

📞 +359 42 641 164

🕐 12:00 ～ 23:00

💲 沙拉 5.2лв 起、披薩 5.9лв 起、義大利麵 8.5лв 起、魚肉主餐 8.9лв 起、牛肉主餐 18.9лв 起、甜點 4.9лв 起

👥 15лв ～ 30лв

🗺 10 月 5 日公園西南 500 公尺

🔍 10 月 5 日公園、Верея 公車站

📱 uniqato.com

食 亞細亞中餐館 Китайски ресторант Язия

保式中餐

門口掛著紅燈籠與中文招牌的亞細亞，是舊扎戈拉市內的老牌中餐館，以量足味美（多數菜餚達 700 公克，份量約是臺灣餐館的 2 ～ 3 倍）、價格親民、服務體貼而廣受喜愛。為了能在異鄉立足，亞細亞不只有華人熟悉的熱炒菜式，也按照當地人的飲食偏好增加許

多沙拉款式（除了雞肉黃瓜、涼拌粉條外，也包括保國必見的鄉巴佬沙拉，菜單上寫作索菲亞沙拉）、炸物與湯品選項。不僅如此，和許多歐洲中餐館一樣，這裡也有供應經濟實惠的日式壽司。亞細亞的室內裝潢屬舊時中國風，處處是真植物與大圖輸出的竹林圖，戶外則有幾分歐式鄉村氛圍，整體環境雖遜於美輪美奐的獨特餐廳，但菜色肯定更合我們的亞洲胃。

INFO ....

亞細亞中餐廳

🏠 ул. „Хаджи Димитър Асенов" 70, 6000 Стара Загора Център, Стара Загора

📞 +359 42 620 256

🕐 11:00 ～ 23:00

💲 商業午餐 6.5лв 起、鄉巴佬沙拉 4. 2лв、肉類 9.4лв ～ 11.1лв、炒飯 6.2лв 起

👥 10лв ～ 20лв

🚉 10 月 5 日公園以西 250 公尺

🔍 10 月 5 日公園、杰奧‧米列夫戲劇院

食 改善 KAIZEN Sushi

紮紮實實，捲好捲滿

　　位於市中心的改善 KAIZEN Sushi，是由喜愛日本文化的保加利亞人經營，菜色是在日本捲壽司的基礎上加以變化，使用保人偏好的食材與醬料（捲壽司淋上美乃滋、甜雞醬、醬油膏等、將酥脆炸蝦捲入壽司等），創造出別具特色的亞洲系混血壽司。由於口味契合當地喜好，加上售價實在（僅略高於一般當地餐館）、CP 值高，格外受當地年輕人的支持，是舊扎戈拉首屈一指的壽司店。有趣的是，該店在招牌設計上將「善」的口字作變化（把口與吃連結），這應是熟悉「改善」二字的華人不易產生的字形聯想。

　　另一間於 2014 年開幕的 Sushi Time，同樣是由本地人擔任主廚，除供應生

魚片與基本款的日式壽司，也嘗試融入保加利亞與義式料理的特色，研發出配料飽滿的花式捲壽司、握壽司與視覺效果滿點的沙拉壽司。除此之外，考量當地人的飲食習慣，店內也供應炸物（雞柳、薯條、花枝圈）、燒烤（肋排、雞翅）與捲餅漢堡等西式快餐，造就中西合璧、令人眼花撩亂的豐富菜單。

INFO ....

改善 KAIZEN Sushi

🏠 бул. „Руски" 5, 6000 Стара Загора Център, Стара Загора

📞 +359 87 744 4865

🕐 17:00 ～ 23:00（周日休）

💲 特色捲壽司 7.2лв（10 個約 200g）

👥 15лв ～ 30лв

🚃 10 月 5 日公園以南 400 公尺

🔍 Верея 公車站

📘 facebook.com/kaizensushistz

.... Sushi Time 地址

卡贊勒克 Казанлък（Kazanlak）

　　素有「玫瑰之城」、「上帝後花園」美譽的卡贊勒克，坐落於巴爾幹山脈下的保加利亞中部平原，行政區劃上隸屬舊扎戈拉州（Стара Загора）。卡贊勒克鎮西側與盛產玫瑰的玫瑰谷（Розова долина）農業區相連，自古以來就是保國最重要的玫瑰精油提煉中心，鎮內不僅處處可見玫瑰風采，還有知識滿點的玫瑰博物館與令人愛不釋手的玫瑰周邊產品，除此之外，每逢 6 月的第一個周日及向前推的整個 5 月，這裡更會舉行為期近月的「玫瑰節」（Празник на розата）。玫瑰節慶典涵蓋靜態展覽與動態歌舞等各式活動，重頭戲莫過周六的開幕式與周日的嘉年華遊行，平時寧靜的小鎮

將被來自世界各地的遊客擠得水洩不通。其中，在花田舉行的開幕式更特許遊客進入玫瑰花田，不只眼觀鼻嗅還可動手採，空氣中瀰漫著大馬士革玫瑰溫和舒緩的悠悠清香。

INFO ....

玫瑰谷

Q 自卡贊勒克向西延伸至卡爾洛沃的狹長谷地，南北長 100 ～ 130 公里、東西寬 10 ～ 15 公里，海拔在 300 公尺～ 710 公尺間，區域內的玫瑰田總面積達 3,000 公頃（約 115 座大安森林公園），占保國玫瑰總產量的 75%。

....

玫瑰節

地點：玫瑰皇后選美、嘉年華遊行、音樂會、藝品展等（卡贊勒克市中心）；開幕式（科普林卡鎮 Копринка ／ Koprinka 旁花田，每年舉行地點可能變動）

時間：每年 6 月的第一個周日及由其往前推的 5 月中下旬

票價：開幕式 20лв、嘉年華遊行 20лв（可提前於旅客服務處諮詢購買）

說明：1903 年首度舉行的玫瑰節，從最初由民間發起、為貧苦無依者募集資金的慈善鮮花展，逐步發展為今日的國家級慶典。玫瑰節主要的兩項活動分別為周六的開幕式（傳統歌舞表演與入園摘玫瑰）與周日由玫瑰皇后帶領的嘉年華遊行。一般而言，嘉年華遊行是沿著旅遊中心前廣場旁的斯科別列夫將軍街（ул. „Генерал Скобелев"）進行，有上千位穿著傳統或現代服飾的保國民眾參與，重現玫瑰谷數百年來的歷史變遷，遊行活動約進行 1 小時，現場人聲鼎沸、熱鬧非凡。

經驗分享

訂房請提早：鑑於玫瑰節是保國最盛大的國際級慶典，卡贊勒克鎮內旅社約於半年前就已預訂一空，欲參加者請盡早規劃。如已客滿，則可考慮入住鄰近的尼納（Енина）、希普卡（Шипка）或科普林卡水庫（Язовир Копринка）周邊，再以自駕或包車方式前往會場。關於開幕式的舉行地點，每年可能有所變動，除至官網搜尋，也可至卡贊勒克旅客服務處洽詢最新訊息。

跟著車流走：周六開幕式的舉行地點並不固定，基本不脫離鄰近卡贊勒克的小鎮旁花田內（距離市中心 10 分鐘車程）。神奇的是，當地通常不會擺放任何明顯的指標或看板，即使計程車司機也不一定搞得清楚。儘管旅客服務處會提供會場地圖，但位置也僅供參考（筆者面臨的狀況是實際地點距離地圖標示差約 800 公尺），不僅如此，時刻表稱 10 點開始的儀式（旅客服務處人員建議至少 09:00 前要到），筆者 08:40 抵達時表演其實已經開始。建議欲參加開幕式的遊客，可於 08:30 到達預定地點附近，視車輛行駛方向臨機應變（簡單說就是跟著車流走），現場有警察指揮停車。

防曬很重要：開幕式現場毫無遮蔽，請務必攜帶帽子與太陽眼鏡。由於需在花田內行走，一雙好穿且不怕沾上厚厚黏土的鞋也很重要。

票可先買好：欲參與開幕式與嘉年華遊行的朋友，建議提早 1、2 日前往卡贊勒克旅客服務處購票，遊行時可獲得道路兩側的座位，能夠較輕鬆地欣賞整場表演。

網站：kazanlak.com/празник-на-розата

玫瑰節遊行重頭戲——玫瑰皇后

歐寶小館

往希普卡、巴拉德薩
+飛碟紀念碑方向

玉蘭餐廳

卡贊勒克色雷斯人墓

玫瑰博物館　玫瑰園

歷史博物館

往卡爾洛沃方向

卡贊勒克
Казанлък

卡贊勒克旅客服務處

卡贊勒克巴士站

卡贊勒克火車站

交通資訊

地處保加利亞中心位置的卡贊勒克，距離首都索菲亞、普羅夫迪夫、舊扎戈拉分別為 200、100 和 30 公里，非自駕的遊客多會由上述城市搭長途巴士或火車前往。正常情況下，兩者車程互有快慢（受停站多寡、誤點及塞車等影響），票價則是巴士略高於火車，唯火車偶有誤點情形，旅客可針對個人情況選擇。地理位置方面，卡贊勒克巴士站與火車站僅一街之隔，均位在市中心以南 800 公尺處，周圍相對荒涼。如搭巴士前來，可隨多數乘客先於市中心站下車（不必坐到總站），免去往來奔波之苦。

市內移動部分，儘管範圍不大，但礙於當地大眾運輸系統並不發達，步行不可及時，需請旅社人員協助聯繫接送事宜。

卡贊勒克巴士站 Автогара Казанлък

相較大城市的巴士站，卡贊勒克巴士站無論硬體設備或人員服務都有段差距。建物陳舊且環境欠佳，售票員多不識英語，購票時請將欲前往的地點、時間、張數以保文和阿拉伯數字寫在紙上，以避免溝通上的隔閡。

INFO

卡贊勒克巴士站

🏠 в град Казанлък, на ул. "Софроний Врачански" № 24, 6100 Калиакчийски, Казанлък

📷 avtogarakazanlak.com

🚌 班次訊息 :bgrazpisanie.com/bg/автогара/казанлък

班次訊息

索菲亞、普羅夫迪夫、舊扎戈拉乘巴士往返卡贊勒克資訊

目的地	發車時間	車程	票價
索菲亞→卡贊勒克	10:30、12:00、15:00、16:00 ①、17:30	3h40m～4h20m	17лв
卡贊勒克→索菲亞	05:30、06:30、07:05 ②、13:00、16:00	53h25m～4h20m	
普羅夫迪夫→卡贊勒克	16:00	2h	9лв
卡贊勒克→普羅夫迪夫	06:30 ③、07:00	1h57m	
舊扎戈拉→卡贊勒克	10:20、10:40、12:00、13:45、17:30、18:15	35m～45m	4лв
卡贊勒克→舊扎戈拉	07:00、07:30、10:30、12:20、12:45、13:20、13:25、14:15、16:45	25m～55m	

①上班日行駛的特快班次，車程 2h20m。
②上班日行駛的特快班次，車程 2h55m。
③僅周一、周五行駛。
※ 資訊僅供參考，實際發車狀況以現場標示為準。

卡贊勒克火車站 Жп Гара Казанлък

　　別於主要城市多月臺運行的繁忙景象，卡贊勒克火車站屬於規劃簡單、動線清晰的小而美型態，站內還有一間迷你咖啡館可供休憩。需注意的是，由於火車偶有班次調動或誤點情形，且售票員不通英語，購票時請先將所需資訊清晰寫於紙上，搭乘時也務必再三確認當下資訊，做好隨機應變的準備。

INFO ·······················

卡贊勒克火車站

🏠 бул. „Княз Александър Батенберг" 1, 6100 Жп Гара, Казанлък

🕐 05:00 ～ 20:30

📱 bdz.bg（以保文輸入起訖點、搭乘日期即可查詢當日班次）

索菲亞、普羅夫迪夫乘火車往返卡贊勒克資訊

班次	車班說明	票價
索菲亞→卡贊勒克	每日至少 3 班直達車①，車程 3h18m ～ 3h26m。 時間：07:05 ～ 10:31、13:19 ～ 16:51、23:10 ～ 02:28	一等 14.3лв 二等 11.4лв
卡贊勒克→索菲亞	每日至少 3 班直達車①，車程 3h19m ～ 3h35m。 時間：02:30 ～ 06:05、11:07 ～ 14:26、17:22 ～ 20:49	
普羅夫迪夫→卡贊勒克	每日至少 6 班，唯均需轉乘 1 ～ 2 次，其中以在卡爾洛沃轉乘 1 次的 CP 值最高，車程約 3.5 小時。 時間：07:10 ～ 10:31 ②、09:30 ～ 13:20、14:10 ～ 16:51 ②、16:05 ～ 19:21 ③	一等 8.1лв 二等 6.5лв
卡贊勒克→普羅夫迪夫	每日至少 8 班，唯均需轉乘 1 ～ 3 次，其中以在卡爾洛沃轉乘 1 次的 CP 值最高，車程約 3.5 小時。 時間：07:18 ～ 10:55、09:21 ～ 12:33	1h57m

①往返班次隨平假日與季節不同而有調整，表中僅列出不分平假日皆行駛的直達車班。

②票價為一等 9.2лв、二等 7.4лв。

③票價為一等 10.3лв、二等 8.3лв。

※ 資訊僅供參考，實際發車狀況以現場標示為準。

景點全覽

卡贊勒克雖是一個人口僅 4.5 萬的小型城鎮，卻因蓬勃發展的玫瑰產業而受到全國乃至世界矚目。來到卡贊勒克，除了參加每年 6 月第一個周日舉辦的「玫瑰節」遊行，也可造訪極具考古價值的色雷斯人墓和收藏大量珍稀文物的歷史博物館，而地處鎮北 20 公里的巴拉德薩，則可見共產時代遺留、今日看來帶有幾分詭譎色彩的飛碟紀念碑。

INFO ··

卡贊勒克旅客服務處

🏠 ул. „Искра" 4, 6100 Прогрес, Казанлък

📞 +359 431 995 53

🕐 08:00 ～ 17:00（假日休）

📱 kazanlak.bg

卡贊勒克旅客服務處

景 歷史博物館 Исторически музей "Искра"

回到過去

成立於 1901 年的歷史博物館，為保加利亞境內最豐富、最富名氣的區域博物館之一。歷史博物館以卡贊勒克地區的物質與精神文化為館藏主題，擁有超過七萬件展品，從新石器時代、青銅器時代至 19 世紀保加利亞文藝復興時期、20

世紀的現代皆有涉獵，裡面當然包括色雷斯人墓葬的珍稀文物。眾藏品中，以巴爾幹半島最大的骨鐮刀、中世紀陶瓷與冷兵器和 19 世紀卡贊勒克當地人的珠寶、服裝等最吸引遊客目光。

`INFO`

歷史博物館

🏠 ул. П. Р. Славейков 8, 6100 кв. Казанлъшка роза

📞 +359 431 627 55

🕐 09:00 ～ 18:30

💲 8лв（攝影 5лв、錄影 20лв；每月最後一個周一免費）

🚉 旅客服務處東北 250 公尺

景 玫瑰博物館 Музей на Розата

玫瑰的故事

　　玫瑰花及其衍生的周邊產品，已成為卡贊勒克乃至保加利亞最具知名度的農創產業，而坐落於市中心玫瑰園（Парк Розариум）內的玫瑰博物館，就是以此為主題的現代化展場。1969 年開放的玫瑰博物館，志

玫瑰園

在讓參觀者認識當地生長的大馬士革玫瑰（Българска Маслодайна Роза）與萃取玫瑰精油（Розово масло）的歷史，館內除展示超過 1.5 萬件與玫瑰種植和精油相關的史料文物，更復刻保加利亞第一座玫瑰精油純度實驗室——該機構成立於 1907 年，目的在揪出假冒劣品，守護保加利亞玫瑰精油的良好聲譽。

INFO ....

玫瑰博物館

🏠 парк "Розариум", ул. "Войнишка", 6100 Розариум, Казанлък

📞 +359 431 640 57

🕐 09:00 ～ 17:30

💲 6лв（攝影 5лв、錄影 20лв）

🚉 旅客服務處西北 700 公尺

景 卡贊勒克色雷斯人墓 Казанлъшка гробница

壁上有玄機

　　1944 年，士兵挖掘戰壕時偶然發現的卡贊勒克色雷斯人墓，歷史可追溯至西元前 4 世紀末～前 3 世紀初，墓主人為色雷斯的統治者羅格斯（Ройгос，生存年代為西元前 280 年），其周邊還有千餘座色雷斯王公貴族的墓葬群，1979 年列入聯合國教科文組織世界遺產名錄。墓葬遺址由 1 個狹窄走廊和

1 座圓形拱頂墓室組成，牆面裝飾著保存完好的早期希臘時代壁畫，內容為正在參與葬禮盛宴的羅格斯夫婦。壁畫從藝術表現到內在意涵都令人相當讚嘆，其中國王和王后抓住彼此手腕的細微姿態與面部表情，以及華麗馬匹間面面相覷的告別姿態，更是富饒深意。為保護壁畫真跡，墓葬已停止對公眾開放，遊客仍可在附近的展覽室欣賞由此挖掘的文物與等比複製的色雷斯人墓，後者由於空間狹窄，最多僅能同時容納 4 名參觀者。

INFO ························

卡贊勒克色雷斯人墓

🏠 ул. „Генерал Радецки“, 6102 Партюлбе, Казанлък

📞 +359 431 637 62

🕐 09:00 ～ 17:00

💲 展覽室 6лв（每月最後一個周一免費）

🚉 旅客服務處東北 1.1 公里

景

巴拉德薩 Бузлуджа ＋
飛碟紀念碑 Паметник на Бузлуджа

昨日的堡壘‧今日的廢墟

　　位在卡贊勒克北方 20 公里的巴拉德薩（英文拼音 Buzludzha，源自土耳其語、意為冰川），地處保加利亞巴爾幹山脈中部，儘管其已於 1942 年更名為哈吉‧迪米塔爾（Хаджи Димитър），但一般仍習慣以原名稱呼。巴拉德薩山頂由花崗岩及石灰岩構成，斜坡上覆蓋著草原植被，山麓與鄰近的山峰則為山毛櫸森林。

對保國人民而言，巴拉德薩是具有政治意涵的歷史遺址——1868年7月，哈吉‧迪米塔爾（1840～1868）和斯特凡‧卡拉德茨（Стефан Караджа，1840～1868）帶領的30位革命軍與鄂圖曼帝國的700名士兵在此進行殊死戰。哈吉等人雖最終遭

到殲滅，但這場對抗異族統治的巴拉德薩戰役卻為10年後的「保加利亞獨立運動」埋下種子，而身為領導者的哈吉‧迪米塔爾也成為保加利亞的民族英雄。1891年，一批左派人士在巴拉德薩祕密召開會議，創建保加利亞社會民主黨（保加利亞共產黨的前身）。1944年，保共游擊隊和保加利亞法西斯勢力於此發生戰鬥……為紀念上述事件，1970年代起，保加利亞共產政權開始在此大興土木、修建雕像與建築，其中知名度最高的，就是位居山頂的飛碟紀念碑。

飛碟紀念碑（或稱飛碟屋）的最初身分為具有演講與會議廳功能的保加利亞共產黨紀念館，1981年正式開放，整體採鋼筋混凝土材質，建築屬氣勢宏偉、著重描繪力量與威嚴的集權主義風格，內部有精緻的大理石與玻璃馬賽克，鑲嵌

畫均以保共和蘇聯領導人為主題。值得一提的是，為興建這座巨大建築，不僅耗資超過1,400萬列弗（約700萬歐元）、動員超過6,000名工人、20位畫家與雕塑家，還特地將山頂剷平，山峰高度因此由1,441公尺降低至1,432公尺。然而，隨著共產政權崩解，這棟歌頌

共黨的飛碟紀念碑立即遭到荒廢、設施亦被破壞（有爭議的政治人物壁畫頭像被民眾挖除），之後逐漸成為廢墟愛好者的聖地。多年來，保國民眾因政治立場不同而對飛碟紀念碑的態度分歧，政府也對該如何處置存在爭議，2011 年索性將所有權轉讓給保加利亞社會黨（前身為保加利亞共產黨）。2016 年，以多拉・伊萬諾娃（Дора Иванова）為首的年輕建築師積極投入並設立基金會，提出「不隱藏、不推崇但要記住」的概念主軸，計畫將其轉型為巴拉德薩紀念館，唯修繕工作尚未正式啟動。

附帶一提，網路流傳的飛碟紀念碑內部照，多為遊客偷偷從破損窗戶進入拍攝，由於建築物多處腐朽毀壞，實際上非常危險。為免發生意外，管理方已將這些祕密通道封閉，並派駐警衛全天候監控，在完成全部修復前，人們暫時只能從外部欣賞這座造型特殊的飛碟屋。

INFO

飛碟紀念碑

🏠 врьх Хаджи Димитьр, 6100 Казанлък

🕐 全日

💲 免費

🚌 目前無大眾運輸前往，需自駕或由卡贊勒克包車，也可參與包含飛碟紀念碑在內等多個景點的 Buzludzha Tour 一日遊行程。

🌐 buzludzha-monument.com

🎬 影片：reurl.cc/Q6ln2

Buzludzha Tour

📞 +359 877 279727

💲 每輛車€ 160 ～€ 220（最多搭載 8 名旅客）

🌐 buzludzha-tour.com

🔍 一日遊提供專車接送、英語導遊、客製化路線等服務，除飛碟紀念碑及其鄰近的 4 ～ 5 個廢墟，還可額外前往希普卡俄羅斯教堂或卡贊勒克色雷斯人墓、玫瑰油釀造廠等 1 處景點。費用計算以「車」為單位，最多載 8 名乘客，可自找旅伴併團以節省開支。一日遊從索菲亞（總車程 6h20m）、普羅夫迪夫（總車程 4.5h）或大特爾諾沃（總車程 3h）出發，也提供異地接送服務（如：索菲亞上車、普羅夫迪夫下車）。遊客可依照個人需求，直接於網站預訂行程。

山腳小鎮有段古

希普卡位於巴爾幹山腳、卡贊勒克市西北 12 公里處，是一座歷史悠久的古老小鎮——早在西元前 11 世紀，便有人類定居的紀錄；西元前 6 ～ 2 世紀，色雷斯文化在此蓬勃發展；西元前 1 世紀時，被羅馬人征服。時序邁入近代，希普卡在鄂圖曼帝國統治期間，因位居陸路要衝而屢遭土軍火焚；俄土戰爭時（1877 ～ 1878，俄國希望藉此打開通往地中海的航路，並解放巴爾幹半島上信仰東

希普卡教堂內部

正教的斯拉夫人），這裡則是系列關鍵戰事「希普卡山口戰役」（Шипченска битка）的發生地，鎮內的地標性景點「希普卡教堂」（Шипченски манастир，1902 年開放）與位於希普卡峰的歷史地標「自由紀念碑」（Паметник на свободата，1934 年落成，入內參觀 3лв），均是感念這群為國犧牲的俄羅斯士兵和保加利亞志願者而建。

自由紀念碑

由卡贊勒克前往希普卡，自駕是最簡單迅速的方式，單趟車程約 15 分鐘。儘管兩地間有地方公車運行，但班次不多、時間變動，請在抵達卡贊勒克後再向當地旅客服務處諮詢詳情，或委請旅社協助包車前往。

希普卡教堂外觀

INFO ....

希普卡教堂

🏠 улица Орлово гнездо 3, 6150 Шипка

🕐 08:30 ～ 17:30

💲 免費

🔍 希普卡教堂整體遵循 17 世紀的俄羅斯教堂風格，是一座裝飾華麗的東正教教堂傑作，其興建目的是為獻給俄土戰爭的英雄，地下室放置近 9,000 名為此殉國的俄羅斯、保加利亞戰士遺骸。

....

自由紀念碑位置

希普卡教堂位置

美食攻略

　　卡贊勒克的餐廳數量不多且類型單純，整體以保加利亞傳統菜為主，另有一些中東歐、義式餐館與快餐店、咖啡廳。此外，基於優越的環境條件，這裡的景觀餐廳也蓬勃發展，每逢春夏之際，室外用餐區以玫瑰為首的百花盛放，清新花香伴隨著美味料理，確是只有在玫瑰谷才能享受的「視＋味」覺饗宴。

食 歐寶小館 Опела

玫瑰園裡有美食

　　被玫瑰花園包圍的歐寶小館，整體屬鄉村溫馨風格，為供應義大利、希臘及保加利亞料理的庭園景觀餐廳。小館不只有熟悉的沙拉、披薩、義大利麵與南歐風味的炸海鮮，還可品嘗道地的保加利亞肉餅、肉條和風味特殊的蘑菇豬排，怡人舒適的用餐環境搭配專業親切的服務態度，在卡贊勒克的同業中名列前茅。

 **INFO**

歐寶小館

🏠 ул. „Братя Жекови" 10, 6100 кв. Хаджи Димитър, Казанлък

📞 +359 431 702 99

🕐 11:00 ～ 23:00

💲 沙拉 4лв 起、熱開胃菜 4.5лв 起、瑪格麗特披薩 10лв、甜
點 3лв 起

🧍 15лв ～ 25лв

🔍 玫瑰博物館

🔗 restaurantopela.com

食 玉蘭餐廳 Магнолия

賓至如「家」

　　1991 年開幕的玉蘭餐廳，是卡贊勒克最早的
家庭餐館之一。從 5 張小桌的小館擴展至今日有
花園露臺的規模，店主始終秉持「歡迎來我們家
作客」的信念，提供優質親切的服務與傳統可口

的保加利亞食物。餐廳裝潢為保加利亞復興式混和田園風格，原木家具、石板牆
面營造質樸氛圍，不僅如此，店內從盛裝食物的器皿到服務人員的穿著都維持傳
統，讓食客品嘗最正宗的保加利亞媽媽味。不僅如此，玉蘭餐廳雖供應傳統保加
利亞菜，卻沒有同類餐廳常見、過鹹過濃的問題，很合臺灣人的胃口。

 **INFO**

玉蘭餐廳

🏠 бул. „Никола Петков" 1, 6100
Стефан Караджа, Казанлък

📞 +359 431 895 46

🕐 10:00 ～ 00:00

🧍 15лв ～ 25лв

🔍 卡贊勒克色雷斯人墓

🔗 magnolia-kazanlak.com

Part 5

發現「保」北
大特爾諾沃＋魯塞＋普列文

Veliko Tarnovo, Ruse, Plevna

　　保加利亞的北部城市大特爾諾沃、魯塞及普列文，均擁有悠久的歷史背景，數千年前就是色雷斯人的聚居地，爾後被納入羅馬帝國的一部分，更在保加利亞帝國時期占有舉足輕重的地位。鄂圖曼帝國統治期間，這裡又成為民族復興運動的核心區，在俄土戰爭時飽受戰火摧殘之餘，也見證保加利亞復國的重要時刻。時至今日，以城堡遺跡聞名的大特爾諾沃，雖已不復中世紀的帝國首都地位，卻仍保有曾經的風華絕代；地處邊境的魯塞，則延續一貫多元自由的城市精神，成就一座精緻小巧的國際化城市；而經常可見俄土戰爭相關紀念建物的普列文，也在勿忘國殤的中心思想下，品嘗得來不易的平和與寧靜。

大特爾諾沃
Велико Търново（Veliko Tarnovo）

　　大特爾諾沃為保加利亞北部主要城市與大特爾諾沃州（Област Велико Търново）的首府，早在西元前3000年就有人類在此活動的紀錄，是保國最古老的聚居地之一。保加利亞第二帝國時期（1185～1396），大特爾諾沃一躍成為帝國首都，迅速發展成保國乃至巴爾幹半島的政經、文化與宗教中心，從而獲得「沙皇之城」的美譽。14世紀中，第二帝國沙皇伊凡·亞歷山大（Иван Александър）在內憂外患下繼位，為提高國家聲望與強化自身在斯拉夫世界的影響力，首度提出「第三羅馬」的概念，聲稱帝國繼承古羅馬的正朔，首都大特爾諾沃就是「新的君士坦丁堡」（ашият нов Цариград）。

　　遺憾的是，試圖振作的第二帝國，在外侮夾擊與黑死病蔓延的威脅下國勢漸弱，大特爾諾沃最終在鄂圖曼帝國軍隊圍攻3個月後被攻破，第二帝國也就此瓦解。土耳其統治期間，這裡曾數度爆發反鄂圖曼帝國的起義抗爭，雖都是失敗告

終，卻也醞釀出深厚的民族認同感，成為日後保加利亞復國的基礎。1877年，大特爾諾沃在俄軍的協助下脫離鄂圖曼帝國，爾後根據隔年簽訂的《柏林條約》，保加利亞大公國（當時名義上是鄂圖曼帝國的屬國）在多瑙河與巴爾幹山脈間建立，首都為大特爾諾沃（1879年遷往索菲亞）。1908年，時為保加利亞親王的斐迪南一世在大特爾諾沃的聖四十人教堂宣布保加利亞獨立，他的身分因此由親王變成沙皇，並開啟保加利亞王國時代。

隨著時代的變遷，儘管大特爾諾沃早已卸下帝國首都的桂冠，但千年來累積的深厚文化及工藝傳統仍存在於城市的大街小巷。一如她遠在中國的友好城市——西安，展現古都特有的豐沛底蘊與歲月魅力。

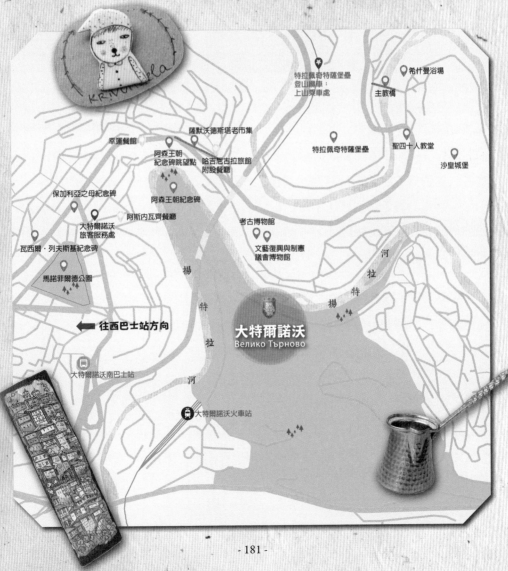

KRIVULKA

特拉佩奇特薩堡壘
登山纜車：
上山乘車處

希什曼浴場

主教橋

幸運餐館

薩默沃德斯塔老市集

阿森王朝
紀念碑眺望點

哈吉尼古拉旅館
附設餐廳

特拉佩奇特薩堡壘

聖四十人教堂

保加利亞之母紀念碑

阿森王朝紀念碑

沙皇城堡

大特爾諾沃
旅客服務處

阿斯内瓦齊餐廳

瓦西爾・列夫斯基紀念碑

老古博物館

文藝復興與制憲
議會博物館

馬諾菲爾德公園

河拉特揚

揚特拉河

← 往西巴士站方向

大特爾諾沃
Велико Търново

大特爾諾沃南巴士站

大特爾諾沃火車站

交通資訊

作為曾經的首都，如今的大特爾諾沃雖不及索菲亞那般陸空運輸暢旺，但仍是保國北部的主要運輸點與通往黑海沿岸城市的中繼站。不僅如此，旅客也可由此搭乘開往布加勒斯特的國際跨境車班。自駕方面，大特爾諾沃位於高速

公路 E85（魯塞—布爾加斯）和 E772（兩端與索菲亞—瓦爾納的 A2 相連）的交會處，與西側的索菲亞、東側的瓦爾納，同樣距離 220 公里，車程皆為 2.5 ～ 3 小時；與南側的普羅夫迪夫距離 200 公里，車程約 2.5 小時。對利用大眾運輸的非自駕客而言，則有長途巴士、火車等兩個選項，基於便利與準點考量，可以巴士為優先。

市內移動部分，儘管有 12 條市區公車路線連結全市（票價 1лв、向車內售票員購票），但班次不密（部分為 1 小時 1 班）且偶有脫班情形，有時需要更長等候，對行程緊湊的遊客易造成時間壓力。欲搭乘公車移動者，可先向旅館服務人員詢問到站時間，並將欲前往的地點以保文先寫於紙上，以便與車上售票員溝通。如腿力尚可，建議採取「多數步行＋偶爾搭計程車」的模式；如雙腿訓練有素，也可考慮「全步行」。需留意的是，市內地形高低起伏，由南巴士站往市中心途中全為上坡路，空手爬已是挑戰，拖行李箱者更是艱辛；如欲乘計程車，可請餐館或旅社代為聯繫，路上攔車存在「被宰」危機，一般而言，自南巴士站出發到市中心收費約 3лв 左右。

大特爾諾沃火車站 Жп Гара Велико Търново

大特爾諾沃的鐵路線於1901 年開通，現為「魯塞↔舊扎戈拉」的中繼點，每日均有開往索菲亞、普羅夫迪夫、瓦爾納、魯塞、普列文、布爾加斯、上奧里亞霍維察等境內城市的定期車班。大特爾諾沃往返索菲亞的班次每日有 8 ～ 9

班，除個別班次需轉乘 2 或 3 次，其餘 6 ～ 7 班為轉乘 1 次，依轉乘等候時間的長短，總車程 4 小時 47 分～ 6 小時 13 分不等（不包含 1 班 20:42 發、隔日 05:47 到的跨夜車），二等全票 15.4лв ～ 18.4лв、一等全票 19.3лв ～ 23.1лв。

INFO

大特爾諾沃火車站

🏠 Велико Търново, Жп Гара, 5000 Индустриална зона, Велико Търново

🕐 06:00 ～ 20:10

📱 bdz.bg（以保文輸入起訖點、搭乘日期即可查詢當日班次）

需提醒的是，火車站位置相對偏僻，雖有公車但班次不多。如選擇搭火車前來，可先請旅社代為預約計程車，可省去等待及舟車勞頓的時間。

大特爾諾沃南巴士站
Автогара Юг Велико Търново

大特爾諾沃有南、西（Автогара Запад）兩座巴士站，兩者分別距離市中心（保加利亞之母紀念碑）700 公尺與 3.6 公里。其中，以南站規模較大且使用率高，每日開出近 150 個班次，多間汽車公司在此設有售票點，不僅為旅客乘巴士往返索菲亞、瓦爾納等主要城市的轉乘點，也可在此搭乘至布加勒斯特的跨境

車班，官網均有詳列各路線完整時刻、票價及（部分班次）線上購票等訊息。需格外提醒的是，南巴士站雖然車班眾多，但往保加利亞南部的班次卻多由西巴士站發出，因此欲前往舊扎戈拉、普羅夫迪夫等南方城市的旅客，就必須到西巴士站搭乘。

　　自大特爾諾沃南巴士站開往索菲亞、瓦爾納的班車，每日有 30 及 24 個車班，車程約 3 小時，單程票價介於 19лв ～ 22лв。國際跨境班次部分，長途巴士公司 Flixbus 和 Bucharest 每日各有 1 個班車往返羅馬尼亞首都布加勒斯特，總車程 3.5 ～ 4.5 小時（含過關時間），前者為凌晨 02:45 發車、06:30 到達的大型巴士，預約特惠票價 9.99€；後者是 14:45 發車、17:15 到達的中型巴士，票價 30лв 左右。

INFO ··

大特爾諾沃南巴士站

🏠 ул. „Христо Ботев" 74, 5000 Район Западен, Велико Търново

📞 +359 62 620 014

🕐 全日

🌐 avtogaratarnovo.eu

大特爾諾沃西巴士站

🏠 бул. „Никола Габровски" 74, 5002 Западна промишлена зона, Велико Търново

🚃 市中心主要街道乘公車 110 至「Автогара Запад」即達

··

景點全覽

大特爾諾沃有蜿蜒的揚特拉河（Янтра）貫穿，四周被山脈圍繞，可分為「老城區」、「新城區」和「3 座山丘」等 3 個區塊，前兩者大致可以「保加利亞之母紀念碑」為中心劃分，以東為老城區、以西為新城區。位於城區東北側的 3 座山丘，山頂均於中世紀時設置沙皇城堡（Царевец）、特拉佩奇特薩堡壘（Трапезица）與莫米娜堡壘（Момина крепост）等 3 座和山丘同名的要塞，曾經固若金湯的堡壘因戰亂破壞、歲月侵蝕而逐漸頹圮，所幸經挖掘修復後，目前仍可見部分遺跡。由於景點多位於依山而建的老城區，無論從火車或巴士站出發，都要有連續爬坡／樓梯的心理準備，是頗耗費腿力的考驗。

大特爾諾沃旅客服務處

INFO ....

大特爾諾沃旅客服務處

🏠 бул. „Христо Ботев" 5, 5000 Велико Търново Център, Велико Търново

📞 +359 88 765 9829

🕐 4 月至 10 月平日 09:00 ～ 12:00、13:00 ～ 18:00（假日縮短至 17:00）；11 月至 3 月平日 09:00 ～ 12:00、13:00 ～ 18:00（假日休）

🚌 南巴士站以北 650 公尺；西巴士站乘公車 110 至市中心即達，車程約 15 ～ 20 分。

📱 velikoturnovo.info

🔍 毗鄰保加利亞之母紀念碑；沙皇城堡售票口附近另有一間服務處。

....

與索菲亞、普羅夫迪夫相仿，大特爾諾沃也有非營利組織舉辦的免費英語步行導覽活動（Free Veliko Turnovo Walking Tours），熱情博學的導遊透過 2～3 小時介紹，讓遊客對城市的歷史與人文建立初步的認識。要留意的是，導覽行程在秋冬淡季（11 月～ 2 月）可能取消，即時訊息都會公布於臉書粉專。

INFO

大特爾諾沃免費英語步行導覽活動

📍 旅客服務處前

📞 +359 88 719 9921

🕐 11:00 ～ 14:00

fb facebook.com/freevtwalk

景 保加利亞之母紀念碑
Паметник "Майка България"

勿忘捐軀魂

1935 年正式開放的保加利亞之母紀念碑，位於大特爾諾沃市中心，由市民出資捐贈，目的為紀念在俄土戰爭（1877～1878）、塞爾維亞—保加利亞戰爭（1885～1886）、第一次巴爾幹戰爭（1912～1913）、第一次世界大戰（1914～1918）等 4 場戰役中為國捐軀的戰士。紀念碑的底層有著永恆不滅的火焰，頂部為一位手持旗幟的跪姿女性雕像，象徵保加利亞之母。特別的是，雕像頭頂上的皇冠在 1944 年 9 月 9 日的社會主義政變事件後（保共政權即將成立）靜靜地「被消失」，直到 1989 年 11 月 10 日保共總書記托多爾・日夫科夫被迫辭職（保共政權瀕臨瓦解），才重新安置回原來的位置。

INFO

保加利亞之母紀念碑

🏠 ул. „Цар Тодор-Светослав" 1А, 5000 Велико Търново Център, Велико Търново

🕐 全日

景 瓦西爾·列夫斯基紀念碑 Паметник "Васил Левски"

革命家的意志

1946 年落成的瓦西爾·列夫斯基紀念碑，雕像源於保加利亞革命家瓦西爾·列夫斯基在 1872 年遭土耳其當局逮捕後最後一次遊街示眾的形象，以遭綑綁的被俘姿態凸顯他的豪快名言：「如果我贏了，整個國家都贏了；如果我輸了，只輸了我自己。」（Ако печеля - печели цял народ, ако загубя - губя само себе си）遺憾的是，這位領導保加利亞人民武裝對抗鄂圖曼帝國統治的民族英雄，被捕後隔年就遭絞刑處決，結束 35 年奮鬥激昂的短暫生命。

> INFO

瓦西爾·列夫斯基紀念碑

🏠 ул. „Цар Освободител" 2, 5000 Велико Търново Център, Велико Търново

🕐 全日

📍 保加利亞之母紀念碑西南 300 公尺

景 阿森王朝紀念碑 Паметник на Асеневци

中世紀的榮光

保加利亞第一帝國遭拜占庭帝國消滅 170 年後的 1185 年，出身富裕牧羊人家庭的西奧多·彼得（Теодор-Петър）與伊凡·阿森（Иван Асен）率領被壓迫的同胞在今保加利亞東北部發動大規模起義，順利擊敗拜占庭駐軍，迫使其承

認保加利亞的獨立地位。繼承第一帝國正朔的阿森兄弟，不僅成功建立保加利亞第二帝國，亦開啟由阿森家族掌控的「阿森王朝」（Асеневци，1187 ～ 1256）時代，該王朝在 13 世紀上半的伊凡‧阿森二世（Иван Асен II）時期達到鼎盛，疆域由黑海延伸至愛琴海與亞得里亞海，成為巴爾幹半島勢力最強大的國家。

1985 年，為慶祝阿森兄弟起義 800 周年，便在第二帝國的首都大特爾諾沃豎立一座阿森王朝紀念碑。紀念碑主體猶如一把刺向天空的長劍，象徵保加利亞在中世紀的力量和崛起，周圍騎在戰馬上的人物分別是 4 位對阿森王朝最具貢獻的沙皇——彼得二世（即西奧多‧彼得）、伊凡‧阿森一世、卡洛揚（彼得與伊凡的胞弟）與

伊凡‧阿森二世，前兩者使保加利亞擺脫拜占庭的壓迫統治，再次成為一個獨立的國家；後兩者則使國家越發強盛，透過戰爭與外交等種種途徑，使國力在第一帝國的明君西蒙一世（Симеон I Велики，自稱是全體保加利亞人和希臘人的皇帝）後再次達到歷史性的高峰。

觀景臺位置

INFO

阿森王朝紀念碑

 парк Света гора, 5003 ж.к. Света Гора, Велико Търново

🕐 全日

🚌 保加利亞之母紀念碑以東 550 公尺，沿 ул. „Александър Стамболийски"道路順行過橋即達。

🔍 紀念碑最佳拍攝點位於迪米塔爾‧布拉戈耶夫紀念館（Паметник на Димитър Благоев）對面、鄰揚特拉河一側，該處設置一座窄而突出的觀景臺，可由此眺望阿森王朝紀念碑及其後方的鮑里斯‧德內夫美術館（Художествена галерия „Борис Денев"，1883 ～ 1969，保加利亞知名風景畫家）。

景 馬諾菲爾德公園 Парк "Марно поле"

城市之肺

擁有噴泉景觀與樹林花園的馬諾菲爾德公園，整體維護狀況相當良好，不僅是市民平日放鬆身心的最愛，也是當地舉辦各種音樂會、文化祭、夏季露天劇場（Летен театър）、聖誕集市的首選。公園內空氣清新、步道平坦，並且設置許多長椅和兒童遊樂場，適合全年齡段的朋友造訪，西北側還有幾間餐館、酒吧與咖啡廳，是相當理想的休憩場所。

 INFO ....

馬諾菲爾德公園

🏠 5000 Марно Поле, Велико Търново

🕐 全日

🚌 保加利亞之母紀念碑西南 400 公尺

景 考古博物館 Археологически Музей

大特爾諾沃的前世今生

聯合廣場（площад "Съединение"）西側的考古博物館，是以收藏與展覽 12 至 14 世紀當地文物為主軸的區域史博物館，目的在記錄並彰顯大特爾諾沃作為保加利亞第二帝國首都的歷史地位。館內展覽廳按照時間序列劃分，一號廳展示新石器時代至青銅器時代的陶瓷器皿、飾品武器，其中也包括出土自色雷斯人墓的殉葬品；二號廳為城市形成後，歷經羅馬、拜占庭帝國等異族統治而產生的青銅雕塑、浮雕古蹟；三號廳則是大特爾諾沃在中

世紀成為首都後所累積的珍貴文物，以及微縮重現的城市模型等。由於橫跨年代長且藏品豐富，使這座「前首都」的考古博物館在保國的同類組織中名列前茅，可看性僅稍遜於「現首都」索菲亞的國家考古博物館。

INFO ·······························

考古博物館

🏠 ул. „Иванка Ботева" 2, 5000 Велико Търново, България

📞 +359 88 510 5282

🕐 4 月至 10 月 09:00 ～ 18:00；11 月至 3 月 09:00 ～ 17:30

💲 6лв（每月最後一個星期四免費）

🚇 保加利亞之母紀念碑以東 1 公里；公車 20、40、50、110 可達。

··

景 文藝復興與制憲議會博物館
Музей „Възраждане и Учредително събрание "

勿忘 19 世紀

鄰近考古博物館的文藝復興與制憲議會博物館，位在一幢 1872 年建成的土耳其康納克（Konak）屋宇內，最初作土耳其政府機構與軍營使用。建築由保加利亞文藝復興時期重要建築師柯力‧菲齊托（Кольо Фичето）設計建造，他嘗試在滿足土耳其政府需求下，盡

量加入保加利亞民用建築的典型元素，建築整體採十字形對稱規劃，北側為拱形主入口，受到地形起伏影響，形成北面 2 層、南面 4 層的結構。1877 年，隨著大特爾諾沃脫離鄂圖曼帝國的統治，這裡成為制憲議會召開的地點，見證保加利亞獨立的重要時刻。

1906 年，一場大火燒毀整座建築，之後歷經數度重建，曾是當地市長及一些行政機構的辦公場所，1985 年再次修復後便轉作博物館用途。顧名思義，文藝復興與制憲議會博物館旨在展示 19 世紀保加利亞文藝復興時期大特爾諾沃地區的歷史文物，以及當地在爭取獨立和制憲會議期間的豐富史料。此外，館內也珍藏一些 16 世紀的基督教藝術聖物，藉此可一窺基督教在伊斯蘭政權下的發展情形。

INFO ....

文藝復興與制憲議會博物館

🏠 ул. „Иван Вазов", 5000 ж.к. Варуша-юг, Велико Търново

📞 +359 88 510 5282

🕐 4 月至 10 月 09:00～18:00；11 月至 3 月 09:00～17:30

💲 6лв（每月最後一個星期四免費）

🚇 保加利亞之母紀念碑以東 1.2 公里；公車 20、40、50、110 可達。

....

薩默沃德斯塔老市集 Самоводска чаршия

匠心獨具

　　19 世紀，隨著城市發展而產生的薩默沃德斯塔老市集，最初是鄰近村民前來販賣蔬菜水果、蛋糕起司、蜜餞果醬等農產品的聚集地，爾後逐漸發展成市內主要的商貿中心。除了日常用品，市集的另一項特點是有各類工藝職人在古意盎然的建築內開設手作工坊，遊客可近距離欣賞包括鐵匠、木匠、皮革匠、裁縫師、陶藝師、麵包師、雕刻師、聖像畫師等良工巧匠的精緻手藝，不僅如此，人潮也吸引雜貨鋪、咖啡店、旅館、紀念品店進駐，形成兼具實際生活與觀光價值的老城區熱門景點。

INFO ....

薩默沃德斯塔老市集

🏠 ул. „Георги С. Раковски" , 5000 ж.к. Варуша-север, Велико Търново

🕐 08:00 ～ 19:00（各店不一）

📮 保加利亞之母紀念碑東北 750 公尺

📱 velikoturnovo.info/bg/samovodska_charshia/Самоводска-чаршия.html

景 沙皇城堡 Царевец

輝煌的往昔

海拔 206 公尺的沙皇城堡（音譯察雷維茨）為同名山丘上的中世紀堡壘，是保加利亞第二帝國統治時期最重要的政治、宗教、行政與文化中心。中世紀時，城堡名聲因國力強盛遠播，經常與羅馬、君士坦丁堡相提並論，從而獲得「城市女王」（Царица

на градовете）、「偉大的特爾諾沃」（Великият Търнов）等別稱。實際上，早在青銅器及鐵器時代，這裡就有人類居住的證據，之後也曾於此發現色雷斯人定居的遺跡，5 世紀、拜占庭帝國統治時期，開始在此修築防禦工事，隨著時間推移，12 世紀上半已頗具規模。至 12 世紀下半保加利亞第二帝國定都大特爾諾沃，沙皇城堡隨之一躍成為王城所在，直到 1393 年被鄂圖曼帝國軍隊攻下才

告終止。數百年過去，頹圮的沙皇城堡於 1930 年展開修復工程、1981 年完工，以紀念保加利亞建國 1,300 周年（第一帝國建於 681 年）。

沙皇城堡整體被高 3.6 公尺、厚 2.4 公尺的城牆圍繞，並以複雜的防禦系統保護王室居所的安全。城堡對外有 3 座城門，主入口位在城堡的最西端，為加強安全性，不僅建在狹窄難行的岩壁旁，更設置 5 道連續閘門確保防護滴水不露。

宗主教聖殿內的現代主義風格宗教畫

INFO ·····················

沙皇城堡

🏠 ул. „Трапезица", 5000 Трапезица, Велико Търново

📞 +359 88 510 5282

🕐 4 月 至 10 月 08:00 ～ 19:00；11 月 至 3 月 09:00 ～ 17:00

💲 6лв（每月最後一個星期四免費）

🚇 保加利亞之母紀念碑以東 1.8 公里；公車 20、40、50、110 可達。

宗主教聖殿位置

景 特拉佩奇特薩堡壘 Трапезица

廢墟裡的繁華舊事

　　特拉佩奇特薩是大特爾諾沃市內的一座山丘，其名稱可能源自形容山勢地貌的「трапеза」（平臺）或「трапец」（梯形），也有一說是指中世紀時負責守衛上山通道並在此定居的戰士「трапезити」。堡壘建於第二帝國阿森王朝時期，在揚特拉河、陡峭岩壁的天然屏障與人工修築的堅固防禦牆保護下，這裡是僅次沙皇城堡、第二重要的防禦工事。作為首都的一部分，特拉佩奇特薩堡壘在當時是保加利亞貴族富商豪華宅邸的所在地，擁有許多華美的建築和教堂，惜 14 世紀後陸續因戰亂被毀。

　　1879 年起，考古學家展開數度挖掘工作，發現大量城堡遺跡與 21 座教堂遺址，部分珍貴文物都收藏並展示於園區的小型博物館內。由山腳至堡壘，除

循指標、靠雙腿爬 12 分鐘的山路，亦可搭登山纜車（Велико Търново - Трапезица）前往。

INFO ┈┈┈┈┈┈┈┈┈┈┈┈┈┈┈┈┈┈

特拉佩奇特薩堡壘

🏠 ул. „Трапезица", 5000 Трапезица, Велико Търново

📞 +359 885 105 282

🕐 4 月至 10 月 08:30 ～ 19:00；11 月至 3 月僅供團體預訂（閉館前 1 小時停止售票）

💲 6лв（每月最後一個星期四免費）、登山纜車 16лв（含 6лв 門票、周一停運）

🚉 保加利亞之母紀念碑東北 1.5 公里；公車 50、110 至「Асенов」區域，下車後需徒步或乘纜車上山；若為步行前往，請於過主教橋後右轉，至底可見寫有「TRAPEZISTE ECOTRAIL」字樣的紅色箭頭指標，循指標過叉路口、左轉，此時有 1 條較陡（禁止汽車通行）的山路與 1 條較緩（可供汽車行駛的柏油路），前者為登山路線，入口處設有售票亭；後者為前往纜車站的路線。

┈┈┈┈┈┈┈┈┈┈┈┈┈┈┈┈┈┈┈┈┈┈┈┈ 山下纜車乘車處

景 主教橋 Владишки Мост

主教的祝福

　　1774 年落成的主教橋，由大特爾諾沃教區主教出資興建，是一座橫跨揚特拉河、連結沙皇城堡與特拉佩奇特薩堡壘的古橋梁，曾是無數車馬旅人依靠的通行要道。主教橋看似為全木構，實際上橋墩部分是以石頭作基礎，使結構更加穩固。

　　根據當地自古以來的習俗，每年 1 月 6 日都會在此舉行「從揚特拉河水中取出十字架」（ритуала по изваждането на кръста от водите на р. Янтра，資

訊欄附影片連結）的祈福儀式——主教將冬青樹製成、單手可握的小型十字架，由橋面扔進四周積雪、冰涼刺骨的河中，男人們不分年齡一擁而上奮力搜尋，第一位找到十字架的幸運兒就會得到主教祝福並保持整年健康。近年，當地政府為復興這項傳統，現場不僅提供茶、

葡萄酒等熱飲，還提供獎金與獎狀給勝出者以資鼓勵，首都索菲亞等地也會舉行類似的活動，整體與臺灣廟宇搶頭香的概念異曲同工。

`INFO`··

主教橋

🏠 5000 ж.к. Асенов, Велико Търново

🕐 全日

🚌 沙皇城堡往西、特拉佩奇特薩堡壘往東至揚特拉河畔即達。

📱 影片：youtube.com/watch?v=ak07k1Eggyw

景 希什曼浴場 Шишмановата баня

貴族的澡堂

　　位於沙皇城堡北麓、揚特拉河左岸的希什曼浴場，是保加利亞境內少數保存完好的中世紀浴場建築。因戰亂消失數世紀的浴場，在 19 世紀末至 20 世紀初被重新提及，1980 年代學者對其展開進一步的研究。關於「希什曼」名稱的起源，目前最可信的說法是來自第二帝國的最後一個王朝——希什曼王朝（Шишмановци），這意味著浴場在 14 世紀中就已建成，也由於曾挖掘出 15、16 世紀的硬幣，而獲得浴場在當時已不存在的推論。一般而言，浴場通常是供上層人士沐浴使用，市井小民則是直接在河中清洗，因此希什曼浴場很可能是當時貴族洗淨與社交的場所。

根據考古資料推知，浴場總面積為 11.45m×15m、呈南北向，採石材建造，內部則有 4 間浴室（2 座大型泳池與 2 座小型浴室）、鍋爐房以及寬敞的更衣室和良好的通風與照明。浴場內埋設輸送冷、熱水的管道系統，並利用熱水將浴室的地板和牆壁加熱，整體布局類似古羅馬浴場。基於深厚的歷史與保存價值，希什曼浴場已被官方明定為大特爾諾沃的重點文化遺產，近年也獲得歐盟的資金挹注，在研究與修復上都有相當的進展。

`INFO` ⋯⋯⋯⋯⋯⋯⋯⋯⋯⋯⋯

希什曼浴場

🏠 ул. „Свети Климент Охридски" 44, 5000 ж.к. Асенов, Велико Търново

📞 +359 885 144 622

🕐 4 月至 10 月 09:00 ～ 18:00；11 月至 3 月 09:00 ～ 17:30

💲 免費

🚌 主教橋東入口東北 100 公尺

景 聖四十人教堂 Църква „Св. 40 Мъченици "

第二帝國寶庫

1230 年建成的聖四十人教堂，是一座細長的巴西利卡格局東正教教堂，建築本身有 6 根主柱、3 個半圓形的拱頂與狹窄的西側前廊，爾後又在西邊延伸增建一座墓室。聖四十人教堂是由保加利亞沙皇伊凡·阿森二世下令建造，他以西元 320 年為堅持信仰而殉道的「色巴德四十位聖人」（The Forty Martyrs of Sebaste）為教堂命名，紀念在 1230 年 3 月 9 日的「克洛科特尼察戰役」（Битката при Клокотница，保加利亞戰勝伊庇魯斯專制國並成為東歐最強大國家）為國捐軀的戰士。

聖四十人教堂在 1327 年的地震中嚴重毀損，至 14 世紀上半才修復完成，之後陸續有進行重建與升級。鄂圖曼帝國統治初期，教堂尚能保留原貌，18 世紀

被改造為清真寺，堂內的聖像、壁畫因此遭到破壞。20 世紀展開學術性的考古研究，目前以售票形式對外開放。

聖四十人教堂不僅保存部分第二帝國時期的重要歷史紀錄，也是多位皇室成員與保加利亞貴族的長眠地，包括：沙皇卡洛揚（Калоян）、伊凡・阿森二世及其先後 3 位皇后安娜（Анна）、安娜・瑪麗亞（Анна-Мария Унгарска）、伊琳娜・科明娜（Ирина Комнина），以及沙皇康斯坦丁・阿森皇后伊琳娜・拉斯塔里娜・阿森娜（Ирина Ласкарина Асенина）與塞爾維亞總主教聖薩瓦（Сава Сръбски）等，此外，這裡更是斐迪南一世於 1908 年宣布保加利亞獨立的歷史性地點。

INFO ···

聖四十人教堂

🏠 Св. Климент Охридски 22, 5000 Асенов, Велико Търново

📞 +359 88 510 5282

🕐 4 月至 10 月 09:00 ～ 18:00；11 月至 3 月 09:00 ～ 17:00（閉館前 1 小時停止售票）

💲 6лв

🚇 保加利亞之母紀念碑以東 1.8 公里；公車 10、110 至「кв. Асенов」站即達。

🔍 聖四十人教堂緊鄰 514 道路，入口暨售票處就位於橋梁旁的河床，另一側為免費停車場。

美食攻略

大特爾諾沃的餐館集中於老城區一帶，菜系以保加利亞菜為主軸的中東歐料理居多，同時也有為數不少的義式餐廳和中式快餐店，供應披薩、義大利麵、燉飯與炒飯、炸雞等。本文介紹的 3 間餐館除了食物美味，用餐環境舒適，服務態度也令人讚賞，值得多花費一些時間和預算在此享受旅程的悠哉一刻。

食 幸運餐館（老城區店）
Ресторант "Щастливеца" - стара част

回味舊食光

幸運餐廳為一個富有質感的保加利亞飲食集團，在索菲亞、舊扎戈拉等地均有設點，其中位於大特爾諾沃老城區的分店，便是以當地悠久的歷史為理念背景所設計。在專業室內設計師團隊的合作下，運用典雅的實木家具、布沙發、蕾絲繡花桌巾、青銅燭臺、石製披薩爐與木造櫥櫃，營造復古優雅的東歐舊時風情。除舒適講究的一樓用餐區，視野頗佳的二樓則可居高眺望揚特拉河景，不僅如此，戶外還有一座寬敞的露天花園，春夏時節造訪，宛若置身小型玫瑰谷。

幸運餐館的菜色豐富、價位實惠、CP 值高，調味大眾化，除了全年供應的固定班底，也有應季節轉換、食材更替而推出的期間限定料理。除了無地雷的傳統保加利亞菜，以傳統方式窯烤熟成的義式披薩（小份已足兩人食用）同樣是不容錯過的道地美味。

INFO ⋯⋯⋯⋯⋯⋯⋯⋯⋯⋯⋯⋯⋯⋯⋯⋯⋯⋯⋯⋯⋯⋯⋯⋯⋯⋯⋯

幸運餐館（老城區店）

🏠 ул. „Стефан Стамболов" 79, 5000 ж.к. Варуша-север, Велико Търново

📞 +359 62 600 656

🕐 11:00 ～ 00:00

💲 前菜 5.8лв 起、主餐 8.8лв 起、披薩 6.5лв 起

👤 10лв ～ 25лв

🔍 保加利亞之母紀念碑東北 500 公尺

🎫 薩默沃德斯塔老市集、阿森王朝紀念碑

當地常見以牛舌為主角的類熱前菜

食 **哈吉尼古拉旅館附設餐廳 Хан Хаджи Николи** —

古蹟裡的美饌

　　位於老城區主要街道上的哈吉尼古拉旅館，是一棟建於 1858 年（1862 年完工）、現仍在營運中的古蹟級旅館兼餐廳。旅館由出身大特爾諾沃富商家族的哈吉・尼古拉（Хаджи Николы）出資、19 世紀保國天才建築師尼古拉・菲切夫（Никола Фичев）設計，整體屬保加利亞復興式風格。百年過去，哈吉尼古拉旅館是市內 70 多座同期旅館的唯一倖存者，經過漫長而徹底的修復工作，

目前是具有旅館、餐廳、咖啡廳、葡萄酒吧、博物館、藝術畫廊等多用途的複合式空間。

餐廳以歐洲與保加利亞傳統菜餚為主，並提供各種保加利亞本地生產的葡萄酒。眾料理中，肉類燒烤堪稱零負評的必點珍饌，不只牛、羊排十分出色，連容易乾柴的雞肉也是鮮嫩多汁、香氣四溢。餐廳料

理出眾、氣氛典雅，用餐環境更蘊含無法複製的舊時情懷，如此優越條件自然經常高朋滿座，為免久候，不妨先透過網路訂位或於非熱門用餐時段光顧。

INFO

哈吉尼古拉旅館附設餐廳

🏠 ул. „Георги С. Раковски" 19, 5000 ж.к. Варуша-север, Велико Търново

📞 +359 62 651 291

🕐 11:00 ～ 23:00

💲 湯品 4лв、義大利麵 8.5лв 起、開胃菜 9.7лв 起、小牛肉排 30лв、烤雞腿主餐 16лв

👥 20лв ～ 35лв

🏛 保加利亞之母紀念碑東北 750 公尺

🔍 薩默沃德斯塔老市集

📷 hanhadjinikoli.com

📘 facebook.com/Хан-Хаджи-Николи-Hadji-Nikoli-Inn-222261161147903

食 阿斯內瓦齊餐廳 Ресторант Асеневци

巷弄裡的多國佳餚

　　地處市中心巷弄內的阿斯內瓦齊餐廳，供應經改良但不失傳統的保加利亞燒烤，以及地中海特色菜、義式料理、日式壽司等異國美食，裝潢以白色為主體，創造清爽明亮、時尚優雅的用餐氛圍。餐廳菜色分量充足、選擇多元，單是沙拉就有 18 種、肉類主餐超過 20 款，而招牌的燒烤組合更多達 30 幾種！不僅如此，這裡的酒單同樣精彩非凡，從本地自產到精選進口紅白酒一應俱全，滿足各有偏好的味蕾。整體而言，除了披薩、義大利麵評價普通，其餘肉類餐點（特別是燒烤）、甜點

都頗獲好評，加上服務親切友善，自然成為食客回訪率極高的熱門餐館。

INFO ···

阿斯內瓦齊餐廳

🏠 ул. „Александър Стамболийски" 7, 5000 Велико Търново Център, Велико Търново

📞 +359 88 918 0111

🕐 10:00 ～ 23:00

💲 沙拉 5.8лв 起、豬肉主餐 12.9лв 起、烤豬肋排 10.2лв、甜點 4лв 起、壽司 3.2лв 起

🧑‍🤝‍🧑 15лв ～ 30лв

🚇 保加利亞之母紀念碑以東 200 公尺

🔍 旅客服務處、保加利亞之母紀念碑、阿森王朝紀念碑

🌐 restorantasenevci.com

📘 facebook.com/restorant.asenevci

···

魯塞 Pyce（Ruse）

　　魯塞為保加利亞第 5 大城和魯塞州（Област Русе）的首府，是保國多瑙河沿岸最具規模的邊境城市，與羅馬尼亞的久爾久（Giurgiu）隔河相望，為該區域的經濟、交通、文化及教育中心。魯塞早在 3,000 年前就是色雷斯人的定居點，西元前 2 世紀古羅馬帝國在此修築要塞堡壘，爾後又成為保加利亞第二帝國的重要城市，至鄂圖曼帝國時期，魯塞仍是重要的貿易港口與軍事防衛中心。

　　19 世紀下半，魯塞持續發展腳步，保加利亞的許多「第一」都是在這裡誕生，包括：第一間印刷廠、第一艘鋼船、第一家私人銀行、第一所技術學校（海軍機械學校）、第一座氣象站、第一個工商會、第一臺手動電梯、第一部電影放映、第一家蘇打水工廠等，甚至連保加利亞第一位飛行員，也是出身魯塞的西門昂・彼得羅夫（Симеон Петров）。在千餘年的民族與文化交融薰陶下，魯塞一直是能夠海納各種宗教與創新的國際城市，讓居住在這裡的人們孕育出多元豐富的思想，一如她的座右銘——自由精神之城（Град на свободния дух）。

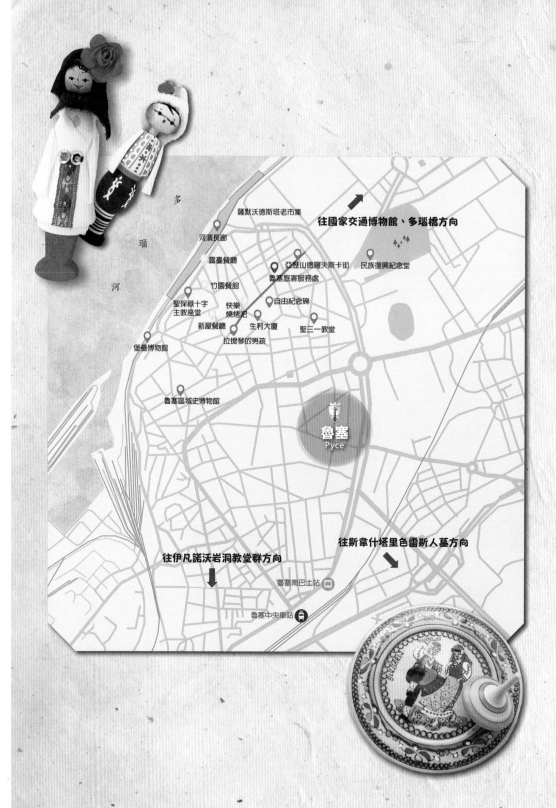

多瑙河

薩默沃德斯塔老市集

河濱長廊

露臺餐廳

亞歷山德羅夫斯卡街

魯塞旅客服務處

竹園餐館

民族復興紀念堂

聖保祿十字
主教座堂

快樂
燒烤吧

自由紀念碑

新屋餐廳

生利大廈

聖三一教堂

堡壘博物館

拉提琴的男孩

魯塞區域史博物館

往國家交通博物館、多瑙橋方向

魯塞
Pyce

往斯韋什塔里色雷斯人墓方向

往伊凡諾沃岩洞教堂群方向

魯塞南巴士站

魯塞中央車站

交通資訊

　　地處保加利亞、羅馬尼亞交界的魯塞，毗鄰中東歐最重要的國際河道——多瑙河，是巴爾幹半島十分重要的區域交通中繼點，她與索菲亞、大特爾諾沃、瓦爾納等主要城市有尚稱綿密的大眾運輸網，更是前往鄰國羅馬尼亞的最近跳板。自駕方面，魯塞有 2 條十字交會的高速公路 E70、E85 行經，前者起自西班牙，經法國、義大利、巴爾幹半島、土耳其至喬治亞；後者起點為立陶宛，經白俄羅斯、烏克蘭、羅馬尼亞、保加利亞至希臘，可謂四通八達。魯塞與索菲亞、大特爾沃諾、瓦爾納分別距離 300 公里、100 公里、200 公里，車程各別需 4 小時、1.5 小時和 2.5 小時；布加勒斯特就位在魯塞北方 75 公里處，開車只需 1.5 小時即可到達。對利用大眾運輸的背包客來說，可以長途巴士為先、火車為輔作為選乘依據。

魯塞中央車站 Централна Гара Русе

　　1955 年落成的魯塞中央車站，是因應多瑙橋建成後客流往南轉移而興建的火車站，為目前巴爾幹半島上最具規模、最美麗的站體。中央車站屬新古典主義風格，站體華美大器、站內清潔且維護良好，大型候車室、餐廳、穿行地下道等設施俱全。

　　魯塞中央車站是保加利亞鐵路網在北方邊境的最大站，有貫穿保國南北的「鐵路 4 號線 魯塞↔波克瓦利」與保加利亞第一條鐵路線、長 137 公里的「鐵路 9 號線 魯塞↔卡斯皮昌」（Главна железопътна линия № 9 Русе –

Каспичан，卡斯皮昌轉鐵路 2 號線即達瓦爾納），前往境內各主要城市和鄰國羅馬尼亞（以索菲亞為起站，每日往返一班，時間分別為魯塞 16:10 →布加勒斯特 18:54、布加勒斯特 12:35 →魯塞 15:25）都頗為便利。以下是魯塞至索菲亞、大特爾諾沃、瓦爾納的車次摘要，班次可能發生變動，搭乘前請務必至官網查詢最新時刻表。

　　需提醒的是，火車站位置相對偏僻，雖有公車但班次不多。如選擇搭火車前來，可先請旅社代為預約計程車，省去等待及舟車勞頓的時間。

◇ 前往索菲亞的車次每日 6 班，其中 1 班直達、其餘轉乘 1 次，車程約 6 小時～近 7 小時。發車時間為 05:50、08:25、11:25、14:25、16:25（直達）、23:32，二等全票 18.9лв、一等全票 23.6лв。

◇ 前往大特爾諾沃的班次每日 4 班，其中 1 班直達、其餘轉乘 1 次，車程 3 小時左右。發車時間為 05:50（直達）、08:25、11:25、14:25，二等全票 6.5лв、一等全票 8.1лв，直達車二等全票 7.5лв（無一等票）。

◇ 前往瓦爾納的車次每日 9 班，其中 2 班直達、1 班轉乘 2 次、其餘轉乘 1 次，車程從近 4 小時～ 7 小時皆有，以 06:05、07:25 及 16:20 發車的班次最理想，車程在 4 小時左右，二等全票 11.5лв ～ 12.2лв、一等全票 14.3лв ～ 15.3лв。

INFO

魯塞中央車站

🏠 бул."Ал.Стамболийски" 1,7001 Централна Жп Гара, Русе

🕐 01:00 ～ 00:00

📱 bdz.bg（以保文輸入起訖點、搭乘日期即可查詢當日班次）

魯塞南巴士站 Автогара Юг Русе

毗鄰中央車站的南巴士站，是魯塞主要的中、長途公路運輸中心。站內的藍色告示板上詳列各目的地的發車班表，各巴士公司也有獨立的售票單位，門面玻璃上貼滿營運路線、時刻等資訊，旅客可根據個人行程挑選合適的車班。

瓦爾納與首都索菲亞、東部大城瓦爾納和布爾加斯，以及鄰近城市斯利文、拉茲格勒、舒門、大特爾諾沃等皆有固定班次連結。雖然車班並不密集，但所幸乘客也不多，平日基本可隨到隨買，不需提前預購。為免溝通誤會，最好事先將欲前往的地點以保文寫在紙上，於購票時向售票員出示，尋找巴士時也請記住目的地的保文寫法，省去雞同鴨講與一頭霧水（地名拼音保文、英文大不同）的麻煩。

國際跨境班次部分，魯塞作為保加利亞北方的邊境大城，保國境內多數往北

行駛的跨境班次都會經停或由此發車。其中，以開往羅馬尼亞首都布加勒斯特的車班最多，每日有 6 ～ 8 班；其餘也有每周 1 ～ 2 班前往布拉提斯拉瓦、布拉格等中東歐城市的長途巴士。

INFO ....

魯塞南巴士站

🏠 Бул. „Цар Освободител" 156, 7012 Юг, Русе

📞 全日

💻 avtogararuse.org

🔍 提供即時出發／抵達車班、班次時刻表等相關資訊。

魯塞前往各城市巴士車班

目的地	發出班次	發車時間	車程	票價
索菲亞	每日十餘班	07:00、08:30、10:00、10:30、11:30、14:00、16:30、18:00 ①	約 5h	23лв
瓦爾納	每日 7～9 班	06:00、06:05、07:15、16:00、17:50、18:00、23:55 ②	3.5h	16лв ～ 18лв
大特爾諾沃	每日 6 班	09:00、09:30、12:00、13:00、17:00、18:00	2h ～ 3.5h	10лв ～ 12лв
布爾加斯	每日 1 班	07:00	約 5h	25лв
布加勒斯特	每日 6～8 班	00:50、01:45、05:45、07:00、13:00、17:00 ③	1.5h ～ 2.5h	18лв ～ 30лв

①每日行駛且時間較佳班次。
②③每日行駛班次。
※ 資訊僅供參考，實際發車狀況以現場標示為準。

魯塞交通 Общински Транспорт Русе

　　魯塞市內有 26 條公車路線，其中 A 開頭為巴士、T 開頭為無軌電車，後者有 T2、T9、T13、T21、T24、T26、T27、T29 等 8 條，車資為付現 1лв（上車向司機購買）、使用電子票證 0.9лв。儘管路線不少，但由於行經市中心的站點並不綿密，加上以自由紀念碑為中心的主要景點彼此相距不遠，除往返中央車站可考慮搭乘，其餘基本步行可達。

INFO

魯塞交通
📍 transport.ruse-bg.eu
📍 transport.ruse-bg.eu/routing
🔍 詳列各路線的站點、時刻表等，也提供兩點間的交通規劃，輸入起、訖點並選擇出發或到達時間，即顯示可以搭乘車班的詳細資訊。

路線規劃

景點全覽

　　位於多瑙河右岸的魯塞，分別與本國首都索菲亞、鄰國首都布加勒斯特距離 310 公里與 75 公里，基於地處邊境的優勢，魯塞不僅成為東南歐具戰略價值的運輸和物流中心，亦是旅客往來兩國的交通樞紐。除此之外，魯塞本身也擁有深厚的歷史文化底蘊，城內可見許多巴洛克復興、新古典主義、維也納分離派、現代主義等風格各異的建築，典雅高貴的浪漫氛圍，為這座城市贏得保加利亞「小維也納」的美稱。

　　魯塞市區整體以自由紀念碑、生利大廈為中心向外延伸，除文中介紹的教堂與博物館，多瑙河畔的河濱長廊與橫跨兩岸的多瑙橋也是值得一遊的景點。至於分別距離市區 15 公里及 55 公里的兩座世界遺產——伊凡

諾沃岩洞教堂群與斯韋什塔里色雷斯人墓，雖然交通不甚便利，卻能令人感受形而上的信仰力量。

INFO ....

魯塞旅客服務處

🏠 ул. „Александровска“ 61, 7000 Русе Център, Русе

📞 +359 82 824 704

🕐 平日 09:00 ～ 18:00、假日 09:30 ～ 18:00

🏛 自由紀念碑東北 200 公尺

📱 visitruse.info

🔍 毗鄰自由紀念碑

....

與索菲亞、普羅夫迪夫等城市相仿，魯塞當地的非營利組織也於每年5月至9月舉辦夏季免費英語步行導覽活動（Ruse Summer Free Tour），具備豐富知識的導遊將在1.5小時的旅程裡，帶領遊客認識市中心周圍的主要歷史景點與遺跡。活動僅限夏季周六晚間進行，不需事前預約，只要在指定時間至集合地即可，即時訊息會公布於官方網站。

INFO ....

魯塞夏季免費英語步行導覽活動

📍 自由廣場（自由紀念碑前）

📞 +359 887 549 278

🕐 5月至9月 18:00～19:30

📷 rusesummerfreetour.com

景 自由紀念碑 Паметник на Свободата

自由誠可貴

位於魯塞市中心、自由廣場（пл. „Свобода"）上的自由紀念碑，是由當地企業家出資、義大利雕塑家阿諾多·佐柯（Arnaldo Zocchi）設計、保加利亞石雕工藝師喬治·凱澤林契維（Георги Киселинчев）製作的紀念性建築物。1909年正式落成的紀念碑高17.8公尺，整體採金字塔型結構，頂端為一個左手持劍、右手指向解放者發源地的女性雕像，基座左右則是兩隻威武雄健的青銅獅子，分別具有「扯開奴隸枷鎖」與「捍衛自由之盾」的象徵意義。自由紀念碑的最

初目的在紀念「1876 年參與保加利亞解放戰爭的義勇軍」，然而隨著時間推移，現已成為魯塞的城市主要地標之一。

INFO ··················

自由紀念碑

🏠 7000 Русе Център, Русе

🕐 全日

🚇 出中央車站後，沿著車站正前方的道路 ул. „Николаевска"往北直走約 700 公尺，至「Гимназия по Корабостроене（造船學校）」站搭乘往北行駛的 A6 或 T24，2 站後的「Математическа Гимназия-ю（數學高中南）」站下車，再往東北步行 600 公尺即達。

··················

景 生利大廈 Доходно здание

汝曾以營利為目的

位在自由廣場上的生利大廈，是一幢初建於 1898 ～ 1902 年的新古典主義建築，由奧地利知名建築師彼得・保羅・布朗（Peter Paul Brang）設計。大廈名稱的「生利」（即保文 Доходно，意譯為有利可圖、獲利、營利）一詞源於起造該建築的目的——透過建物內劇院、圖書館、賭場與商店的租金收入，為學校董事會賺取利益。

生利大廈內含 4 座規模不同的表演廳與 5 間適合舉辦小型活動的休息室（或稱前廳），其中最具規模的大廳（Голяма зала）有多達 600 個座位。大廈在落成後經歷數度擴建與整修，現由市政府轄下的新創企業「魯塞藝術」（Русе арт）負責營運管理與籌備各類戲劇、音樂、舞蹈、展覽等活動，並設有薩瓦劇院（Драматичен театър "Сава Огнянов"）、國際埃利亞斯·卡內蒂研究協會（Международно дружество Елиас Канети，卡內蒂（Елиас Канети）為生於魯塞的諾貝爾文學獎得主）等藝文機構。也就是說，如今的生利大廈「生利」依舊，唯獨所生之「利」已從金錢營利轉向精神財富。

INFO ....

生利大廈

🏠 пл. „Свобода" 4, 7000 Русе Център, Русе

📞 +359 82 874 049

🕐 全日（戲劇或音樂會通常於 18:00 開演）

💲 各場表演不一

🏛 自由紀念碑西南 100 公尺

🔘 dohodnozdanie.weebly.com

景 拉提琴的男孩 Момчето с цигулката

青銅身、玻璃腦

象徵自由創作精神的拉提琴的男孩塑像，位於庫勃拉特廣場（пл. „Хан Кубрат"）中央，四周被數個小噴泉與球型燈圍繞，男孩姿態優雅、動作細膩，是魯塞市中心最吸睛的雕塑之一。雕像使用青銅、玻璃兩種異材質組合而成，是當代雕塑家妮娜·伊萬諾娃（Нина Иванова）與玻璃藝術家拉契薩爾·都契芙（Лъчезар Дочев）在 2015 年的共同創作。

INFO ....

拉提琴的男孩

🏠 пл. „Хан Кубрат", 7000 Русе Център, Русе

🕐 全日

🚇 自由紀念碑西南 300 公尺

景 亞歷山德羅夫斯卡街 Улица „Александровска "

魯塞一街

　　東北─西南向穿越市中心的亞歷山德羅夫斯卡街，附近林立各類服飾、體育用品、餐廳、超市、大型購物中心、夜總會，包括：旅客服務處、自由紀念碑、皇城中心（Royal City Center）、拉提琴的男孩等都位在此，是魯塞主要的交通、生活與購物要道。經過 2015 年的全面翻修，並且改為行人專用道，兩側歷史建築與路面、照明也進行修復及改善，步行其間更為舒適輕鬆。每逢假日，毗鄰自由紀念碑的亞歷山德羅夫斯卡街周邊，都可見為數不少的活動攤販，販售包括陶製碗盆、民俗服裝、項鍊首飾、宗教畫等富含保國色彩的紀念品，不少家庭也會在此邊遛小孩邊度周末，人潮絡繹不絕。

INFO ....

亞歷山德羅夫斯卡街

🏠 Улица „Александровска",
7000 Русе Център, Русе

🕐 08:00 ～ 00:00 (各店不一)

景 聖三一教堂
Православен храм „Света Троица "

時代造特例

　　隸屬保加利亞正教會的聖三一教堂，是魯塞地區最具規模的東正教教堂之一。教堂的歷史可追溯至 4～5 世紀，1632 年重建時適逢鄂圖曼帝國時期，官方限制教堂高度不得超過清真寺，導致教堂整體必須下降 4.5 公尺，形成部分地面、部分地下的特殊景象。堂內牆面與圓頂均為手工繪製、細膩華麗的東正教聖像畫，而位於教堂中央的聖幛則製作於 19 世紀初。脫離土耳其統治後，聖三一教堂透過捐獻在本體旁興建兩座小堂和鐘樓，前者分別為祈禱室和博物館（收藏、展示聖物及文獻），後者高 19 公尺、呈六角形，內部懸掛 5 口鐘。

INFO ·····································

聖三一教堂

🏠 пл. „Света Троица" 5, 7000 Русе Център, Русе

🕐 09:00 ～ 18:00

💲 教堂＋博物館 4лв（教堂內部禁止攝影）

🚇 自由紀念碑東南 350 公尺

景 聖保祿十字主教座堂
Свети Павел от Кръста

主教的宏願

　　1890 年奠基、1892 年落成的聖保祿十字主教座堂，是一座羅馬天主教主教座堂，教堂的興建不僅是義大利籍主教希波利托 · 阿戈斯托（Иполито Агосто）在魯塞宣教多年的成果，亦是天主教在當地發展的里程碑。不過，教堂的興建並非一帆風順，期間曾面臨嚴重的資金缺口，直到獲得法籍主教亨利 · 德爾斯（Henri Doulcet）及其富商友人的捐獻，才使工程得以順利完成。

　　聖保祿十字主教座堂由在保加利亞執業的義大利建築師瓦倫蒂諾（Валентино Делл Антонио）設計，整體屬哥德復興式風格，教堂外牆建材使用紅磚與輕石，內飾以木質雕刻為主。窗戶上彩繪玻璃的題材，除了描繪聖經裡的宗教場景，還增添法國國王查理曼受洗為天主教徒、法國民族英雄聖女貞德等法國色彩，以感念法國人民在建堂時所給予的幫助。教堂的另一個特點，為一臺超過百年歷史、屬哥德式風格的德製管風琴，是保加利亞境內現存最古老的一座。管風琴於 1907 年購入、1908 年安裝完成並舉行首場音樂會，與教堂布局相當契合。百年間，管風琴雖然幸運躲過二次大戰的砲火，卻在 1977 年 3 月的弗朗西亞地震（Вранчанско земетресение，芮氏地震規模 7.4）遭到嚴重損毀，1992 年一度無法使用，所幸已於 2004 年完全修復。

INFO

聖保祿十字主教座堂

🏠 ул. „Епископ Босилков" 14, 7000 Русе Център, Русе

📞 +359 82 828 188

🕐 08:00 ～ 18:00

💲 免費

🚇 自由紀念碑以西 500 公尺

📱 catholic.bg

河濱長廊 Крайбрежна алея

沿多瑙河而行

　　緊鄰魯塞碼頭的河濱長廊，為一座沿著多瑙河的公園綠帶，園區內設有長椅、運動遊樂器材等設施，是當地市民戶外遊憩的首選。不僅如此，這裡也是欣賞多瑙河景、眺望鄰國羅馬尼亞的最佳地點，每年夏季（4月至10月）遊船如織，不時可見豪華

大型郵輪行經，岸邊還有供應海鮮料理的船餐廳，好不熱鬧。只是，儘管河面不若海洋浪濤洶湧，但河下其實暗藏激流，因此明令禁止游泳及戲水活動。如適逢6月上旬造訪河濱長廊，還可欣賞一年一度的「國際沙雕藝術節」（Международен Фестивал на пясъчни фигури），主辦單位每年會訂定不同的創作主題，再邀請世界各地的沙雕藝術家前來「借題發揮」，作品將持續展出至深秋。

INFO ···

河濱長廊

🏠 ул. „Пристанищна" 24, 7000 Русе Център, Русе

🕐 全日

📍 自由紀念碑西北 700 公尺

堡壘博物館
Римска Крепост "Сексагинта Приста"

古羅馬的遺產

　　堡壘博物館以展示當地發現的古羅馬城堡遺跡為主軸，相關挖掘工作始於20世紀初，1970年代展開學術性的考古研究與保護工程，2002年起正式對外

開放。堡壘博物館原文名稱中的「Сексагинта Приста」，意譯為「60艘船的港口」，根據考證，這與 1 世紀時羅馬皇帝圖密善對多瑙河對岸的達契亞發動戰爭的歷史事件有直接關聯——戰時需由此運送 6,000 名羅馬士兵而準備了 60 艘船舶，戰後為紀念對達契亞人的勝利，就將城堡改為「Сексагинта Приста」，西元 2 世紀以降的文書也是以其為正式名稱。

　　博物館內展示的羅馬城堡遺跡，年代為西元前 2 世紀至 7 世紀間，整體屬於多瑙河沿岸防禦系統的一部分。至於人類在此生活的紀錄，則可追溯至西元前 11 世紀，當地出土的含有機物質的色雷斯壺、大量的家畜骨骸，都是古色雷斯人定居的證據。不僅如此，考古學家還在這裡挖掘出西元前 3 世紀、來自愛琴海羅得島的陶器，推知該處在兩千多年前已有高度發達的運輸貿易。6 世紀末至 7 世紀初，城堡遭歐亞大陸遊牧民族阿瓦爾人與斯拉夫人的攻擊而破敗，兩三百年後，一個中世紀村莊在廢墟上自然形成，爾後陸續作居住、墓地和軍火庫等使用。

INFO ···

堡壘博物館

🏠 ул. „Цар Калоян" 2А, 7000 Русе Център, Русе

📞 +359 82 280 004

🕐 09:00 ～ 12:00、12:30 ～ 17:30（周日、周一休）

💲 5лв

🚇 自由紀念碑西南 750 公尺

···

- 217 -

魯塞區域史博物館
Регионален исторически музей

翻閱魯塞千年史

成立於 1904 年的魯塞區域史博物館，館藏基礎來自保加利亞考古學家兄弟檔赫爾曼·什柯爾皮爾、赫爾曼·卡雷爾（兩人也是瓦爾納考古學博物館的創辦人）與動植物學家瓦西里·科瓦切夫（Васил Ковачев）的捐贈。文物初期被放置在一

所男子高中內，1937 年在市政府的主導下成為獨立收藏機構，1952 年取得區域博物館的地位，2007 年遷入現址。博物館所在的建築，是一幢 19 世紀末興建的 3 層樓宇，由出身奧匈帝國的建築師弗里德里希·格魯南格（Фридрих Грюнангер）設計，最初是作為亞歷山大一世、全名「巴滕堡的亞歷山大·約瑟夫」（Александър Йозеф Батенберг）的官邸。儘管完工時他已被迫退位且從未入住，但這裡始終被稱作「巴滕堡宮」（Дворецът Батенберг）。

魯塞區域史博物館目前共擁有約 14 萬件藏品，除了史前的泥塑陶瓷、古色雷斯文物（如刻有動物或神話場景的金飾器皿 Боровско съкровище）、大量

的古代錢幣、中世紀宗教壁畫、近現代傳統民俗文物、保加利亞獨立運動領導者使用的武器與私人物品等。館內依時序陳列，除靜態展示外亦有大量影像輔助，動線清晰順暢，不僅如此，現場也有少數可觸摸的互動展品，讓遊客親身試用千年前人類使用的銅鏡，體驗古代士兵的一個月薪水（一整袋硬幣）究竟有多重？

INFO

魯塞區域史博物館

🏠 пл. „Княз Александър Батенберг" 3,
7000 Русе Център, Русе

📞 +359 82 825 002

🕐 09:00 ～ 18:00

💲 5лв

🚇 自由紀念碑西南 750 公尺

🌐 museumruse.com

景 民族復興紀念堂
Пантеон на възрожденците

勿忘英雄魂

1978 年 2 月 28 日正式揭幕的民族復興紀念堂，是為慶祝保加利亞脫離鄂圖曼帝國統治 100 周年，而興建的國家級忠烈祠，紀念堂由保加利亞建築師尼古拉‧尼科洛夫（Никола Николов）設計，屬維也納分離派風格。堂內存放 453 位參與保加利亞革命起義者的骨骸，其中包括：傑出的批判現實主義作家留賓‧卡拉維洛夫（Любен Каравелов）、民族英雄斯

特凡‧卡拉德茨、革命家及作家扎哈里‧斯托揚諾夫（Захарий Стоянов）、革命女傑通卡‧奧布里特諾娃（Тонка Обретенова）等 39 位知名人士。2000 年時，各界人士對民族復興紀念堂的定位進行廣泛的討論和思辨，最終決定在金色圓頂的上方放置一座十字架，以此實現紀念堂的「基督教化」（християнизиран），從而避免民粹主義、商業行為等干擾。

INFO ··

民族復興紀念堂

🏠 7002 Парк На Възрожденците, Русе

📞 +359 82 820 998

🕐 09:00 ～ 12:00、13:00 ～ 17:30

💲 2лв

🚆 自由紀念碑東北 650 公尺

景 國家交通博物館
Национален музей на транспорта и съобщенията

保國鐵路史

　　1866 年，保加利亞第一條鐵路線「魯塞↔瓦爾納」開通，與此同時，全國第一座火車站（後來改稱魯塞東站）也在魯塞啟用，開啟保國的鐵路時代。1950 年代中，隨著多瑙橋的建成，基於客流集中等考量，決定在魯塞市中心南側另蓋一座中央車站，原本位於多瑙河畔的東站則轉作調車場之用。1996 年，適逢為鐵路通車一百周年紀念，當局不僅將這座最具歷史意義的車站定位為歷史古蹟，更於此設立國家交通博物館。

　　國家交通博物館分為室內大廳與戶外展場兩個區塊，展覽內容涵蓋 3 個主題：紀錄保加利亞鐵路運輸史的「老火車站」（Старата гара）、展示 19 世紀中至 20 世紀中實體火車的「博物館公園」（Парк-музей），以及豪門貴胄外

出乘坐的「沙龍車廂」（Вагон-салони）。館內收藏十多臺蒸汽火車，包括：由英國生產的保加利亞最古老火車頭 Локомотиви БДЖ 142-150、鄂圖曼帝國蘇丹卜杜勒–阿齊茲一世（عبد العزيز）專用出訪車廂、沙皇斐迪南一世的私人皇家車廂等，均是相當罕見的古董文物。需提醒的是，館內所有資訊都只有保文版，參觀上較有隔閡；如欲拍照攝影，請務必於購票時一併說明並完成付費，以免造成雙方誤會。

INFO ·········

國家交通博物館

🏠 ул. „Братя Обретенови" 5, 7002 Русе Център, Русе

📞 +359 82 834 707

🕐 09:00 ～ 17:00（4 月至 10 月周日、周一休；11 月至 3 月周六、周日休）

💲 2лв（攝影 4лв）

🚇 自由紀念碑東北 1.9 公里

📱 fan.bdz.bg/en/museum-of-transport/muzei-na-transporta-gr-ruse.html

景 多瑙橋 Дунав мост

搭起保、羅友誼橋梁

位於魯塞市中心東北 7 公里的多瑙橋，1954 年通車，是保加利亞與羅馬尼亞間首座跨境橋梁，在 2013 年啟用的新歐羅巴橋（Нова Европа，舊稱多瑙 2 橋 Дунав мост 2，在多瑙橋西方 250 公里處）出現前，是保、羅兩國唯一（現

在是唯二）的跨境橋梁。多瑙橋興建時正值東歐共黨專政時期，橋梁在蘇聯的促成下完成，橋體由蘇聯工程師 B. Андреевым 與 H. Рудомазиным 設計，結構屬桁架橋形式。

多瑙橋總長 2,223 公尺，橋面有 2 層（上行汽車＋行人步道、下駛火車）。特別的是，下層橋面的中間部分可往上抬起，以便大型船舶通過。多瑙橋落成時被蘇聯當局定名「友誼橋」，兩國推翻共產政權後更名為多瑙橋，隨著保加利亞、羅馬尼亞加入《申根公約》，橋梁兩側也取消邊境管制。車輛行駛多瑙橋需支付過路費，小型車費用一次為 2 €。

多瑙橋

🏠 7003 Pyce

🕐 全日

🚇 自民族復興紀念堂前道路 бул. „Цар Освободител" 的「Пантеона（先賢祠）」站搭乘往北行駛的 A11 或 A28，10 站後的「Еконтекспрес」站下車，再往北步行 850 公尺即達。

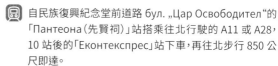

景 伊凡諾沃岩洞教堂群
Ивановски скални църкви

崖裡的教堂

伊凡諾沃岩洞教堂群位於魯塞市中心南方 20 公里的伊凡諾沃村（Иваново）旁，這裡的教堂與修道院是以挖鑿岩石修築而成，堂內有保存完好且極具藝術價值的中世紀宗教壁畫，1979 年被聯合國教科文組織列入首批世界文化遺產。教堂群的歷史可追溯至 13 世紀初，當時已有修士居住在岩洞中隱修，未幾保加利亞東正教會主教約阿希姆一世（Йоаким I Български）來此創建教堂與禮拜堂。約阿希姆以勤奮律己聞名於世，甚至連保加利亞沙皇伊凡・阿森二世也專程前來朝聖，他不僅提供大量捐獻，亦是教堂群中聖米迦勒教堂（又稱「被掩埋的教

堂」）的推手。保加利亞第二帝國後期，伊凡諾沃岩洞教堂群已成為保加利亞的隱修和精神中心，榮景直到鄂圖曼帝國統治時期才逐漸衰落。

伊凡諾沃岩洞教堂群的最高峰時有多達 40 座建物，彼此以木拱廊與長廊連結，周圍還有約 300 座建築。之後，教堂群陸續受到走山、坍方等破壞，如今只剩下聖米迦勒教堂、洗禮堂、聖西奧多教堂（又稱「被摧毀的教堂」）和主教堂等仍完整保存。堂內壁畫雖面積不大但十分精彩，除了沙皇伊凡·亞歷山大等昔日捐贈者的肖像，主要是描繪耶穌出生、受難到復活等《聖經》故事場景，壁畫線條細膩、表現手法則具現實主義並帶有希臘壁畫的風格，被認為是保加利亞中世紀藝術的典範。

自駕是前往伊凡諾沃岩洞教堂群最便利的方式，附近有容納約 20 餘輛汽車的停車場和 1 間紀念品店與付費洗手間。由停車處至教堂群有 2 條小徑，1 條是位於紀念品店斜對面的陡峭石梯，另 1 條是經紀念品店後往左、長而緩的古道，前者僅需 8 分鐘即達位於右側的洞穴入口處，後者則得走 15 分鐘左右。建議先趁體力充沛時爬石梯而上，參觀堂內壁畫後，再隨鐵欄杆前行、循古道下山，沿

途景致秀麗壯觀、鬱鬱蔥蔥，令人心曠神怡。需留意的是，岩洞教堂入口狹窄、堂內空間狹小（不到 5 坪），進出請格外當心腳步。夏季造訪務必攜帶足夠的飲用水，做好防曬、以免中暑，下雨時地面濕滑，更得格外小心腳步。

INFO ···

伊凡諾沃岩洞教堂群

🏠 7088 Иваново

📞 +359 82 825 002

🕐 09:00 ～ 18:00

💲 戶外免費、岩洞教堂 5лв

🚌 前往岩洞教堂群沒有直達的大眾運輸，最接近的
方式是由魯塞乘火車至伊凡諾沃(車程 20m ～
25m、票價 3.1лв)，到站後再搭計程車或往西北步
行 5.4 公里(約 1.5 至 2 小時)才可到達。〔去程〕魯
塞發車 05:50、06:25、08:25、11:48、14:25、16:25、
18:25、23:32；〔返程〕伊凡諾沃發車 02:03、06:53、
10:16、13:15、14:54、16:20、19:27、21:48，到站時
間可能變動，詳情請參閱現場班表。如時間有限也
無租車自駕的規劃，則可委請入住旅社或旅客服務
處接洽包車前往，收費約 150лв。

岩洞教堂嵌於垂直岩壁上 ···

景 斯韋什塔里色雷斯人墓 Свещарска гробница

色雷斯國王的希臘塚

1982 年在斯韋什塔里村（Свещари）西南方約 2 公里處發現的色雷斯人墓，是一座建於西元前 3 世紀、至今保存完好的皇家古墓遺跡，色雷斯國王德羅米特（Дромихет）即埋葬在此，1985 年納入世界文化遺產。斯韋什塔

里色雷斯人墓的墓葬結構反映當時色雷斯人對宗教、藝術等文化層面的價值觀，最大亮點在於「獨特的建築裝飾」，內部可見繪有各種色彩的半人身半植物的女像柱與彩繪壁畫，而墓室中女性形象的模雕與拱頂的弦月窗更是色雷斯地區僅見

的手法。考古學家由此推知，這些具有獨特風格、構圖具張力且成熟度高的藝術創作，靈感來自地中海的希臘文化，也就是說，斯韋什塔里色雷斯人墓就是當時色雷斯人與希臘文明有過廣泛接觸的有力證據。

　　斯韋什塔里色雷斯人墓包括 1 條走廊與 3 個房間，後者包括前廳、側室與覆蓋拱頂、直徑 80 公尺的墓室。其中，以墓室壁面裝飾著 10 座型態貌似廊柱的女像柱最具代表性，舉起雙手的女像柱高 1.2 公尺，穿著薄而貼身的長褲與無袖上衣，腰間束著腰帶，裙擺以螺旋狀向內捲。值得一提的是，墓室內的雕刻只以炭筆勾勒，部分女像柱也遭深褐色顏料汙損，這些細節說明統治者（同時也是墓室未來的主人）在興建過程中驟逝，導致雕塑家與工匠來不及完成作品。參觀斯韋什塔里色雷斯人墓，需先至景區內的旅遊服務處購票，再由專人引導入內，採取團進團出的模式（散客可現場併團），墓室內不可單獨行動亦不能拍照。

女像柱為墓室的代表性雕刻

INFO ·······················

斯韋什塔里色雷斯人墓

🏠 7423 Свещари

📞 +359 84 735 279

🕐 08:30 ～ 17:00（最後入內時間 16:30，周一、周二休，12 月至 3 月休園）

💲 10лв（內部禁止攝影）

🚍 自駕是最便捷的方式，由魯塞出發行駛 23 號公路，車程約 1.5 小時。欲搭乘大眾運輸者，可從魯塞南巴士站搭巴士至扎韋特（Завет），去程每日 3 班（發車時間 06:20、11:00、18:30）、車程近 3 小時、票價 7лв ～ 8лв，再由扎韋特市區搭計程車前往，距離 14 公里、車程約 20 分；回程可請館方人員代為叫車至扎韋特市區，再於此乘巴士返回魯塞，返程每日 3 班（發車時間 07:26、15:26、16:41）。

🌐 museumisperih.com

···

美食攻略

毗鄰多瑙河的魯塞，市內有多間以海鮮為賣點的餐館，烹調手法以炸、煎或烤為主，從火侯掌握到調料搭配處處是學問。不只料理用心，部分較具規模的餐館對裝潢風格、空間規劃與座位間隔等亦十分重視，讓顧客在滿足口腹之慾的同時，也有美好的感官體驗。最後，思念保加利亞知名連鎖餐廳品牌「快樂燒烤吧」（Хепи бар и грил ／ Happy Bar & Grill）的朋友，魯塞市中心就有素質極佳的分店，除了當地常見的西式餐點，還有符合保人胃口的混血壽司。

INFO ....

快樂燒烤吧（魯塞分店）

🏠 4 площад „Свобода, 7000 Русе Център, Русе

📞 +359 700 20 888（統一訂位號碼）

🕐 11:00 ～ 23:00

💵 10лв ～ 30лв

🔍 生利大廈、自由紀念碑、拉提琴的男孩

🚇 自由紀念碑西南 120 公尺

🔗 happy.bg

食 新屋餐廳 Ресторант New House

老宅裡的摩登味

隱身市中心巷弄的新屋，是一間以東歐菜為基礎的無國界創意料理餐館，主廚會根據季節與食材的變化調整菜單，讓來客品嘗新鮮而獨特的當季佳餚。新屋以海鮮菜式最受稱讚，魚肉無論炸、烤或生食都很出色，現點現製的披薩與義大利麵也頗獲好評，其餘沙拉、甜點、飲料亦保持相當水準，屬於物有所值的高

CP 值餐廳。面對密密麻麻的菜單不知要點什麼好？不妨先點閱頻繁更新的臉書粉絲專頁，相信那些令人垂涎欲滴的料理貼圖，會讓您的目標更明確。

需提醒的是，披薩、烤魚等部分料理僅在晚間提供，午餐另有推出簡易版菜單。儘管選項不多，但道道精彩，更重要的是價位平易近人，1 湯 1 沙拉 1 主餐 1 飲料吃得心滿意足仍是 15лв 有找。眾料理中，不妨試試肉質鮮嫩的番茄黑橄欖燉牛肉飯（телешко с белен домат, маслини и топка ориз，6.69лв）、蒜香白酒煮貽貝（миди с вино и чесън，7.69лв），調味佳、份量足，相信不會令您失望。

INFO ....

新屋餐廳

🏠 ул. „Христо Г. Данов" 5, 7000 Русе Център, Русе

📞 +359 89 200 0627

🕐 11:00 〜 00:00（周日休）

💲 沙拉 4.96лв、烤鱒魚 10.69лв、綜合起司披薩 9.69лв、紅醬牛肉義大利麵 9.96лв

👤 10лв 〜 25лв

🔍 拉提琴的男孩、生利大廈、自由紀念碑

📍 自由紀念碑西南 350 公尺

📘 facebook.com/NewHouseRuse

食 露臺餐廳 Ресторант "Тераса"

多瑙河畔的五感饗宴

在貓途鷹「魯塞餐廳」類居冠的露臺餐廳，裝潢採混搭工業風，供應以海鮮燒烤為主的中東歐式料理。餐廳不僅食物選擇多元、擺盤精緻悅目（份量略偏少）、服務態度親切，望向窗外更可見一整面的多瑙河美景，如此美食美景自然要價不斐，偏高的訂價應是露臺餐館唯一的「弱點」。除了出色的烤魚、蝦和小卷，嗜吃紅肉的饕客則可試試豬排，鮮嫩多汁的肉質與恰到好處的烹調，都令人讚不絕口。

INFO ·······························

露臺餐廳

🏠 бул. „Придунавски" 6, 7000 Русе Център, Русе

📞 +359 87 771 1611

🕐 10:00 ～ 01:00

💲 沙拉 8.9лв 起、義大利麵 9.9лв 起、主餐 12.9лв 起、海鮮開胃菜 22.9лв、烤鱸魚 17.9лв

🧍 20лв ～ 35лв

🔍 河濱長廊、聖保祿十字主教座堂

🚇 自由紀念碑西北 600 公尺

f facebook.com/TerassaRestaurantRousse

食 竹園餐館 Китайски ресторант Бамбук

保式中餐

　　提供超過百種菜式的竹園餐館，是魯塞市內知名的中餐館。別於狹窄侷促的快餐店形式，占地寬廣的竹園共有上下兩層、共 80 個座位，並依客人需求劃分為吸菸、禁菸區與室外花園等區域，建構舒適愉快的用餐環境。為迎合當地民眾喜好，竹園在保有傳統基礎的同時，針對調味、菜餚內容進行調整，服務生也以當地人為主，形成一種具保加利亞特色的中菜。整體而言，竹園的飯、麵選項繁多，也有不少沙拉涼菜與炸料理（諸如：炸茄

子、炸花菜、炸餃子、炸馬鈴薯條、炸春捲、炸雞塊、炸魚條、炸香蕉、炸冰淇淋），其餘糖醋排骨、咕咾肉（菜單上寫作古老肉）、鐵板牛肉、宮爆雞肉等名菜更是一道不缺，唯不保證上桌菜色和您腦海浮現的一樣！令人眼花撩亂的菜單，不只讓熱愛中菜的保人大快朵頤，也可撫慰暫離家鄉的臺灣胃。

INFO ··

竹園餐館

🏠 ул. „Велико Търново" 5, 7000 Русе Център, Русе

📞 +359 82 870 555

🕐 11:00 ～ 22:00

💲 商業午餐 5лв（1 主食＋ 1 主菜）、古老肉 9.2лв、揚州炒飯 6.8лв、炸春捲 3.2лв

🧍 5лв ～ 20лв

🚇 自由紀念碑以西 450 公尺

🔍 聖保祿十字主教座堂、河濱長廊

📱 bambukruse-bg.com

普列文 Плевен（Plevna）

　　普列文（或譯普利文）為普列文州（Област Плевен）的首府，是保國西北和中北部的經濟、文化與行政中心。普列文早在新石器時代就有人類在此定居的紀錄，羅馬帝國時期隸屬於默西亞省（Moισα），中世紀時為保加利亞第一帝國、第二帝國境內蓬勃發展的貿易小鎮，擁有發達的工藝品、造幣技術。鄂圖曼帝國統治期間，普列文仍維持保加利亞原本的城市風格與文化內涵，18 至 19 世紀間，當地建造包括橋

梁、教堂與學校在內的大量公共建築，其中也包括 1840 年代由保加利亞知名女性教育家阿納斯塔西亞・迪米特羅娃（Анастасия Димитрова）創辦的全國第一所世俗女子學校。俄土戰爭時，雙方於普列文爆發激戰，市內至今仍可見許多與此役相關的紀念建物。

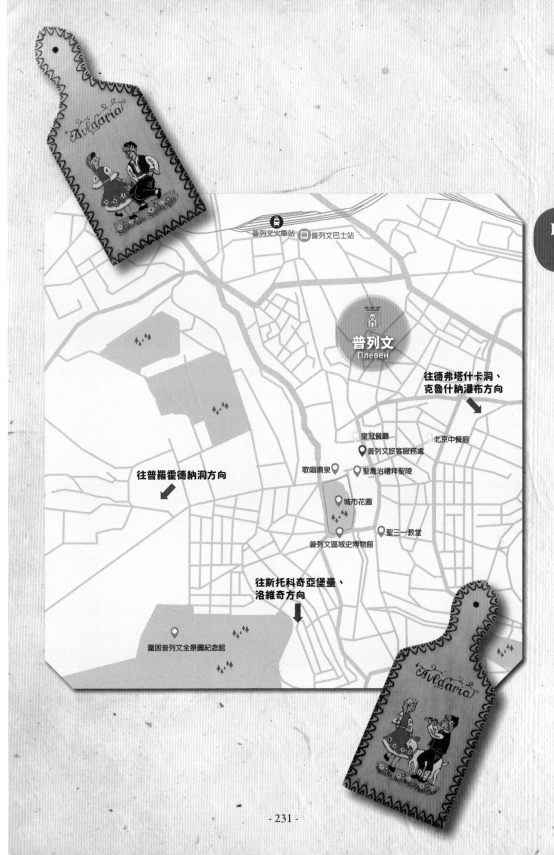

普列文火車站　　普列文巴士站

普列文
Плевен

往德弗塔什卡洞、
克魯什納瀑布方向

皇冠餐廳　　　　　　北京中餐館
普列文旅客服務處
歌唱噴泉　　　聖喬治禮拜聖陵

往普羅霍德納洞方向

城市花園

聖三一教堂

普列文區域史博物館

往斯托科奇亞堡壘、
洛維奇方向

圍困普列文全景圖紀念館

交通資訊

　　普列文與首都索菲亞間有高速公路 E83 相連，在不塞車的情況下，兩地車程僅 2 小時出頭。對乘坐大眾運輸的非自駕客而言，則有長途巴士、火車等兩個選項，兩者都以往返索菲亞的班次密集度最高，其餘城市往往只有個位數車班，規劃行程時請務必留意。

　　市內交通方面，普列文共有 25 條公車路線，其中 17 條為無軌電車，車資採均一價 1лв，可透過「eway.bg」網站查詢詳情。市內景點集中，基本步行可達，僅往返市中心以北 2 公里的火車站／巴士站、市區西南的普列文史詩紀念館及市郊的斯托科奇亞堡壘需利用大眾運輸，前者可利用車班包括：1、5、6、7、7A、9、11、12、31、33 等，其中以縱貫市區、行經多個景點的電車 1 路最為便利。

INFO

普列文大眾運輸

🌐 eway.bg/en/cities/Pleven

無軌電車─普列文

🏠 Тролейбусен транспорт – Плевен

🌐 trolei.pleven.bg

🔍 完整提供普列文市內無軌電車路線、票價、時刻表等資訊。

普列文火車站 Жп Гара Плевен

　　普列文火車站是保加利亞重要的國內暨國際車站，有國內最長的「鐵路 2 號線 索菲亞↔瓦爾納」（Главна железопътна линия № 2 София – Варна）與連結「索菲亞↔布爾加斯↔基輔↔莫斯科」的國際線行經。基於 2 號線行經之便，由普列文可乘火車直達分別距離 130 公里、270 公里的索菲亞與瓦爾納，相形之

下，前往距離各為 120 公里與 90 公里的魯塞和大特爾諾沃，卻至少需轉乘 1 次，明顯不若長途巴士便捷。以下是普列文到索菲亞、瓦爾納的車班摘要，班次可能發生變化，搭乘前請務必至官網查詢最新時刻表。

◇ 前往索菲亞的車次每日 10 班，其中 9 班直達、1 班轉乘 1 次，車程 3 小時左右。發車時間為 03:08、06:12、07:13（慢車、車程 4.5 小時）、09:12、12:12、13:30（轉乘 1 次，車程 4 小時）、15:12、17:07、18:12、19:38，二等全票 10.6лв ～ 11.1лв、一等車站 13.3лв ～ 13.8лв。

◇ 前往瓦爾納的車次每日 7 班，其中 6 班直達、1 班轉乘 1 次，車程近 5 小時。發車時間為 01:48、06:50、09:43、11:47（轉乘 1 次，車程達 8.5 小時）、13:49、15:45、18:48，二等全票 16.8лв、一等全票 21лв。

INFO

普列文火車站

🏠 пл. „Иван Мендиликов" 3, 5805 Северна промишлена зона, Плевен

🕐 全日

📱 bdz.bg（以保文輸入起訖點、搭乘日期即可查詢當日班次）

普列文巴士站 Автогара Плевен

位於火車站對面的普列文巴士站，是保國中北部的公路大眾運輸要點之一，每日共有兩百多個班次進出，其中不少是前往鄰近城鎮的短程車班。對觀光客而

言，以往返首都索菲亞最為便捷（普→索：每日 16 班、索→普：每日 6 班），其餘魯塞、舊扎戈拉等則是明顯較少，欲搭乘者請務必先透過巴士站官網查詢最新時刻表。

INFO ....

普列文巴士站

🏠 пл. Иван Миндиликов 7, 5805 ж.к. Воден, Плевен

📞 +359 64 888 666

🕐 05:30 ～ 21:30

🖱 avtogara.pleven.bg

🔍 提供即時出發／抵達車班、班次時刻表等相關資訊。

....

普列文前往各城市巴士車班

目的地	發出班次	發車時間	車程	票價
索菲亞	每日 16 班	05:45、06:20、07:00、07:30、07:38、08:10、08:50、09:30、09:40、11:00、13:00、14:30、16:30、16:35、17:54、18:55	2.5h ～ 3h	7лв ～ 10лв
魯塞	每日 3 班	09:30、14:00、19:01	3h ～ 3.5h	10лв
舊扎戈拉	每日 3 班	06:30、09:30、13:30	4h ～ 6.5h	17лв ～ 25лв
布爾加斯	每日 3 班	08:00 ①、08:30、15:00	6.5h	20лв ～ 22лв
大特爾諾沃	每日 1 班	14:10	2h	13.5лв
普羅夫迪夫	每日 1 班	06:00 ②	5h	20лв

① 6 月至 9 月每日行駛
② 4 月至 10 月每日行駛
※ 資訊僅供參考，實際發車狀況以現場標示為準。

景點全覽

普列文是一座氛圍閒適、具歷史底蘊的保加利亞北部城市，市區有圖克尼察河（p. Тученица，匯入維特河後最終注入多瑙河）流經。雖不若大都市的繁忙熱鬧，但博物館、劇院、公園、大學、購物中心一應俱全，生活機能與品質兼備。來到普列文，除造訪市中心具代表性的聖喬治禮拜聖陵、普列文區域史博物館、圍困普列文全景圖紀念館、托科奇亞堡壘等主要景點。如果時間允許，不妨一併走訪鄰近的古鎮洛維奇與規模壯闊、令人震撼的自然景觀──德弗塔什卡洞、克魯什納瀑布與普羅霍德納洞，前者大眾運輸尚稱便利，後兩者地處偏僻郊區，以自駕前往最佳，由普列文出發分別需 45 分和 1 小時車程。

普列文旅客服務處

🏠 пл. „Възраждане“ 1, 5800 Плевен Център, Плевен

📞 +359 64 824 004

🕐 08:30 ～ 17:00（周六、周日休）

🚌 公車 Община Плевен 站（普列文市政廳，行經班次 1、5、7、7A、9、11、12、31、33、84）即達。

景｜聖喬治禮拜聖陵
Параклис-мавзолей „Св. Георги Победоносец "

城市的象徵

聖喬治禮拜聖陵為普列文的標誌性景點，其形象更被繪製於普列文的紋章內。禮拜聖陵的名稱取自基督教殉道聖人──聖喬治，祂常以屠龍英雄的形象出現在西方藝術作品中，也是士兵的守護神。聖喬治禮拜聖陵落成於 1907 年，由保

加利亞著名建築師彭徹‧科奇維（Пенчо Койчев）循新拜占庭風格設計，資金來自保加利亞人民的捐款，目的在紀念 1877 年「圍攻普列文戰役」（Обсада на Плевен，屬於俄土戰爭的一部分）中戰死的東正教士兵（包括 31,000 名俄羅斯人與7,500 名羅馬尼亞人），他們的遺骸就長眠於聖陵的地下室。

INFO ....

聖喬治禮拜聖陵

🏠 Плевен, пл. Възраждане, 5800 Плевен Център, Плевен

📞 +359 64 830 033

🕐 4 月 至 10 月 09:00 ～ 12:00、13:00 ～ 18:00；11 月 至 3 月 08:30 ～ 12:00、12:30 ～ 17:00（周日、周一休）

💲 免費

🚇 旅客服務處西南 150 公尺

....

![景]

城市花園 Градска градина

城市之肺有水舞

　　地處市中心的城市花園，又稱中央公園，是市民平日散步休閒的最佳去處。花園中央可見一座自由紀念碑（Паметник на Свободата），並設置多個景觀雕塑、紀念碑、兒童遊樂設施與噴泉，右側則有圖克尼察河穿行而過，整體氣

氛寧靜宜人。園區內植栽種類繁多且涵蓋範圍廣，夏季花木扶疏、冬季白雪靄靄，景色隨著季節變化各具風情。城市花園北側、鄰近徒步區一側有數座或大或小的噴泉或瀑布（以聖喬治禮拜聖陵前的規模最大），不僅每個整點有氣勢滂沱的水舞表

演，21:00 更會舉行長達 30 分鐘、名為「歌唱噴泉」（Пеещия фонтан）的精采節目，透過燈光與噴泉的完美搭配，營造炫目精彩的水舞饗宴。

INFO

城市花園

🏠 5804 Плевен Център, Плевен

🕐 全日

🚏 旅客服務處西南 200 公尺

歌唱噴泉

普列文區域史博物館
Регионален исторически музей – Плевен

有深度的城市

　　普列文區域史博物館的建立源於 1903 年組織的保加利亞考古學會──普列文分支，學會的目的不僅是發現與研究當地的歷史古蹟，亦在創建一座博物館。

未幾，該組織在市南的斯托科奇亞堡壘一帶，挖掘出豐富的色雷斯人與羅馬時代文物，1953 年就在此基礎上成立博物館，1984 年搬至現址。博物館所在地是一棟 1888 年落成、最初為軍隊使用的兩層樓宇，其建築和空間規劃是採取當時盛行於中歐及俄羅斯的直線型格局，頗利於展場規劃與動線設計。

　　區域史博物館的考古藏品涵蓋西元前 5 萬年至 14 世紀末，完整記錄普列文自史前史、古典時代（以地中海為主的古希臘、古羅馬文

明）至保加利亞中世紀時期的歷史進程，除了展示挖掘出土的文物，也有數個不同主題的專業部門，包括：復刻當地傳統生活文化的民族誌部門；羅列自馬其頓、

羅馬帝國、中世紀保加利亞王國、鄂圖曼帝國至現代保加利亞貨幣，數量達 2.5 萬枚的古錢幣部門；展示普列文在鄂圖曼帝國統治時期，對保加利亞民族復興與解放運動貢獻一己之力的復興部門；以及收藏大量該地區動植礦物樣本，展現普列文豐富地質暨生態史的自然部門等，堪稱是保加利亞最具規模且收藏最豐的區域史博物館之一。

INFO ··

普列文區域史博物館

🏠 Плевен, ул. Стоян Заимов 3, 5804 Плевен Център, Плевен

📞 +359 64 823 502

🕐 4 月至 10 月 09:30 ～ 12:00、12:30 ～ 18:00；11 月至 3 月 09:00 ～ 12:00、12:30 ～ 17:30(周日休)

💲 6лв (攝影 15лв)

🚉 旅客服務處西南 500 公尺

📱 rim-pleven.com

··

景 聖三一教堂 Катедрален храм „Света Троица "

有志者堂建成

地處市中心的聖三一教堂，是普列文的東正教信仰中心，不僅如此，教堂的興建過程也與市民的期許息息相關。早在 1870 年代，當地居民就計畫在此蓋一座教堂，隨即於 1873 年展開籌款行動，唯之後 20 年受政治動盪與

經濟衰退的負面因素影響，直到 1893 年才成立建設教堂的專責委員會。由於時間一再推遲，導致預算大幅超支，所幸在委員會不斷尋求資金的努力下，陸續獲得許多官方與私人的挹注，終於 1946 年完成教堂的全部建設工作。

INFO ·······································

聖三一教堂

🏠 ул. „Сан Стефано" 7, 5800 Плевен Център, Плевен

📞 +359 88 668 6439

🕐 07:30 ～ 18:00

💲 免費（內部可拍照）

🖼 旅客服務處以南 450 公尺

📱 svetatroitsa.com

景 圍困普列文全景圖紀念館
Панорама „Плевенска епопея 1877 г. "

憶昨苦思今甜

　　位於斯科別列夫公園（Скобелев парк）中心的圍困普列文全景圖紀念館，主要展示以「圍攻普列文戰役」為主題的巨幅全景圖，該圖由 13 位俄國與保加利亞藝術家共同創作，總面積達 2,375 平方公尺。實際上，普列文絕大多數的歷史地標與紀念碑都與 1877 ～ 1878 年的俄土戰爭息息相關，而這座 1977 年落成的史詩紀念館，目的同樣在紀念俄羅斯、羅馬尼亞聯軍戰勝鄂圖曼帝國與解除土軍

圍困普列文一百周年。全景圖取材自 1877 年 9 月 11、12 日雙方戰鬥最激烈血腥的一段，呈現方式採取「2D 畫作搭配 3D 模型」的擬真手法，作者群希望藉此營造置身戰場中心的臨場感，讓遊客感受砲火無情的震撼之餘，也能對戰爭產生更深一層的體悟。附帶一提，選擇自駕前往又使用 Google Maps 導航者，如導航系統將您引導至紀念館的南面上山，請自行改由北側道路（ul. "Mur" 或 ul. "General Vladimir Vazov"）駛入，因南面道路皆已破損荒廢，北側道路才是正途。

INFO ···

圍困普列文全景圖紀念館

🏠 парк Скобелев парк, 5804 Скобелев, Плевен

📞 +359 64 830 251

🕐 4 月至 10 月 09:00 ～ 12:00、12:30 ～ 18:00；11 月至 3 月 09:00 ～ 12:00、12:30 ～ 17:00

💲 6лв（攝影 5лв、錄影 30лв，每月的最後一個周二免費）

🚉 旅客服務處西南 1.7 公里；公車 Македонска чешма 站（行經班次 1、9、12、13、31、84）以南 450 公尺

···

景 斯托科奇亞堡壘 Крепост "Сторгозия"

抵禦外侮 300 年

　　斯托科奇亞堡壘位在凱盧卡喀斯特地形自然保護區（Защитена местност „Кайлъка (вкл. Бохотска гора) "，是一處人類古老定居點，考

古團隊在此找到數量可觀的色雷斯人及其以降的文物遺跡。目前所見的堡壘遺跡建於 4 世紀、羅馬帝國時期，推估是在色雷斯時代的防禦基礎上進行強化與延伸，而修築堡壘的主要目的，則是為阻擋哥德人與蠻族的襲擊。根據考古發現的資料可知，堡壘防禦牆厚 2.2 公尺、占地面積約 940

坪，共有 2 座大門、3 個防禦塔、1 幢住宅樓、1 間早期基督教教堂與 1 座公共倉庫。堡壘一直存續至 6 世紀末，7 世紀中遭到遺棄，16 世紀前後被徹底摧毀，目前以遺跡形式免費對外開放。自駕前往者，可將車輛停在凱盧卡公園鐘樓（Часовникова кула в парк „Кайлъка"）旁的停車場，再循一旁寫有斯托科奇亞堡壘指標的石階而上，約 10 分鐘即達景點。

附帶一提，堡壘所在的凱盧卡公園（Парк Кайлъка）坐落於一個喀斯特谷地，其名稱源於鄂圖曼土耳其語，意指「一個岩石的地方」。園區占地一千公頃，不僅有兒童遊樂場、水上碰碰船、雙人腳踏車、咖啡廳、餐館等娛樂設施，更蘊含豐富的天然美景，值得稍作停留、步行探訪。

INFO ·

斯托科奇亞堡壘

🏠 5800 Стражата

🕐 全日

💲 免費

🚉 旅客服務處以南 3.1 公里；公車 Парк Кайлъка 站（凱拉卡公園，5 號車行經）以南 500 公尺。

· ·

洛維奇 Ловеч

古鎮的前世今生

洛維奇位在普列文南方 35 公里、首都索菲亞東北 150 公里處,為保加利亞最古老的城鎮之一。人類在洛維奇定居的歷史可追溯至西元前 4 世紀前後,羅馬帝國時期則是主要道路上的重要驛站,中世紀成為貿易中心,即使在鄂圖曼帝國統治前期,洛維奇依舊享有特權(與土耳其人隔河而居或要求保加利亞少年加入土耳其新軍),17 世紀再躍升為保加利亞最富有的城市之一。洛維奇的繁榮因俄土戰爭告終,當地因戰鬥與瘟疫導致人口銳減,1990 年代,一度因周邊城鎮和農村移民遷入而達到 5 萬居民高峰,惜之後因保國整體經濟狀況欠佳而再度蕭條,目前市民約 3.5 萬,青壯年人口流失嚴重。

地處緩坡的洛維奇老城區 —— 瓦羅莎(Вароша),有廊橋(Покрит мост)、希薩爾堡壘(Крепост Хисаря)與德里浴場博物館(Стара градска баня "Дели Хамам")等數個景點。橫亙在奧瑟姆河(Осъм)上的廊橋,是洛維奇最知名的景點與象徵,亦為歐洲罕見的廊橋建築(有頂的橋梁,保護橋體之餘亦可供人歇息、遮陽避雨)。廊橋建成於 1876 年,由保加利亞知名民族復興式建築師費齊托(Колю Фичето)設計,建築過程中,不僅建築師親自挑選材料,洛維奇居民也是有錢出錢有力出力。廊橋最初長 84 公尺,可容納 64 個商店,

惜 1925 年毀於大火,目前所見為 1981 年根據費齊托的規劃重建,橋長 106 公尺,上面有十餘間販售保加利亞手信與皮件、木雕等手工藝品的店鋪。

老城區的最高處為初建於 9 世紀的希薩爾堡壘,14 世紀時曾是保加利亞第二帝國君

主沙皇伊凡・亞歷山大登基前的住所，目前以遺跡形式對外開放。堡壘前方豎立著高 14 公尺、1964 年落成的瓦西爾・列夫斯基紀念碑（Паметник на Васил Левски），碑體寫著他的名言：「如果我贏了，整個國家都贏了；如果我輸了，只輸了我自己。」，洛維奇是瓦西爾革命運動的主要據點，因此老城區內還有一座以這位民族英雄為主題的同名博物館（Музей Васил Левски）。最後，德里浴場博物館是位於奧瑟姆河畔、一座白牆石瓦的土耳其式公共浴場建築，顧名思義，博物館的前身正是鄂圖曼統治時期的土耳其浴場，惜已失去功能，目前只能透過殘存的遺跡遙想當年熱氣蒸騰、人聲鼎沸的熱鬧情景。

偏好歐式古宅的朋友，不妨安排入住洛維奇老城區內的旅館，這些樓宇多落成於鄂圖曼帝國統治期間，是出現在舊照片中的歷史建物。其中，筆者特別推薦地處中心位置的「洛維奇老城賓館」（Guest House The Old Lovech），賓館建於 1804 年，在完整保留建築結構的同時，內部設施也經過全面翻修，衛浴設備、冷暖空調皆備，單日費用僅臺幣千元出頭。不僅如此，老闆夫婦友善好客，細心介紹周邊景點、優質餐館與當地歷史，令人感受真誠溫暖的賓至如歸。

INFO ·······························

洛維奇

🏠 5503 Стратеш, Ловеч

🚌 普列文巴士站搭乘行經洛維奇的班次，06:00 ～ 18:00 整點發車（尖峰時間半點加發），車程 40 分～ 1 小時，票價 2.5лв 起；普列文市區出發，往南行駛 35 號公路 35 公里即達，車程 30 分。

希薩爾堡壘

🏠 ул. „Васил Левски" 133, 5503 Дръстене, Ловеч

🕐 4 月至 10 月 09:00 ～ 20:00；11 月至 3 月 09:00 ～ 12:00、13:00 ～ 17:00

💲 4лв、希薩爾堡壘＋德里浴場博物館套票 5лв

·······························

INFO ·············

德里浴場博物館

🏠 ул. „Тодор Стратиев" 22, 5503 Вароша, Ловеч

🕐 周二至周四 09:00 ～ 13:00、14:00 ～ 18:00；周五至周日 10:00 ～ 14:00、15:00 ～ 19:00（周一休）

💲 4лв、德里浴場博物館＋希薩爾堡疊套票 5лв

廊橋

🏠 5503 Вароша, Ловеч

🕐 全日

🔍 旅客服務處位於廊橋上

·······································

 景

德弗塔什卡洞
Природна забележителност "Деветашка пещера"

蝙蝠燕子共一洞

位於普列文東南 45 公里、洛維奇東北 21 公里的德弗塔什卡洞，毗鄰奧瑟姆河，是保加利亞最大的洞穴之一，總長達 2,442 公尺、高 60 公尺，1996 年被國際自然保護聯盟列為自然紀念物。洞穴在 1921 年發現，考古研究團隊曾在此挖掘出一些舊石器與新石器時代的遺跡，認為這裡曾是先民臨時避難的場所。1950 年代，洞穴成為國家祕密儲藏石油等重要物資的軍事機密庫，解除軍事用途後，雖開放參觀但相關基礎設施闕如，前往交通並不便利。轉折發生在 2011 年，由席維斯史特龍、布魯斯威利、李連杰等好萊塢動作巨星主演的電影〈浴血任務 2〉（2012）至德弗塔什卡

洞取景，劇組在奧瑟姆河上搭建永久橋梁，作為贈送給保加利亞人的禮物，才使原本曲折的道路縮短為平坦的 300 公尺，也就是現今旅客自免費停車場步行至售票口再過橋至洞穴的捷徑。

德弗塔什卡洞內有 2 個分支，左側是清涼潮濕的小溪、右側為乾燥溫暖的鐘乳石與石筍地形。洞穴除了豐富的考古發現，更以多樣豐富的棲息物種聞名，是各種動物的庇護所，不僅可見稀有的樹蛙、蛇類、陸龜等，最多的莫過天上飛的鳥類，其中又以燕子與蝙蝠為大宗。燕子的巢穴就建在洞穴的高處，盤旋飛翔的景象與反覆迴盪的叫聲，形成一種罕見的異象；而晝伏夜出的蝙蝠棲息數量更達

3 萬以上，是保國重要的蝙蝠棲地。儘管拍攝〈浴血任務〉期間曾因大量的燈光與喧嘩噪音，導致蝙蝠遷移，所幸隔年底已多數返回。為減少打擾洞內生態，每年 6、7 月哺乳類繁殖期會停止對外開放，規劃行程時請務必留意。

INFO

德弗塔什卡洞

🏠 5555 Деветаки

🕐 09:00 ～ 18:00（6、7 月哺乳類繁殖期停止開放）

💲 3лв

🚉 普列文市區出發，往南行駛 35 號公路，遇 301 號公路左轉，往東順路直走，見景點指標後右轉續開 600 公尺即達。

景 克魯什納瀑布 Крушунски Водопади

保版十六湖

位在德弗塔卡什洞以東 15 公里的克魯什納瀑布，是一座石灰岩地質瀑布群，以沿途景致清麗如畫、水質清澈見底聞名。儘管瀑布地處密林之中，卻是老少

咸宜的踏青路線，園區現規劃兩條路線（購票時即提供地圖與簡單解說），路線一：由售票口出發步行約 15 分鐘便是主瀑布群，其間還有數個小瀑布群與咖啡廳、洗手間；路線二：需爬石梯往上游走，途經數座不同型態的瀑布，耗時長也較費體力。克魯什納瀑布雖不若克羅埃西亞的十六湖那般綿延不斷、名聲響亮，卻也擁有既細膩又滂沱的「明星」氣質，值得專程前往一探。

INFO ....

克魯什納瀑布

🏠 5561 Летница

🕐 09:00 ～ 18:00

💲 3лв

🚉 普列文市區出發，往南行駛 35 號公路，遇 301 號公路左轉，往東順路直走，入克魯什納村（Крушỳнски）後右轉行駛約 800 公尺即達。

📱 krushuna.com
....

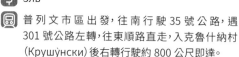

景 普羅霍德納洞 Пещера "Проходна"

上帝之眼

　　普羅霍德納洞位於盧科維特（Луковит）西南 8 公里、首都索菲亞東北 110 公里處，是一座天然形成的喀斯特地形洞穴，長 365 公尺、入口高度 56 公尺，

是保加利亞最易到達的洞穴之一。普羅霍德納洞的最大特色，是洞穴頂端因長年侵蝕作用而形成的兩個橢圓形石洞，形狀有如一雙眼睛，因此又被稱作「上帝之眼」。普羅霍德納洞於 1962 年被列入自然紀念物，曾有數部保加利亞電影在此拍攝，洞穴現為免費全日開放，自簡易停車場（材質為石子與草地）步行至洞內僅需 10 分鐘，由於洞口高低落差夠大，不僅是少數可進行高空彈跳的洞穴，也是首屈一指天然攀岩場。

普羅霍德納洞

🏠 5782 Карлуково

🕐 全日

💲 免費

🚌 普列文巴士站搭乘行經盧科維特的班次，發車時間為 07:10、08:10、10:30、13:40、16:00、17:30，車程約 1 ～ 1.2 小時，再搭計程車或步行 8 公里前往；普列文市區出發，往西南行駛 E83，經盧科維特後轉入道路 ул.Сан Стефано，續開 8.5 公里後見右側出現木製箭頭指標，就可左轉入下坡石子路，約 200 公尺即為臨時停車場，下車後，順路往下右轉即達。往洞穴的步道雖短，但全是石頭土路，濕滑崎嶇不易行走，需格外當心。

美食攻略

　　普列文市內的餐館以歐式、義式與燒烤料理為主，也有不少咖啡廳、酒吧與快餐店，數量雖不到眼花撩亂，但也稱得上麻雀雖小五臟俱全。如果吃膩了「將絞肉塑成各種形狀再拿去烤」的保式餐點，窯烤出爐的熱燙披薩或帶有幾分家鄉味的中餐館，都是不會讓人失望的選擇。

以陶碗盛裝的保加利亞傳統美食

旅館供應的豐盛早餐

食 皇冠餐廳 Ресторант Корона

鬧中取靜的庭院美饌

　　毗鄰購物中心（Централ Мол Плевен）的皇冠餐廳，儘管位處普列文蛋黃區，卻擁有室內兩層、室外庭院的優質用餐環境，加上食物有一定水準，在市區的眾多東歐餐館名列前茅。為提供具在地特色且豐富新鮮的餐點，主廚會靈活運用當季食材，推出期間限定的創意料理，至於店內提供豐富的酒單，更是好杯中物者不容錯過的佐餐良伴。除了訂價略高的正規菜單，餐廳在中午時段也會挑選幾道包含湯、沙拉與主餐、甜點在內的招牌料理，推出經濟實惠的商業午餐，雖然份量略少，但價位相對划算。最後，皇冠餐廳適合悠閒用餐的慢食步調，如於尖峰時間造訪，常有上菜速度放緩的情形。

傳統蒜香烤麵包

INFO ⋯⋯⋯⋯⋯⋯⋯⋯⋯⋯⋯⋯⋯⋯⋯⋯

皇冠餐廳

🏠 ул. „Бъкстон" 5, 5800 Плевен Център, Плевен

📞 +359 89 980 8804

🕐 11:00 ～ 00:00（周日休）

💲 沙拉 5.9лв 起、湯品 3.6лв 起、肉類主餐 10.9лв 起

🧍 15лв ～ 25лв

🚌 旅客服務處以北 100 公尺

🔍 旅客服務處、聖喬治禮拜聖陵

🌐 plevenrestaurants.com

食 北京中餐館 Китайски ресторант "Пекин"

普列文人心目中的美味中餐

北京中餐館是典型在保加利亞落地生根的保式中餐廳，店內供應的中菜多有所調整，盡量符合當地人的味蕾喜好。北京中餐館維持一貫中式料理的高 CP 值優勢，菜色份量足（一份達 800 克）、肉大塊且現點現炒、調味濃郁，除糖醋里肌、辣子雞丁、鐵板牛柳、春捲等風靡全球的必見菜色，這裡也提供起司炸薯條、鄉巴佬沙拉等保人餐桌必見的「愛食」。如同保國境內的絕大多數中餐館，店家不講究美觀細膩的擺盤，一心只想把盤子裝滿滿！北京中餐館於每日 11:00 ～ 15:00 推出午間套餐，只需 4.9 ～ 5.5лв 即可享用「泡菜＋熱炒＋炒飯或麵」的超值組合，滿滿一碗酸辣湯也只要 1.5лв，換算臺幣百元有找。

值得一提的是，經營北京中餐館的林老闆是來自福建的中國移民，已在保國生活十餘年。林老闆個性爽朗健談，對偶爾出現的華人同鄉更是言無不盡，有機會光顧的朋友，不妨多與他聊聊保加利亞的點點滴滴。

INFO ....

北京中餐館

🏠 ул. Св.Кирил и Методий 24, 5803 Плевен Център, Плевен

📞 +359 87 718 8383

🕐 11:00 ～ 23:00

💲 涼菜 3.2лв 起、湯品 1.5лв 起、炒飯 4.8лв 起、肉類熱炒 8.9лв 起、糖醋里肌 9.6лв

👤💲 5лв ～ 15лв

🚇 旅客服務處以東 450 公尺

🔍 普列文醫學大學(Медицински университет гр. Плевен)

📱 pleven-pekin.bg

....

食 瓦羅莎小酒館（洛維奇）Механа „Вароша "

老城裡的傳統美饌

位於老城區巷弄內的瓦羅莎小酒館，是當地人十分推薦的保加利亞餐館，店家從建築、擺設到音樂處處流露傳統風情。用餐環境舒適之餘，料理同樣令人滿意，豬肚湯調味適中、略帶花椒辣油的風味與中菜有幾分相似，烤麵包帶有新鮮蒜味、油潤且蘊含碳烤香，洋蔥炒炸雞肝雖然油量偏多但肉質軟、滋味佳，值得為他肥一次。與保國多數餐館相同，瓦羅莎小酒館不設午休時間，建議可以生意較清淡的下午時分造訪，在個性店貓的陪伴下，享受悠哉閒適的「保」餐「食」光。

INFO ....

瓦羅莎小酒館（洛維奇）

🏠 Ловеч, ул. М.Поплуканов 6, 5503 Вароша, Ловеч

📞 +359 68 604 881

🕐 10:00 ～ 00:00

💲 沙拉 4.98лв 起、湯品 2.58лв 起、綜合傳統烤肉 12.38лв、烤麵包 2.08лв

👤💲 10лв ～ 20лв

🚇 同洛維奇

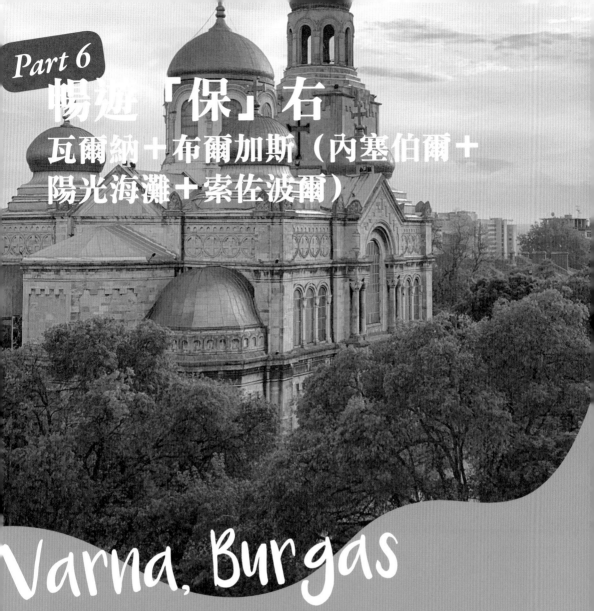

暢遊「保」右
瓦爾納＋布爾加斯（內塞伯爾＋陽光海灘＋索佐波爾）

Varna, Burgas

　　毗鄰黑海的保加利亞東部，是名震歐洲乃至俄羅斯的度假熱區，夏季時整條海岸線人氣爆棚，沙灘處處「泳客如織」、「躺無虛席」。除了享受溫暖和煦的黑海陽光，該區的兩大城市——瓦爾納與布爾加斯也值得專程造訪，前者素有「夏季首都」的美譽，擁有蓬勃發展的觀光旅遊業；後者是自古以來的海陸交通要道，於市內博物館參觀珍貴的考古文物之餘，亦可前往鄰近的世界遺產內塞伯爾、觀光小鎮陽光海灘及當地人偏好的千年古城索佐波爾。旅遊季節方面，夏季無疑是遊覽瓦爾納、布爾加斯等濱海城市的最佳時機，車班頻繁、店鋪全開，一片欣欣向榮，相形之下，天氣轉涼的淡季明顯蕭條冷清，人煙稀少一如入冬的墾丁。

瓦爾納 Варна（Varna）

　　位居黑海西側、瓦爾納灣（Варненски залив）畔的瓦爾納，是保加利亞第三大城、重要港口、海軍基地與海濱度假勝地，人口約 34.5 萬（未登記的實際居住人數推估超過 60 萬，實質超越第二大城普羅夫迪夫）。千餘年來，瓦爾納因地處要衝而備受重視，至今仍是保國東部的商業活動、教育進修、休閒娛樂、交通樞紐與醫療保健的中心，因此被譽為是保加利亞的「海洋首都」或「夏季首都」。2014 年，瓦爾納獲選為「2017 年歐洲青年之都」，為城市發展注入青年的創意與活力。

　　一般而言，瓦爾納冬季不會下雪，12 月至 3 月均溫在 5°C ～ 10°C 間，夏季則從 5 月持續至 10 月，氣溫為 25°C ～ 35°C，儘管高溫動輒 30°C 以上，卻因濕度偏低而無令人不適的濕黏感。在氣候穩定溫和、文化活動豐富與歷史底蘊深厚等優勢的多重加持下，瓦爾納近年經濟發展迅速，其中以旅遊服務業為大宗，占全市淨收入 6 成。據統計，瓦市每年平均吸引 200 至 300 萬遊客造訪，旺季時單日觀光人次甚至可達 20 萬，熱門程度不言而喻。

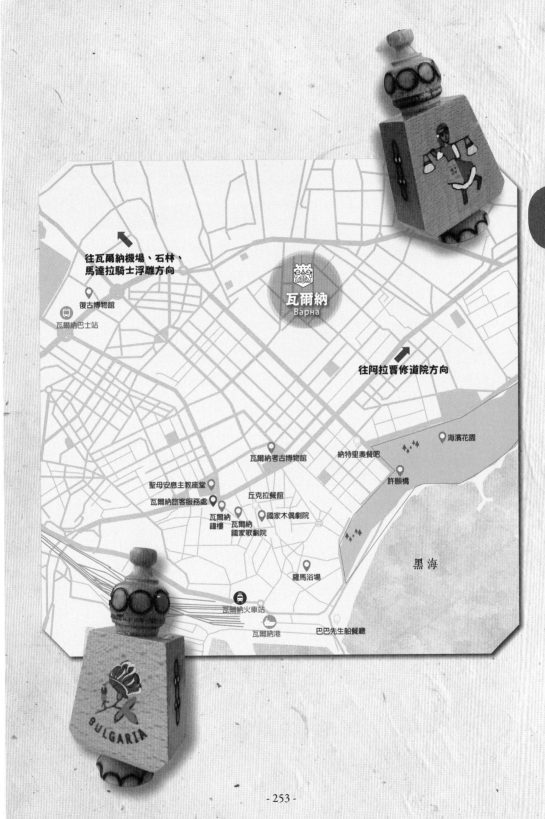

往瓦爾納機場、石林、
馬達拉騎士浮雕方向

瓦爾納
Варна

復古博物館

瓦爾納巴士站

往阿賈修道院方向

海濱花園

瓦爾納考古博物館

納特里奧餐吧

許願橋

聖母安息主教座堂

丘克拉餐館

瓦爾納旅客服務處

瓦爾納
鐘樓

瓦爾納
國家歌劇院

國家木偶劇院

羅馬浴場

黑海

瓦爾納火車站

瓦爾納港

巴巴先生船餐廳

BULGARIA

交通資訊

　　作為保加利亞東部的第一大城，瓦爾納有機場、火車站、巴士站、海港（Пристанище Варна）等海陸空運輸的完善系統，對外聯繫相當便捷。瓦爾納與首都間有高速公路 A2 連接，兩者距離 420 公里，開車需時約 5.5 小時。對仰賴大眾運輸的非自駕旅客來說，則有長途巴士、火車、飛機等各種選項，端視個人預算、喜好與時間安排決定。

　　市內移動部分，由於區域範圍較廣，除步行外也可仰賴公車。基本上，當地公車系統「瓦爾納交通」相當綿密，班次多且票價合理（市區單程 1лв，開往郊區另計），不妨多加利用。

瓦爾納機場 Летище Варна

　　位於市中心西北 10 公里處的瓦爾納機場（縮寫 VAR），擁有超過 40 個國家的 110 多個航點。其中，多數是 3 月中旬至 10 月底營運的夏季包機，全年運行的航點則有首都索菲亞、奧地利維也納、俄羅斯莫斯科、土耳其伊斯坦堡、以色列特拉維夫等。

　　瓦爾納往返索菲亞的航班由保加利亞航空負責營運，飛行時間 55 分、經濟艙票價 100лв 起（含托運行李），每日兩地各有 3 個航班對開。抵達瓦爾納機場後，可直接於二航廈的 Летище（Letishte ／機場）公車站搭乘 409 路至市中心 Катедрала-2（Katedralata-2 ／大教堂 2）站，營運時間為 05:30 ～ 23:00，平均每小時 2 班，單趟車程 20 分，票價 3лв。

INFO ••

瓦爾納機場

🏠 Летище Варна, 9154 Варна

📞 +359 52 573 323

🕐 全日

📱 varna-airport.bg

🚃 公車 409 路線圖：varnatraffic.com/en/Line/Routes/409

409 路線圖

瓦爾納火車站 Жп Гара Варна

　　因應第一條鐵路線「魯塞↔瓦爾納」的開通，1866 年首度在瓦爾納設置第一座火車站。現存站體落成於 1925 年，為保加利亞現存最古老的火車站之一，建築以新藝術運動為主軸、兼具新巴洛克風格。

　　瓦爾納與首都間有長達 543.3 公里的「鐵路 2 號線 索菲亞↔瓦爾納」相連，2 號線不僅是保加利亞東西線的命脈，更是全國最長的鐵路線。瓦爾納往返索菲亞的班次頗為密集，每日兩地各有 7 班直達車（含 1 班跨夜車），列車最快時速 130 公里，車程約需 7～8 小時，二等全票 23.6лв、一等全票 29.5лв，部分班次可於保加利亞鐵路官網線上購買。抵達火車站後，往北走數百公尺即為市中心，往南或往東走則可見海港、沙灘、海濱花園和黑海。

INFO ⋯⋯⋯⋯⋯⋯⋯⋯⋯⋯⋯⋯⋯⋯⋯⋯⋯⋯⋯⋯⋯⋯⋯⋯⋯⋯⋯⋯⋯

瓦爾納火車站
🏠 пл."Славейков" 1,9000 Централна Жп Гара, Варна
🕐 06:00 ～ 22:00
📱 bdz.bg(以保文輸入起訖點、搭乘日期即可查詢當日班次)

⋯⋯⋯⋯⋯⋯⋯⋯⋯⋯⋯⋯⋯⋯⋯⋯⋯⋯⋯⋯⋯⋯⋯⋯⋯⋯⋯⋯⋯

瓦爾納巴士站 Автогара Варна

位於市區西北側的瓦爾納巴士站，毗鄰當地最大購物中心「Гранд Мол」（Grand Mall），巴士站體為一座兩層複合式建築，除了設置供長途巴士停靠的專用月臺，也有餐館、咖啡廳、商店及旅遊諮詢中心。瓦爾納巴士站路線多且繁忙，旅客可在此搭乘開往保加利亞各城鎮或周邊鄰國城市（布加勒斯特、布拉格等）的境內、跨境班次，官網均有詳列各路線完整的時刻表、乘車月臺、票價等訊息。

瓦爾納與索菲亞每日對開近 20 個班次，車程介於 6 小時 15 分～ 7 小時間，中間停靠站從 1 個（大特爾諾沃）到 2 ～ 4 個不等，單程票價 31лв ～ 32лв。國際跨境班次部分，瓦爾納開往羅馬尼亞首都布加勒斯特每日有 2 ～ 3 個班次（其中 1 班為周一、周五行駛；另 1 班為跨夜車），車程約 5 小時 15 分，票價 45лв。值得一提的是，周一、周五行駛的班次最終目的地為 1,500 公里外的布拉格，車程長達 28 小時。

INFO ⋯⋯⋯⋯⋯⋯⋯⋯⋯⋯⋯⋯

瓦爾納巴士站

🏠 бул. „Владислав Варненчик" 158, 9009 Варна

📞 +359 52 757 044

🕐 全日

🚌 旅遊服務處西北 1.7 公里；Автогара 公車站(Avtogara ／巴士站，行經班次 18、18а、22、41、43、49、54、148、409) 即達。

📱 autogaravn.com

瓦爾納交通 Варна Трафик

　　瓦爾納市的大眾運輸統稱「瓦爾納交通」，公車以巴士、無軌電車為主，市區採均一票價 1лв，距離較長（開往市郊）的班次則按里程數等比級數計算，基本上不會超過 2лв。「瓦爾納交通」網站提供許多即時資訊，不僅可查知所有路線的車站位置、到站時間、票價計算，也可透過輸入起訖點，讓系統規劃最適當的乘車路線。

INFO ⋯⋯⋯⋯⋯⋯⋯⋯⋯

瓦爾納交通

📱 varnatraffic.com

景點全覽

　　瓦爾納市區範圍較廣，景點多集中於聖母安息主教座堂附近，市郊則有奧辛諾格拉德（Резиденция Евксиноград，19世紀晚期建成的皇家夏宮，現為高級酒店與政府會議場所）、阿拉賈修道院、石林等，遊客可採「市區：步行、市郊：公車」的方式遊覽。瓦爾納的旅客服務處就位於聖母安息主教座堂正對面，服務處前方是班次頻繁的 Козирката（Kozirkata）公車站，可於此搭乘前往阿拉賈修道院的29路公車。至於有意探訪世界文化遺產「馬達拉騎士浮雕」的旅客，也可由瓦爾納乘車至馬達拉村（Мадара），再步行前往。附帶一提，與索菲亞、普羅夫迪夫相仿，瓦爾納在夏季（5月至9月）也有舉行免費英語徒步導覽活動，出發時間為每周二、三、五、六的上午10:30，於旅客服務處集合，行程涵蓋市內絕大多數景點，約需3小時。

INFO ┄┄┄┄┄┄┄┄┄┄┄┄

瓦爾納旅客服務處

🏠 Свети Свети Кирил и Методий" 2 Козирката, 9000 Христо Ботев, Варна

📞 +359 52 820 690

🕐 平日 08:30 ～ 17:30（假日休）

🚌 Козирката 公車站(Kozirkata，行經班次 7、9、14、26、27、28、29、31、31a) 即達。

📱 visit.varna.bg

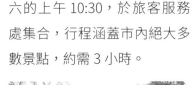

┄┄┄┄┄┄┄┄┄┄┄┄┄┄

景 聖母安息主教座堂
Катедрален храм "Успение Богородично"

城市信仰中心

　　1886年落成的聖母安息主教座堂，為保加利亞規模第2大（僅次於索菲亞的亞歷山大·涅夫斯基大教堂）的東正教堂。主教座堂為 35m×35m 的正方形

格局，包含高 38 公尺的鐘樓與 3 座連通的中殿，主祭壇與北、南祭壇分別獻給聖母升天、亞歷山大‧涅夫斯基和聖尼古拉。

聖母安息主教座堂最初是為不斷增加的東正教徒而建，資金主要來自教徒捐贈、保加利亞政府資助與發行彩券募資，建材則以就地取材為主，收集毀壞城牆的石頭與鄰近村莊的石料等。特別的是，教堂開頭是以彼得霍夫宮（素有俄羅斯的凡爾賽宮之稱）為藍本設計，但由於動工後花費大幅增加，負責主事的委員會不堪一再追加預算，只得終止合約、買回計畫，爾後輾轉交由另一位建築師卡內夫（Генчо Кънев）執行，

並在他的主導下完工。目前，教堂免費對外開放且允許拍照，十分平易近人。堂外靠近主幹道（бул. „Владислав Варненчик"）一側有多間花店，其中部分為 24 小時營業，十分特別。

INFO ....

聖母安息主教座堂

🏠 пл. „Свети Свети Кирил и Методий" 2, 9000 Христо Ботев, Варна

📞 +359 52 613 005

🕐 07:00 ～ 18:00

💲 免費（堂內可拍照）

🚏 旅客服務處以北 100 公尺；Катедрала-2 公車站（Katedralata-2 ／大教堂 2，行經班次 1、10、13、18、18a、22、40、41、43、48、49、52、54、148、409）即達；公車 Централна поща 站（Tsentralna Poshta ／中央郵局，行經班次 12、18、18a、22、40、41、82、83、86、88、122）即達。

....

瓦爾納鐘樓 Градският часовник на Варна

瓦爾納的象徵

高 24 公尺的瓦爾納鐘樓位於市中心、城市花園（Градска Градина）內，1889 年落成，屬文藝復興風格。鐘樓最初是應消防隊指揮官需要設計的瞭望塔，但完工不久就因安裝時鐘而改變功能，成為瓦爾納的代表性鐘樓與旅遊地標。與鐘樓同時建成的還有與其相連的「複合大廳」（Съединение），這裡曾作劇院沙龍、市政劇院、電臺等用途，1965 年進行翻新工程並更名「瓦爾納公社」（Варненска комуна），現為瓦爾納國家歌劇院的分支機構。

城市花園南面的各式攤商

鐘樓所處的城市花園南面、沿魯塞街（ул. „Русе"）一側，為一整排的舊書與蔬果混和攤位。除搭棚的固定攤販，也有販售自產蔬菜、鮮花的臨時地攤，無論買賣雙方多是上了年紀的爺爺奶奶。

INFO ·······················

瓦爾納鐘塔

🏠 бул. „Христо Ботев" 1910, 9000 Варна Център, Варна

🕐 全日

🚃 旅客服務處旁；Козирката 公車站即達。

··

瓦爾納國家歌劇院 Държавна опера Варна

藝文活動核心

瓦爾納國家歌劇院奠基於 1912 年，由保加利亞建築師尼古拉 · 拉扎羅夫（Никола Лазаров）設計，工程期間受巴爾幹戰爭影響，推遲至 1932 年才告

完工，1921 年成立的表演組織
「市政專業劇團」（Общински
професионален театър） 也
於此時遷入，此後歌劇院便是
該劇團的根據地。

　　國家歌劇院的建築屬巴洛克
式風格，大廳採經典的馬蹄形設
計，1947 年以瓦爾納公共歌劇院的名義註冊並對外開放，首任藝術總監為保國
知名男高音彼得‧拉哈契維（Петър Райчев）；1957 年，為慶祝「市政專業劇
團」成立 35 周年，更名為「斯托揚‧巴契瓦洛夫劇場」（Драматичен театър
"Стоян Бъчваров"），藉此紀念保國知名導演、演員斯托揚（1878 ～ 1949）
對劇場表演的貢獻。1999 年，國家歌劇院和 1913 年成立的瓦爾納愛樂樂團合併，
目前除常規的歌劇與兒童音樂劇表演外，也有專屬芭蕾舞團製作的高水準芭蕾舞
劇。附帶一提，國家歌劇院旁的普雷斯拉夫街（ул. „Преслав“）為瓦爾納主要

的商業步行街，街道兩側分布多間品牌名
店、餐館，亦常見街頭藝人在此表演，每
逢假日更是人聲鼎沸、熱鬧非凡。

INFO ....

瓦爾納國家歌劇院

🏠 пл. „Независимост“ 1, 9000 Варна Център, Варна

📞 +359 52 665 022

🕐 平日 09:00 ～ 13:00、14:30 ～ 20:00；周六 10:00 ～
13:00、14:30 ～ 19:00；周日 11:00 ～ 16:00

💲 表演 10лв 起

🚇 旅客服務處東南 200 公尺；Козирката 公車站
（Kozirkata）東南 200 公尺。

📷 dramavarna.com

....

瓦爾納考古學博物館
Археологически музей Варна

6,600 年前的金戒指

1888 年成立的瓦爾納考古博物館，由保加利亞考古學家兄弟檔赫爾曼‧什柯爾皮爾（Херман Шкорпил）與卡雷爾（Карел Шкорпил）共同創立，現坐落於 19 世紀末建成的新文藝復興式樓宇內。考古博物館擁有總面積達

650 坪的展覽廳，為保加利亞最具規模的博物館之一，館內展示該地區自史前時代、色雷斯人、古希臘、古羅馬、中世紀至拜占庭帝國、鄂圖曼帝國統治時期及保加利亞民族復興的珍貴文物。不僅如此，博物館還管理兩座露天考古遺址，分別是地處市中心的羅馬浴場與市郊的阿拉賈修道院。

眾藏品中，以占據 3 個獨立展廳、1972 年出土的瓦爾納墓地（Варненски халколитен некропол）殉葬金飾最為知名。該墓地的歷史可追溯至西元前 4,569 ～ 4,340 年，是國際認定的世界史前史重要遺址，而該處出土的金飾，總重量約有 6 公斤，主要為鍛造或鑄造的戒指、手鐲等首飾，質地屬 13K ～ 23K 的金合金，被考古學界視為「人類最古老的黃金」！

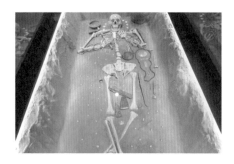

人類最古老的黃金

INFO ┈┈┈┈┈┈┈┈┈┈┈┈┈┈┈┈┈┈┈┈

瓦爾納考古學博物館

🏠 бул. „Княгиня Мария Луиза" 41, 9000 Варна Център, Варна

📞 +359 52 681 030

🕐 6 月至 9 月 10:00 ～ 17:00；10 月至 5 月 10:00 ～ 17:00（周一休）

💲 10лв（攝影 10лв）

🚌 旅客服務處東北 700 公尺；Музей 公車站（Muzey／博物館，行經班次 7、9、12、14、26、27、28、29、31、31a、148、409）即達。

📷 archaeo.museumvarna.com

景 國家木偶劇院 Държавен куклен театър

世界級的偶劇饗宴

瓦爾納市立偶劇團成立於 1952 年，早年曾邀請保國知名木偶劇導演喬治・薩拉萬夫（Георги Сараванов）前來指導，為劇團奠定深厚基礎。初期，偶劇團的表演場地為國家歌劇院的舊廳，1985 年才遷入專屬的新館，也就是今日所見的國家木偶劇院。一甲子過去，偶劇團至今已累積超過 300 部作品，除了適合兒童的經典童話、有益青少年的新創話劇，也有針對成年觀眾創作的先鋒實驗劇，滿足不同年齡層觀眾的喜好。

為推廣木偶劇文化，自 1972 年起，以瓦爾納市立偶劇團為首的組織每隔 3 年就會於 10 月上旬舉行「金海豚 —— 國際木偶戲劇節」（Златният делфин），頒發最佳木偶師、最佳導演、最佳團隊、最佳戲劇等獎項，是保加利亞乃至全歐木偶藝術工作者的文化盛會。不僅如此，偶劇團也經常走訪各國、出席各大兒童藝術節，廣州、香港、臺北、嘉義、

臺南等都有他們的足跡。目前，國家木偶劇院並無固定表演時間，需事先透過電話聯繫預約，劇院內設有小型博物館，陳列許多曾在舞臺上活靈活現的精緻木偶，即使無緣一睹現場演出，也可透過館藏窺知一二。

INFO ···

國家木偶劇院

🏠 4 улица „Драгоман, 9000 Варна Център, Варна

📞 +359 52 607 844

🕐 周二至周五 10:00～17:00、周六與周日 09:00～12:00（周一休）

💲 博物館 3лв

🚌 旅客服務處東南 450 公尺；Козирката 公車站（Kozirkata）東南 500 公尺。

📷 vnpuppet.com

···

景

羅馬浴場 Римски терми

羅馬人泡的湯

地處瓦爾納市區東南方的羅馬浴場，是一座古羅馬浴場建築群，為巴爾幹半島最大、歐洲排名第 4 的浴場遺址（僅次於羅馬的卡拉卡拉浴場、戴克里先浴場與德國特里爾的凱薩浴場）。浴場整體占地超過 2,100 坪，原始穹頂推估可達 20～22 公尺，內部設施從更衣室、冷熱水池到供暖系統，一應俱全。

瓦爾納在西元 15 年時被納入羅馬帝國轄下默西亞省的一部分，而羅馬浴場則是從 2 世紀末使用至 3 世紀末，之後便失去功能；14 世紀時，

工匠們甚至在浴場的廢墟上搭建工作坊。1906 年，奧地利考古學家恩斯特‧卡林卡（Ernst Kalinka）首度確認浴場為古代遺蹟；之後，捷克學者赫爾曼‧什科皮爾（Hermann korpil）與卡雷爾（Karel korpil）兄弟檔又對浴場進行深一層的研究；1959 ～ 1971 年間，保加利亞考古學家米爾切夫（Милко Мирчев）率領的團隊更進一步確立浴場的範圍與年代，並在此找到羅馬皇帝塞提米烏斯‧塞維魯斯時期（在位時間為西元 193 ～ 211 年）的硬幣。目前，浴場除對外開放參觀，夏季也是舉行音樂會和戲劇表演的露天劇院。

INFO ··················

羅馬浴場

🏠 ул. „Сан Стефано", 9000 Варна Център, Варна

📞 +359 52 600 059

🕐 周二至周六 09:00 ～ 22:00

💲 5лв（導覽 20лв）

🚉 旅客服務處東南 1 公里；Басейна 公車站（Baseyna ／游泳池，行經班次 17a、20、39）西北 450 公尺。

景 復古博物館 Ретро музей

回到舊時光

位於瓦爾納最大購物中心「Гранд Мол」（Grand Mall，毗鄰瓦爾納巴士站）2 樓東南側的復古博物館，2015 年開幕，占地近 5,000 坪，是以保加利亞社會主

義時期（1944 ～ 1989）文物為主題的私人博物館，展品從汽機車、照片標語、家用電器、鐵皮玩具到肥皂、香菸、電動玩具等日常用品，種類繁多、應有盡有，漫步其間，宛如重回純樸簡約的保共年代。復古博物館是由商人兼收藏家茨維坦·阿塔納索夫（Цветан Атанасов）創立，他不僅花費心血蒐集，更投入巨資聘請專業職人對藏品（特別是汽車與摩托車）進行修復，優質的展場與高品質的內容，讓專程前來的遊客無不大力推薦。除復古博物館外，另設有一座售票的小型蠟像館（Wax Museum），人物多為共產時代的政治人物，諸如：馬克斯、列寧、戈巴契夫、毛澤東等，影視明星僅茱莉亞羅勃茲、李察吉爾等。

INFO ⋯⋯⋯⋯⋯⋯⋯⋯⋯⋯⋯⋯⋯⋯⋯⋯⋯⋯⋯⋯⋯

復古博物館

🏠 Гранд Мол,паркинг ниво 1, ул. „Академик Андрей Сахаров" 2, 9000 Варна

📞 +359 88 600 1070

🕐 10:00 ～ 22:00

💲 復古博物館 10лв、蠟像館 10лв、兩館聯票 15лв

🚌 旅客服務處西北 2 公里；Техникумите/Сливница 公車站（Tekhnikumite/Slivnitsa，行經班次 14、48、82、83、88、118、118a、121 至）西南 300 公尺；Автогара 公車站（Avtogara／巴士站）東北 200 公尺。

📷 retromuseum.bg

⋯⋯⋯⋯⋯⋯⋯⋯⋯⋯⋯⋯

景 海濱花園 Приморски парк

市民的大花園

　　毗鄰黑海的海濱花園，是瓦爾納最著名的休憩公園，總面積達 820 英畝（約 100 萬坪，近 13 個大安森林公園），園內不僅有公共藝術、名人紀念碑等景觀建築，亦有海軍博物館（Военноморски музей）、遊樂場、動物園、水族館、

網球場、槌球場、景觀臺、廣播電臺、餐廳酒吧、沙灘等機構與設施。除此之外，花園內靠近海邊大道（бул. „Приморски "）一側有座名為「мост на желанията ／ Wishes Bridge」的許願橋，據說只要能閉眼倒走過橋，便能實現願望。

海濱花園的歷史可追溯至 19 世紀中、鄂圖曼帝國統治時期，官方下令建造一座 10 英畝的園林（花園兼菜園），種植櫻花及酸橙等樹木。保加利亞獨立建國後，新任市長邁克爾．科隆尼（Михаил Колони）首度提出建立公共花園的想法，雖然開頭遭到議員的嘲諷與不信任，但透過高效率的執行，迅速將花園面積擴增至 26 英畝。時序邁入 20 世紀，繼任的各屆瓦爾納市長都對花園進行整建與開發，建物陸續落成，成為市民平日休閒踏青的首選。

許願橋

INFO

海濱花園

🏠 Приморски парк, 9000 Varna Center, Варна

🕐 全日

🚌 旅客服務處以東 1.5 公里；Акациите 公車站（Akaciite，行經班次 9、14、14a、17a、39、409）或 Спортна зала 公車站（Sportna zala ／體育館）或 Академията 公車站（Akademiyata ／學院）即達。

許願橋位置

阿拉賈修道院 Аладжа манастир

自己的修院自己鑿

位於瓦爾納市中心東北 17 公里的阿拉賈修道院，是黑海沿岸最著名的岩石修院，毗鄰金沙自然公園（Природен парк "Златни пясъци"）與受政府保護的森林區。修道院創建於 12 ～ 13 世紀，坐落在一處垂直高度 25 公尺的喀斯特懸崖上，由修士們直接挖鑿石灰岩建成，建築共兩層，上層

繪圖還原當時修士生活現況

完全為教堂設計，下層則包含公共區域（廚房、起居室）、小教堂、修士房間和墳場，上下層通過外部樓梯相連。修道院的名稱「阿拉賈」出現在鄂圖曼帝國統治晚期，可能源於土耳其語的「Alaca」（有雜色、多彩、斑駁的意思），意指修道院教堂內五彩繽紛的宗教壁畫，可惜保留至今的相當有限。

與保國境內多個遺世獨立的隱修院相同，阿拉賈修道院存在的目的，在幫助修道者透過苦修與禁慾，達成心理與精神的純淨之餘，也維持虔誠穩定的情緒。修道院在 15 世紀末至 16 世紀初遭荒廢，現在是國家法定的文化古蹟，一旁是以修道院歷史為主題的博物館，每年夏季也固定有燈光秀在此上演。

阿拉賈修道院

🏠 улица „Цар Симеон I" 6A, 9000 Varna Center, Варна

📞 +359 52 355 460

🕐 5 月至 10 月 09:00 ～ 17:00；11 月至 4 月 09:00 ～ 17:00（周日、周一休）

💲 5лв

🚌 搭乘公車 29（火車站↔阿拉賈修道院）直達，整趟車程 38 分、票價 1лв，每日僅往返各兩班，分別為火車站發 07:55、17:50；阿拉賈修道院發 08:50、18:40。29 路自 Жп.Гара ／火車站）站發車，經瑪麗亞·露易莎大道（булевард „Княгиня Мария Луиза")至尾站 Абаджи Аладжа（Aladzha Manastir ／阿拉賈修道院），遊客也可於聖母安息主教座堂對面 的 Козирката（Kozirkata）站上車，車程縮減為 33 分。

🚌 公車 29 路線圖：varnatraffic.com/en/Line/Routes/29

29 路線圖

景 石林 Побитите камъни

自然的神殿

　　地處瓦爾納市區以西 18 公里的石林，是沙漠與 300 多座石柱組成的「石頭沙漠」，範圍南北長 8 公里、東西延伸 3 公里，是東歐唯一已知、自然形成的沙漠棲地（仙人掌、蜥蜴等沙漠型動植物皆可在此生長）。石柱的高度約在 5 ～ 7 公尺（最高達 10 公尺）、厚度則有 0.3 ～ 3 公尺，屬砂質空心。根據研究，石林約莫形成於 5 千萬年前，起源有「有機：海床下珊瑚和藻類的沉積物」和「無機：水下火山活動的沉積物」兩種假設，之後沉積物因地層作用抬升，再受風化及沙漠化作用影響，才演變成今日的面貌，是非常罕見的自然現象。

　　石林在 1829 年首次被正式記錄，早年曾視為古希臘城市的遺跡，1937 年成為國家自然景點，1995 年納入自然保護區。前往石林，自駕

是最方便的途徑，由市區出發、行駛高速公路，15 分鐘便可到達；大眾運輸雖有公車 43 路到達鄰近小鎮，但還得再步行約 45 分鐘，請穿著舒適的健走鞋，路上人跡罕至亦無遮蔽，須有身心準備。

別具特色的石林紀念品

INFO ⋯⋯⋯⋯⋯⋯⋯⋯⋯⋯⋯⋯

石林

🏠 Побитите камъни, Варна

🕐 09:00 ～ 18:00（周一休）

💲 3лв（含簡要口頭導覽）

🚇 搭乘公車 43（Родопа ↔ Слънчеьо Център）前往，建議可由第 4 站 Лаврентий（Lavrentiy ／ 勞倫斯）上車，至倒數第 3 站 Разклон Баново（Razklon Banovo）下車，車程 44 分、票價 1.9лв。公車時刻表為去程市區 Родопа 發 05:00、05:50、08:00、10:40、12:00、14:40、16:00、17:30、20:30，在 Лаврентий 站搭乘需加 5 分；返程 Слънчеьо Център 發 05:50、06:50、09:00、11:40、13:00、15:40、17:00、18:30，到 Разклон Баноьо 2 站（下車處的斜對面）需加 2 分。抵達 Разклон Баноьо 站後，再向南步行約 3 公里（途中需走天橋跨越高速公路），才可到達石林。

🚇 公車 43 路線圖：varnatraffic.com/en/Line/Routes/43

由石頭堆砌而成的售票兼旅客服務處

⋯⋯⋯⋯⋯⋯⋯⋯⋯⋯⋯⋯⋯⋯⋯⋯⋯⋯⋯⋯⋯⋯⋯ 43 路線圖

景 馬達拉騎士浮雕 Мадарски конник

歐洲唯一岩石浮雕

　　馬達拉騎士浮雕位在瓦爾納以西 65 公里的馬達拉村旁、一面高 100 公尺的垂直岩壁上，騎士浮雕完成於中世紀、保加利亞第一帝國時期，具典型的現實主義傾向。浮雕在岩壁距離地面 13 公尺處，整體高 2.6 公尺、底寬 3.1 公尺，內容刻劃一名騎士擊敗獅子的場面——騎士左手執韁繩、右手甫擲出長矛，腳下倒

臥著被矛刺穿的獅子，後方為一隻奔跑的獵犬，馬頭右上方則有一隻展開翅膀的老鷹，畫面象徵色雷斯騎士取得勝利、凱旋歸來。除了圖像，浮雕周圍還刻有西元 705 年～801 年間重要事件的希臘銘文，其中又以保加利亞的捷爾維爾（Тервел）、科爾米索什（Кормисош）、奧莫爾塔格（Омуртаг）等 3 位沙皇明君統治期間的事蹟為主。值得一提的是，保加利亞人信奉基督教前（保人於 864 年接受基督信仰），馬達拉就是第一帝國的主要祭祀場所。

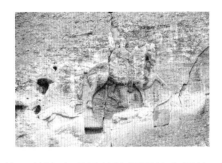

儘管岩石浮雕在波斯帝國（今伊朗、敘利亞等境內）頗為常見，但歐洲卻相當稀有，全歐現在僅馬達拉騎士浮雕一處，具極高的歷史與藝術價值。馬達拉騎士浮雕是保加利亞極具代表性的歷史景點，不僅早在 1979 年列入聯合國教科文組織第一批世界遺產名錄，亦是保國目前流通的 1 分、2 分、5 分、10 分、20 分與 50 分硬幣的正面圖。

附帶一提，景點入口處斜對面有間看似平凡的簡餐店，店內供應的炸雞條與烤雞肉串，卻是筆者在保加利亞旅行 45 天嘗過最美味的雞肉料理。炸雞條香脆可口，烤雞肉串鮮嫩美味，滋味更勝名店。

INFO ....

馬達拉騎士浮雕

🏠 9971 Мадара

🕐 08:00 ～ 20:00

💲 5лв

馬達拉火車站

🚈 自駕是最便捷的方式，由瓦爾納出發行駛高速公路 A2，車程約 1 小時。搭乘大眾運輸者，可從瓦爾納火車站搭火車至馬達拉，去程每日 7 班（直達車發車時間 06:15、14:10、16:45、19:40）、車程近 2 小時，票價 5.2лв，到站後再由火車站往東步行 1.8 公里即達（或於當地搭計程車前往）；回程自馬達拉乘火車返瓦爾納，每日 6 班（直達車發車時間 05:38、07:29、14:39、17:36）。

....

- 271 -

美食攻略

　　瓦爾納的餐館以傳統保加利亞或東歐菜系為主之餘，也融入不少義大利和土耳其料理的元素，加上鄰近黑海的地利之便，或烤或炸的新鮮海產也是必嘗的在地食材。與歐洲不少城市類似，壽司在瓦爾納同樣擁有高人氣，儘管製作手法、食材搭配和擺盤呈現與熟悉的握壽司、卷壽司有所差異，無論生魚片、醋飯或炸天婦羅都走豪邁過癮路線，但足以讓思念米飯的亞洲腸胃一解鄉愁。

食 丘克拉餐館 Гостилница Чучура

家的感覺

　　1885 年開業的丘克拉餐館，位於瓦爾納市中心，供應傳統的保加利亞料理。丘克拉的歷史氛圍不僅體現在道地的菜餚，更在蘊含舊時風情與歲月累積的磚砌屋宇和室內裝潢，從黑白舊照片、陶製器皿、竹編提籃到掛在木條上的乾辣椒、扁平香腸，一景一物彷彿穿越時光隧道。不僅如此，店內擺盤同樣講究，皮塔餅、烤肉串、燉菜、鐵板蘑菇等視覺、味覺效果皆佳，加上價位適中、CP 值高，可謂貨真價實的色香味俱全。

INFO ....

丘克拉餐館

🏠 ул. „Драгоман" 11, 9000 Варна Център, Варна

📞 +359 87 684 8918

🕐 12:00 ～ 23:00 (周日休)

💲 450g 烤肉串 16.5лв、沙拉 4.7лв 起、湯品 3.7лв 起

👥 10лв ～ 20лв

🚏 旅客服務處東南 450 公尺；Козирката 公車站 (Kozirkata) 東南 450 公尺

🔍 國家木偶劇院、瓦爾納國家歌劇院

ⓕ facebook.com/gostilnicachuchura

食

納特里奧餐吧 Nutrio Bar

珍饈在街頭

「我們不是五星級餐廳，而是隨興休閒的街頭小吃店。」走平價休閒風的特納里奧餐吧，近年穩居瓦爾納最佳餐廳前三甲，憑藉的正是食材新鮮、現點現製、價格實惠的優質美食。餐盒、三明治、沙拉、冰沙與甜點是餐吧的 5 大支柱，其中餐盒是盛裝肉類或素食主餐的搭配組合，而選項多達 12 種的冰沙，則是蘊含豐富創意與健康概念的現打鮮果飲。眾品項中，以烤雞肉三明治（Сандвич с пилешко филе на грил，6.99лв）、KOBB 沙拉（КОББ Салата，7.99лв，內含培根、烤雞肉、酪梨、番茄、黃瓜、起司等）及綜合漿果飲（Смути Много Бери，3.99лв）人氣最旺，為服務日漸增加的蔬食人口，餐吧也有提供素餐盒（Веджи / Веган кюфтенца на грил，6.99лв）、番茄起司酪梨三明治（Сандвич Fresh Mozzarella, Avocado & Tomato，3.99лв）與用料豐盛的素沙拉（Салата Веган，7.99лв）。

INFO ....

納特利奧餐吧

🏠 бул. „Княз Борис I-ви" 82, 9000 Варна Център, Варна

📞 +359 87 722 5526

🕐 09:00 ～ 18:00

💲 餐盒 5.99лв 起、沙拉 5.99лв 起、三明治 3.99лв 起、水果飲 3.99лв 起

👤 5лв ～ 10лв

🚇 旅客服務處東北 1.2 公里；Академията 公車站（Akademiyata ／學院）以西 200 公尺。

🔍 海濱花園（許願橋）

💻 nutrio.bar

....

食 巴巴先生船餐廳 Мистър Баба

乘船＋啖魚＋看海

　　巴巴先生船餐廳坐落在海濱花園盡頭的黑海沙灘上，外型是以 15 世紀木造帆船為模型的 1:1 復刻版本，船艙內與開放式甲板共有 250 個座位。巴巴先生不只外觀吸人眼球，以保加利亞及東歐傳統食物為核心發想的無國界料理同樣精彩，菜單不只有當地餐館必見的鄉巴佬沙拉、優酪乳湯，亦可見泰式海鮮湯、義大利麵等異國風味。每逢季節轉換，主廚也會適時更新菜單，夏季多推出清爽的魚類、沙拉，冬季則會提高肉類的比重。既然身處黑海畔的「帆船」裡，不妨試試店家最自豪的海鮮料理，雖然並非臺灣人熟悉的清蒸或爆炒手法，但燉煮、燒烤或油炸倒也別有一番風味。

INFO

巴巴先生船餐廳

🏠 бул. „Приморски" 27, 9000 Варна Център, Варна

📞 +359 89 650 5050

🕐 11:00 ～ 00:00

💲 沙拉 6.89лв 起、湯品 4.99лв 起、三明治 9.59лв 起、海鮮料理 9.8лв 起、肉類主餐 11.59лв 起、肉類燒烤 9.39лв 起

👤 20лв ～ 30лв

🚇 旅客服務處東南 1.6 公里；Басейна 公車站（Baseyna ／游泳池）以南 300 公尺。

🔍 瓦爾納港、海濱花園、羅馬浴場

📱 mrbaba.net

布爾加斯 Бургас（Burgas）

　　布爾加斯為布爾加斯州（Област Бургас）首府，整座城市被布爾加斯湖（Бургаски езера，又稱布爾加斯濕地）與布爾加斯灣（Бургаски залив）環繞，為保加利亞東南部的交通、經濟、教育與行政管理中心，是黑海第 2 大、保國第 4 大城市，擁有全國最大港口與唯一石油港。布爾加斯及其周邊均為黑海觀光重鎮，每逢夏季就會湧入大量來自西歐與俄羅斯的度假客，海陸空運輸相當暢旺，相形之下，旅遊淡季航班銳減、車班間距大，往返較費時。受到黑海的調節，布爾加斯的氣候條件頗佳，7、8 月均溫僅 22°C（均高溫 28°C、均低溫 17°C）；冬季偶達零下、鮮少降雪。

　　布爾加斯位於海畔的肥沃平原上，人類的活動紀錄可追溯至 3 千年前的銅石並用時代；西元前 6 世紀～前 2 世紀，色雷斯人定居在此並留下豐富的考古文物；自古羅馬、中世紀到鄂圖曼帝國統治時期，這裡一直都是海陸交通要道。19 世紀末，布爾加斯的工商業快速發展，1891 年通過第一個城市發展計畫，陸續興建包括城市圖書館、海洋花園與聖西里爾與美多德教堂在內的公共建築。時至今日，這兩百多幢不同歐洲建築風格的建物多分布在亞歷山大德羅夫斯卡步行街（ул. „Александровска"）兩側，是受到政府保護的文化古蹟群。

往布爾加斯機場、內塞伯爾、
陽光海灘方向

夏季沙雕節會場

海洋花園

布爾加斯灣

布爾加斯西巴士站

弗拉基米爾·巴甫洛夫火車站

布爾加斯
Бургас

露天劇院

聖西里爾與美多德教堂　布爾加斯民族誌博物館
布爾加斯肚臍　布爾加斯自然史博物館
Ti Bar & Kitchen　布爾加斯
歷史博物館

海員紀念碑
布爾加斯橋
新上海
大酒樓

往索佐波爾方向

快樂燒烤吧
布爾加斯
旅客服務處　布爾加斯考古博物館
聖母教堂

海王星餐廳

布爾加斯中央車站

布爾加斯南巴士站

往阿納斯塔西亞島方向

布爾加斯港 Магазия 1

交通資訊

布爾加斯是保加利亞東南部的主要城市，機場、火車站、巴士站、海港等三棲皆備，往來運輸十分便捷。布爾加斯與瓦爾納間有高速公路 E87 相連，其餘往大特

爾諾沃、魯塞、舊扎戈拉、普羅夫迪夫等境內城市也都有高速公路連結，如車況平順，由布爾加斯經普羅夫迪夫至索菲亞全程近 400 公里僅需 4 小時。對利用大眾運輸的非自駕客而言，則有長途巴士、火車等兩個選項，可以中短途搭巴士、長途坐火車為基礎規劃。

布爾加斯市內有西、南兩座巴士站，行駛路線有部分差異（多數往返西部城市的班次只在西站停靠），購票與搭乘時請務必留意。市內移動部分，除市區遠程或市郊往返得仰賴布爾加斯公車系統，其餘多數景點均可以步行前往。

布爾加斯機場 Летище Бургас

布爾加斯機場（縮寫 BOJ）位在市中心東北 10 公里處，為保加利亞東南部的一座國際機場，以運輸前往陽光海灘度假的歐洲遊客為主要目的。儘管布

爾加斯機場航點遍布全歐及俄羅斯各城市，但航班絕大多數為夏季包機（往返索菲亞、瓦爾納的國內線亦同），全年運行的定期航點僅有俄羅斯莫斯科（多莫傑多沃機場）、英國倫敦（魯敦機場）兩處。

INFO

布爾加斯機場

🏠 8016 Летище Бургас, Бургас

📞 +359 56 870 248

🚆 公車 15 路直達市中心 (終點站為南巴士站) 票價
1.5лв;計程車車資 20 лв。

🕐 burgas-airport.bg

布爾加斯中央車站 Централна Гара Бургас

　　中央車站位於市中心南側、亞歷山大德羅夫斯卡步行街的起點，靠近南巴士站與布爾加斯港，由此搭乘公車 15 路可直達布爾加斯機場。中央車站初建於 1903 年，設計取材自保加利亞的第一座火車站——瓦爾納火車站，兩者除細節外基本相同。

　　布爾加斯中央車站為「鐵路 8 號線 普羅夫迪夫↔布爾加斯」東側終點，沿途行經舊扎戈拉、揚博爾、卡爾諾巴特等城鎮。基於 8 號線為 1 條東西向鐵路，自布爾加斯乘火車至保國中部（再由此延伸至首都）最為便利，相形之下，直線距離近卻無鐵路線直通的瓦爾納就較不合適。以下是布爾加斯到舊扎戈拉、普羅夫迪夫、索菲亞的車班摘要，班次可能發生變動，搭乘前請務必至官網查詢最新時刻表。

◇ 往返舊扎戈拉的車次每日 8 班，其中直達與轉乘 1 次各半，車程約 2 小時～ 3.5 小時。發車時間為 07:10、08:20、09:40、13:50、14:30、16:30、17:50、22:50，以 07:10 與 16:30 發出的班次最佳（免轉乘、速度快、票價低），二等全票 10.2лв ～ 11.7лв、一等全票 12.8лв ～ 14.6лв。

◇ 往返普羅夫迪夫的車次每日 8 班，其中直達車 3 班、轉乘 1 次 3 班、轉乘 2 次 2 班，車程從 3.5 小時～近 7 小時，以 07:10、16:30 發車的直達班次最佳，二等全票 14.6лв ～ 16.3лв、一等全票 18.3лв ～ 20.4лв。

◇ 往返索菲亞的車次每日 8 班，其中直達車 5 班、轉乘 1 次 1 班、轉乘 2 次 2 班，車程從近 6 小時～ 10 小時，以 07:10、08:20、09:40（轉乘 1 次）、14:30、16:30 發車的班次最佳，二等全票 20.4лв、一等全票 25.5лв。

INFO

布爾加斯中央車站

🏠 бул. „Иван Вазов" 1, 8000 Бургас Център, Бургас

🕐 06:00 ～ 22:00

🚇 站前乘 Б1、Б2（2 站）或步行前往市中心，票價 1.5лв。

📱 bdz.bg（以保文輸入起訖點、搭乘日期即可查詢當日班次）

布爾加斯南巴士站 Автогара Юг Бургас

　　與中央車站相鄰的南巴士站，是布爾加斯市內主要的中、長途巴士站，每日不僅有連結鄰近城鎮波摩萊、內塞伯爾、陽光海灘、索佐波爾等的車班，也有至主要城市瓦爾納、索菲亞的長途車，以及數班往返土耳其首都伊斯坦堡的跨境班次。就後兩者論，以往瓦爾納的班次最多，由 4 間公司經營、每日 14 班，車程 2.5 小時至 3 小時；往伊斯坦堡的居次，由 3 間公司經營、

每日 6 班，車程 7 小時左右；最少的則是往索菲亞的班次，由 2 間公司經營、每日 8～9 班，車程 6.5 小時至 7.5 小時。一般而言，長途班次多為整點發車，行車時間受停站、路況、通關等因素影響，上述車程僅供參考。

INFO ···

布爾加斯南巴士站

🏠 ул. „Княз Александър Батенберг", 8000 Бургас Център, Бургас

📞 +359 56 842 692

🚌 站前乘 Б1、Б2（2 站）或步行前往市中心，票價 1.5лв。

📱 burgasbus.info/burgasbus/?page_id=71

··

布爾加斯西巴士站 Автогара Запад Бургас —

　　地處市區西側的西巴士站，毗鄰弗拉基米爾‧巴甫洛夫火車站（Жп Гара Владимир Павлов），與南巴士站相仿，也有往返鄰近城鎮與境內城市的班次，但沒有國際車班。此外，往返普羅夫迪夫、大特爾諾沃、魯塞、普列文、舊扎戈拉、卡贊克勒等地的車輛，均只在西巴士站停靠，抵達或出發時請務必留意。

INFO ·····························

布爾加斯西巴士站

🏠 8000 Северна промишлена зона, Бургас

📞 +359 88 575 4038

🚌 站前乘 Т1（3 站）進入市中心，票價 1.5лв。

📱 burgasbus.info/burgasbus/?page_id=69

··

布爾加斯公車 Бургасбус

　　布爾加斯公車公司承擔市內、市郊的大眾運輸服務，該公司分別在南巴士站／中央車站與西巴士站旁設置主要轉運站，行駛車輛有巴士與無軌電車（Т開頭）兩款，短程採取同一票價——上車購票 1.5лв，刷電子票卡 1.3лв，後者可至運輸大樓（Транспортна Къща）購買。儘管公車路線圖看似密密麻麻，但實際行經市區的路線相當重複，造成市中心站點少且單一，因此除非要到鄰近城鎮，否則乘坐機率其實不高。

INFO

布爾加斯公車

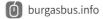　burgasbus.info

運輸大樓

🏠　ул. „Александровска" 106, 8000 Бургас Център, Бургас

📞　+359 56 831 422

🕐　平日 07:00 ～ 18:45、周六 08:00 ～ 17:15（周日休）

景點全覽

　　布爾加斯市中心以亞歷山大德羅夫斯卡步行街為主軸向東、南側的黑海方向延伸，除步行可達的市區景點，也能乘船至不遠處的阿納斯塔西亞島，探訪黑海唯一保存完好的中世紀島嶼修院；或乘巴士至黑海知名度假區——世界遺產內塞伯爾、陽光海灘與索佐波爾。無論偏好歷史古蹟、海濱戲水還是輕鬆愜意的小島漫遊，布爾加斯都能一次滿足您的旅遊願望清單。

INFO ⋯⋯⋯⋯⋯⋯⋯⋯⋯⋯⋯⋯

布爾加斯旅客服務處

🏠 бул. Христо Ботев, 8000 Бургас Център, Бургас

📞 +359 56 825 772

🕐 09:00 ～ 19:00

📱 gotoburgas.com

　　如果在布爾加斯停留的時間稍長，也有造訪博物館和鄰近島嶼的計畫，可考慮購買「布爾加斯卡」（Burgas Card）。卡片效期 3 天，期間可參觀市內的考古博物館、民族誌博物館等機構，乘船遊覽阿納斯塔西亞島及島上博物館，7 月至 9 月期間還加碼沙雕節免費入園，可謂物超所值。

INFO ⋯⋯⋯⋯⋯⋯⋯⋯⋯⋯⋯⋯

布爾加斯卡

📍 布爾加斯旅客服務處、南巴士站、Магазия 1（往阿納斯塔西亞島乘船處）等

💲 30лв

📱 gotoburgas.com/bg/card

景 布爾加斯肚臍 Километър Нула

城市中心

2011 年面市的布爾加斯肚臍又稱作「零公里」（Километър Нула），為一塊由當地雕塑家拉多斯亭．達莫斯科夫（Радостин Дамасков）創作的青銅盾牌，上面刻有 3 條魚、三叉戟、船隻與月桂花環，分別象徵耶穌基督、海神波賽頓、布爾加斯是黑海航運要港、布爾加斯擁有豐富歷史。布爾加斯肚臍位在亞歷山大德

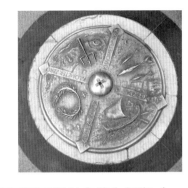

羅夫斯卡步行街和聖西里爾與美多德步行街（ул. „Свети Свети Кирил и Методий"）的交叉口，它不僅是一個裝置藝術，也被視為整座城市的零公里起點，唯象徵意義遠大於實用價值。

INFO ....

布爾加斯肚臍

🏠 ул. „Свети Свети Кирил и Методий" 1, 8000 Бургас Център, Бургас

🕐 全日

🚇 旅客服務處以北 200 公尺

景 布爾加斯區域史博物館 Регионален исторически музей Бургас

城市的四個面向

布爾加斯區域史博物館為保加利亞東南部最具規模的一座博物館，前身是 1912 年由德貝爾特考古學會（Археологическо дружество „Дебелт"）創辦的博物館，旨在爬梳布爾加斯地方史和收藏當地發現的考古文物。1946 年，學會將博物館交予市政府，之後經過一些重整與改制，將其定位為以典藏、研究、

展示與教育為主軸的教研機構。與普羅夫迪夫的同名組織相仿，布爾加斯區域史博物館的 4 個展覽館分別位於 4 幢獨立的建物內，依照主題分別是考古學博物館（Археологически музей Бургас）、民族誌博物館（Етнографски музей Бургас）、歷史博物館（Историческият музей Бургас）與自然史博物館（Природонаучен музей Бургас）。

布爾加斯區域史博物館
 +359 56 840 334
burgasmuseums.bg

　　考古博物館坐落於一棟 1894 年落成的粉紅色雙層樓宇，由瑞士建築師赫曼・梅爾（Херман Майер）設計，最初為一間女子學校所有。考古博物館顧名思義是以布爾加斯及其周圍的考古成果為核心，館藏從史前的石器時代、青銅器時代，到進入歷史時期的色雷斯人古城鎮，乃至希臘黑海殖民、羅馬帝國、鄂圖曼帝國等異國統治時期等，時間跨距長且文物種類豐富。藉由對出土文物的研究，學者可推測數千年前人們的生活樣貌，像是在布爾加斯鄰近村莊發現來自愛琴海米諾斯文明的銅器，正是居住在此的色雷斯人與地中海經貿往來的證據。博物館以古色雷斯人的雕像、浮雕、飾品與祭祀人偶等藏品最為豐富，而位於大廳的「保加利亞最早雕像」（Най-ранната статуя）和戶外展區的「色雷斯人支石墓（石棚墓）」（уникалната тракийска гробница – "долмен"）則是訪客必見的鎮館之寶。

INFO
布爾加斯考古博物館
🏠 бул. „Алеко Богориди" 21, 8000 Бургас Център, Бургас
📞 +359 56 843 541
🕐 6 月至 9 月平日 10:00 ～ 19:00（假日休）；10 月至 5 月 09:00 ～ 17:00（周日、周一休）
💲 5лв
🚉 旅客服務處以東 200 公尺

民族誌博物館位在市中心一棟著名建物「布拉卡洛夫屋」（Бракалова къща）內，該樓落成於 1873 年，為曾任布爾加斯市長的政治家迪米塔爾·布拉卡洛夫（Димитър Бракалов）出資興建，是目前布爾加斯唯一保留下來的 19 世紀巴爾幹式聯排別墅。民族誌博物館整體是以布爾加斯傳統生活為主題，分為一、二樓共兩個展場，前者可見 19 世紀房屋的內部格局與裝潢擺設；後者則是博物館的重頭戲所在──屋內陳設不同地域、各種節日慶典的傳統服裝及飾品、器皿、工藝品等，蘊含滿滿保加利亞本地風情。其中，傳統服飾材質主要為亞麻、棉、羊毛織品，裝飾則屬幾何或

花草對稱圖樣的斯拉夫化刺繡，部分也受土耳其、希臘等移民文化的影響。欣賞傳統工藝品之餘，館內附設的販賣部也有販售少量由當地婦女製作的手工藝紀念品。

INFO ....

布爾加斯民族誌博物館

🏠 ул. „Славянска“ 69, 8000 Бургас Център, Бургас

📞 +359 56 842 587

🕐 6 月至 9 月平日 10:00 ～ 19:00（假日休）；10 月至 5 月 09:00 ～ 17:00（周日、周一休）

💲 5лв

🚉 旅客服務處東北 400 公尺

....

歷史博物館位於一棟 1901 年建成的新古典主義建築中，樓宇的首位主人是一位希臘商人，1981 年改建為博物館。館內展示與城市和地區歷史相關的文物及史料，藏品不僅涵蓋歐洲古典主義與後巴洛克時期的玻璃、瓷器、青銅雕塑，更可見文藝復興時期的珍貴畫作與印刷品。博物館的另一個看點，是院子裡一堵 2016 年落成的「字母牆」（Стената на буквите），上面掛著刻有楔形文字，

埃及象形文字、古印度婆羅米文、中國文字、希臘字母、阿拉伯字母等世界上 11 種最古老文字系統的陶板，其創作目的在藉由回到文字創造的原點，反思人們通過寫作表達自己意念的初衷。

INFO ···

布爾加斯歷史博物館

🏠 ул. „Михайл Лермонтов" 31, 8000 Бургас Център, Бургас

📞 +359 56 841 815

🕐 6 月至 9 月平日 10:00 ～ 19:00（假日休）；10 月至 5 月 09:00 ～ 17:00（周日、周一休）

💲 5лв

🚉 旅客服務處東北 250 公尺

··

　　自然史博物館以保加利亞東南部的地質地貌與環境演化歷程為主題，博物館的組成始於 1962 年，之後陸續收集與購入各類動植物化石、標本等展品，逐步發展為今日所見的規模。自然史博物館的目的在展示當地自然的多樣性與獨特性，同時加強對民眾（特別是學童）的環境教育，而館內的「石頭的神奇世界」（Магичният свят на камъка）、「斯特蘭賈山脈的動植物群」（Флора и фауна на планината Странджа）與「布爾加斯濕地的鳥類資源」（Птичи ресурси на бургаските влажни зони）等 3 個集合式展場，更是布爾加斯及其周邊特殊生態的具體呈現。

INFO ···

布爾加斯自然史博物館

🏠 ул. „Константин Фотинов" 30, 8000 Бургас Център, Бургас

📞 +359 56 843 239

🕐 6 月至 9 月平日 10:00 ～ 19:00（假日休）；10 月至 5 月 09:00 ～ 17:00（周日、周一休）

💲 5лв

🚉 旅客服務處東北 300 公尺

··

景 聖西里爾與美多德教堂
Катедрален храм "Св. Св. Кирил и Методий"

重修舊好

布爾加斯市內最大的東正教教堂——聖西里爾與美多德教堂，是以東正教聖人西里爾與美多德（Κριλλο κα Μεθ διο）兄弟檔命名，兩人為9世紀時拜占庭帝國的著名傳教士，共同發明的格拉哥里字母更是現存已知最古老的斯拉夫語言字母，他們的弟子就在此基礎上，創造出現今絕大多數斯拉夫語族使用的西里爾字母。

聖西里爾與美多德教堂建於 1897 ～ 1907年，由對布爾加斯城市化與現代化貢獻卓著的義大利建築師里卡多・托斯卡尼（Ricardo Toscani）設計規劃，為一座十字巴西利卡布局的三中殿式教堂，由 5 對大理石柱分隔，中央為帶有 12 個小窗戶的主圓頂。教堂曾於 1953 年遭祝融之災，燒毀堂內許多珍貴壁畫，所幸經過數度修復工程，逐漸恢復昔日華麗風貌。

INFO ....

聖西里爾與美多德教堂

🏠 ул. Св. Св. Кирил и Методий, 8000 Бургас Център, Бургас

📞 +359 56 843 175

🕐 08:00 ～ 18:00

💲 免費（內部可拍照，請事先詢問）

🚇 旅客服務處東北 350 公尺

....

聖母教堂 Храм "Св.Богородица"

有故事的堂

聖母教堂建於 1853 年，其前身可追溯至 17 世紀，後於俄土戰爭期間（1828～1829）被毀，1840 年代隨著信仰東正教的人口自希臘遷返才在原址重建，為布爾加斯現存最古老的東正教教堂。教堂為巴西利卡布局的三中殿式教堂，總面積近 150 坪，有兩排各 6 根大理石柱將中殿分隔，由於興建時仍處在鄂圖曼帝國統治下，基於禁令無法興建鐘樓，目前所見的鐘樓是 1928 年增建的結果。

聖母教堂的信徒不少為來自希臘的移民，加上地處傳統希臘社區，因此又有「希臘教堂」的別稱。1906 年，聖母教堂在反希臘起義（起因為前一年有 62 名保加利亞平民遭希臘武裝部隊屠殺）期間，被抹去希臘銘文並更名為「耶穌顯聖容」（Преображение Христово）……直到 1952 年，才藉由重建的機會，一併內部塗抹清除並恢復舊名。

INFO

聖母教堂

🏠 Бургас, ул. М.Лермонтов 5, 8000 Бургас Център, Бургас

📞 +359 56 846 090

🕐 08:00 ～ 18:00

💲 免費

🚏 旅客服務處東南 400 公尺

景 海洋花園 Морска Градина

公園、花園、遊樂園

沿黑海海岸線、占地 720 公頃的海洋花園（約 28 個大安森林公園），為布爾加斯市內最具規模的公共公園，園內可見豐富的灌樹木林、裝置藝術、名勝古蹟與雕像紀念碑等，其中以俄國著名詩人亞歷山大・謝爾蓋耶維奇・普希金（Александр Сергéевич Пýшкин）的全身銅像（1952 年揭幕、高 2.2 公尺）最為知名。海洋公園的雛形始於 19 世紀末，1910 年起開始有系統地展開全面性的設計規劃，引入世界各大洲、數百種植物進行綠化工作的同時，也對景觀設計與園藝藝術投入大量心力。1938 年，在時任市長阿塔納斯・席維柯夫（Атанас Сиреков）的催生下，耗資 200 萬列弗的海洋賭場（Морско казино）落成，成為布爾加斯最受歡迎的娛樂場所，賭場在共黨政權垮臺後一度因缺乏資金而關閉，2011 年經大幅翻修後以復刻新姿重新開幕。

海洋花園內有許多值得造訪的景點，如以水手節為發想的海員紀念碑（Паметник на моряка）、採戶外開放式的露天劇院（Летен театър）、通往黑海的布爾加斯橋（Бургаският Мост）與地處公園北側的布爾加斯花卉博覽中心（Експозиционен център Флора Бургас）等，除此之外，沿著海岸線還有一整排的沙灘雞尾酒吧和度假村，夏季總會吸引滿滿的戲水人潮。如在 7、8 月間造訪，也別錯過在此舉辦的沙雕節（Фестивал на пясъчните скулптури），展覽需額外購票入場，儘管沙雕數量並非滿坑滿谷，但都是具有國際水準的一時之選。

布爾加斯橋　　沙雕節場地

露天劇院

海員紀念碑

INFO ··

海洋花園

🏠 Морска Градина, 8000 Бургас

🕐 全日

🚉 旅客服務處以東 800 公尺

🅾 morskatagradina.com
··

景 阿納斯塔西亞島 Света Анастасия

灣上的珍珠

往返布爾加斯與阿納斯塔西亞島的交通船

　　阿納斯塔西亞島是位於布爾加斯灣上的一座火山岩島，面積約 1 公頃（即 3,025 坪），距離布爾加斯市區直線距離約 7 公里，是保加利亞黑海沿岸唯一有人居住的島嶼，島上供應電力和飲用水，有燈塔、碼頭、餐館、咖啡廳、旅館、博物館與教堂等設施。島嶼的名稱來自中世紀即坐落於此的同名修道院，1923 年被改為關押政治犯的監獄，共黨執政初期更名為具政治意涵的布爾什維克島，1991 年隨著共黨瓦解而恢復舊名。21 世紀初，阿納斯塔西亞島開始發展觀光產業，有定期船班往返於布爾加斯港 Магазия 1 和阿納斯塔西亞島。

　　造訪阿納斯塔西亞島的最佳時機為每年 6 月至 9 月，這段期間的 10:00 ～ 20:00 島上均提供完整旅遊服務，包括：租用語音指南（包含英語、德語等，每人 5лв）、團體導覽等。由於空間有限，為免因人數過多而降低遊覽品質，阿納斯塔西亞島一次最多僅允許 100 ～ 150 位遊客停留，船

阿納斯塔西亞港

班單趟最多可載 100 名乘客，出發前最好先透過電話或電子郵件預訂，最晚需於前一日傍晚 5 點前提出申請；未收到確認信或臨時起意者，亦可直接到 Магазия 1 售票窗口碰運氣，如恰好有船位就能隨到隨走。

　　除當天來回，島上也有 5 間以修道院改建的客房，室內空間旨在重現過去的氛圍與精神，住客可在舒適而別具特色的房間內，悠哉欣賞遼闊的布爾加斯灣美景。客房有大、小兩種不同款式，雙人房收費分別為 120лв 和 80лв（含早餐）。基於房間數量有限，有意「來去小島住一晚」的朋友請確認行程後，盡早以 E-mail 訂船票與訂房。

INFO ....

阿納斯塔西亞島

🏠 42° 28′ 3.9″ N, 27° 33′ 11″ E

📞 +359 882 004 124（接聽時間 09:00 ～ 17:00）

📷 anastasia-island.com

✉️ reservations@gotoburgas.com

面向港口的小咖啡館

INFO ....

布爾加斯港 Магазия 1 ↔ 阿納斯塔西亞島船班

🕐 6 月至 9 月每小時 1 班;10 月至 5 月每日 2 班 (船程 30 分鐘)

💲 6 月至 9 月來回票 14лв;10 月至 5 月來回票 12лв

🔍 淡季船班為布爾加斯發 10:00、13:00;阿納斯塔西亞島發 12:30、15:30,船班狀態可能隨季節、海象有所變動,時刻表請以現場公布為準。淡季時,如乘客未達數量將停航,請提前至少 1 日至 Магазия 1 售票窗口詢問及預訂船位。

Магазия 1

🏠 Пристанищен комплекс, 8000 Бургас

🚇 旅客服務處東南 1.2 公里

....

景 內塞伯爾 Несебър

歷史的活化石

　　內塞伯爾位於黑海畔一個由岩石組成的半島上,擁有豐厚的歷史底蘊和建築古蹟,1983 年登錄為世界文化遺產。內塞伯爾素有城市博物館的美譽,早在 3,200 年前這裡就是色雷斯人的聚落,西元前 6 世紀初成為希臘的殖民地,與時稱阿波羅尼亞的索佐波爾為旗鼓相當的貿易競爭對手,西元前 71 年被羅馬帝國征服。中世紀時,內塞伯爾的統治權在拜占庭帝國與保加利亞帝國間多次轉換,1453 年被納入鄂圖曼帝國,此後城市規模逐漸萎縮。19 世紀末,內塞伯爾雖成為保加利亞的領土,但基於長年的歷史因素,當地居民仍以從事釀酒和捕魚業的希臘裔居多,至 1919 年保、希兩國透過簽訂條約互換人口(保國境內的希臘人

遷居希臘、希國境內的斯拉夫人遷居保加利亞），才將人口結構扭轉為以保加利亞人為主。

　　內塞伯爾由 1920 年代開發的內陸新城區與擁有千年歷史的半島古城區構成，兩者以一個狹窄的人造地峽相連，地峽中央有一座建於 18 世紀中的木造風車（Мелница）。古城區因難攻易守的特殊地形，幸運躲過不少戰火，保留大量可追溯至古希臘時期的珍貴歷史遺跡建物和城堡要塞。特別的是，在面積僅 27 公頃（約等於大安森林公園）的半島古城區，竟有多達 40 座、建於 5 世紀至 17 世紀間或完好或頹圮的東正教教堂，密度之高可謂全球罕見，其中最具代表性的有：聖索菲亞教堂（Църква "Света София"，5 ～ 6 世紀）、聖母大教堂（Базилика "Богородица Елеуса"，6 世紀）、聖帕拉

斯凱維教堂（Църква "Света Параскева"，13 世紀）、基督君王教堂（Църква „Христос Пантократор“，13 世紀）、聖約翰阿利特格托斯教堂（Църква „Свети Йоан Алитургетос“，14 世紀）、聖斯帕斯教堂（Църква „Свети Спас“，17 世紀）等，完整記錄自拜占庭帝國、保加利亞帝國到鄂圖曼帝國等各個時期東正教會建築的演變過程。除此之外，古城區還可見許多 19 世紀建成的保加利亞民族復興式木造民宅，完整保留當時黑海地區典型的建築特色。

聖帕拉斯凱維教堂

聖母大教堂

聖斯帕斯教堂

INFO ·············

內塞伯爾

🏠 8230 Несебър

🚌 自駕者由布爾加斯市中心出
發，沿 9 號公路接 E87 往北行
駛，車程約 40 分，古城區內有數座停車場，收
費為 1 小時 2лв；搭乘大眾運輸者於布爾加斯
南巴士站(3 號月臺)搭乘「布爾加斯─內塞伯爾」
（Бургас – Несебър，部分班次延駛至陽光海
灘）班車即達，平均 40 分一班，車程 50 分，單
程票價 6лв，上車購票。

🕐 時刻表：burgasbus.info/burgasbus/?page_id=361

時刻表

聖索菲亞教堂

聖約翰阿利特格托斯教堂

基督君王教堂

景
陽光海灘 Слънчев бряг

Bulgaria 的陽光

　　陽光海灘位在布爾加斯市中心東北 40 公里處，為黑海沿岸著名的高 CP 值
度假勝地，每逢夏季就有大批歐洲（以英國人為大宗）與俄羅斯遊客來此享受沙
灘陽光，因此這裡不僅有熱鬧繽紛、直達沙灘的商業徒步街，豐富的娛樂場所、
餐廳酒吧和籃球、自行車、賽艇帆船、騎馬等各種運動場地，以及巴爾幹半島地

區最大的水上樂園（Екшън Аквапарк）。陽光海灘的規劃始於 1957 年，在優良的氣候狀態（6 月至 9 月的晴天數達 20 ～ 25 日，平均溫度不超過 26°C、濕度介於 60% ～ 65%）與理想的地形條件（細緻的金色沙灘＋海床斜度小導致波浪和緩）下，很快發展成保加利亞東部的觀光熱點。在陽光海灘，無論預算高低都可找到適合的消費層級，旺季人潮雖多卻也是最棒的時機，淡季車班、遊客皆少，相形蕭條許多。

自布爾加斯南巴士站開往陽光海灘的車班

INFO

陽光海灘

🏠 8240 Слънчев бряг

🚉 自駕者由布爾加斯市中心出發，沿 9 號公路接 E87 往北行駛，車程約 40 分；搭乘大眾運輸者於布爾加斯南巴士站（3 號月臺）搭乘「布爾加斯－陽光海灘」（Бургас – Слънчев Бряг）班車即達，夏季平均 20 ～ 40 分一班、冬季約 1 ～ 2 小時一班，車程 55 分，單程票價 6лв，上車購票。

🕐 時刻表：burgasbus.info/burgasbus/?page_id=358

時刻表

景 索佐波爾 Созопол

有歷史的海濱小城

位於布爾加斯東南 35 公里的索佐波爾，是黑海沿岸的千年古城與度假勝地。早在西元前 7 世紀就成為古希臘的殖民地，一度是希臘文明在黑海地區規模最

大且最富有的貿易與軍事中心，西元前 72 年時被羅馬帝國征服，爾後又經歷保加利亞帝國與鄂圖曼帝國的統治，俄土戰後被分配給新獨立的保加利亞。時至今日，索佐波爾已蛻變為歷史人文與沙灘美食兼備的夏季海濱樂園，遊客不僅能探索古意盎然的舊城區，也可換上泳裝享受熱力四射的陽光海灘，是偏好居遊慢旅者的首選。

INFO ·······························

索佐波爾

🏠 8130 Созопол

🚉 自駕者由布爾加斯市中心出發，沿 9 號接 99 號公路往南行駛，車程約 30 分；搭乘大眾運輸者於布爾加斯南巴士站搭乘「布爾加斯─索佐波爾」（Бургас – Созопол）班車即達，平均每小時一班，布爾加斯南巴士站（5 號月臺）每整點發車；索佐波爾（下車處同點上車）每半點發車，車程 40 分，單程票價 4.5лв，上車購票。

🕐 時刻表：burgasbus.info/burgasbus/?page_id=363

······························· 時刻表

美食攻略

　　作為黑海畔的重要觀光城市，布爾加斯不乏各類型餐館，沿海灘一側也有多間風景氣氛俱佳的餐酒坊。整體而言，當地還是以東歐、地中海及義式料理為大宗，以及數間評價不錯的中式炒菜與日式料理店，如果不想誤踩地雷又能東（壽司）西（烤肉）合璧、飽餐一頓，那麼市內兩間全國連鎖的「快樂燒烤吧」（Хепи бар и грил ／ Happy Bar & Grill）應是最安全的首選。

INFO ··

快樂燒烤吧（布爾加斯分店）

🏠 бул. „Алеко Богориди" 60, 8000 Бургас Център, Бургас

📞 +359 700 20 888（統一訂位號碼）

🕐 11:00 ～ 23:00

💲 10лв ～ 30лв

🔍 海洋花園

🚏 旅客服務處以東 650 公尺

📱 happy.bg

··

食
Ti Bar & Kitchen

城市裡的花園美饌

　　地處市中心、亞歷山大德羅夫斯卡步行街畔的 Ti Bar & Kitchen，是一間以精緻美食、豐富酒單與優質服務著稱的歐式小酒館，全日供應餐點，儘管價位略高，但從擺盤、食材到用餐環境、

服務態度都在水準以上，堪稱物有所值。除了善用本地香料的傳統保式料理，也可品嘗到富含多國美食特色的創意菜餚，其中尤以長時間烘烤的豬里肌肉、義大利麵等最受好評，搭配精心設計的葡萄酒與威士忌佐餐酒單，成就一頓令人愉快的歐式饗宴。

INFO ··

Ti Bar & Kitchen

🏠 ул. „Силистра" 4, 8000 Бургас Център, Бургас

+359 87 708 8610

📞 07:30 ～ 23:00

🕐 鄉巴佬沙拉 6.88лв、主餐 14.48лв 起、甜點 6.58лв 起

👤 20лв ～ 30лв

🚇 旅客服務處以北 200 公尺

🔍 布爾加斯肚臍、亞歷山大德羅夫斯卡步行街、旅客服務處

📱 ti-bar.com

································

食 海王星餐廳 Restaurant Neptun

美景＋美食＝美美的一餐

距離黑海僅數公尺之遙的海王星餐廳，位於一棟 1948 年建成、造型獨特的兩層白色建物內，來客不僅能透過大片落地玻璃窗欣賞無遮蔽的海景，亦可坐在寬敞的戶外沙灘區，乘著徐徐海風品嘗主廚精心烹調的山珍海味。海王星餐廳早上 9 點便開始營業，周末假日還推出 10 列弗早餐自助吧，讓人不只美景看到飽，五臟廟也能裝個飽。不僅如此，趁著臨海的地利之便，餐廳的海鮮燉飯、烤魚、炸花枝圈、生蠔等料理也都可圈可點，一次滿足網美 IG 打卡、吃貨臉書分享的雙重需求。

INFO

海王星餐廳

🏠 Приморски парк, плаж Централен, 8000 Бургас

📞 +359 87 810 1788

🕐 09:00 ～ 00:00

💲 沙拉 7.49лв 起、湯品 6.89лв 起、海鮮料理 14.9лв 起、牛肉料理 35.9лв 起

🧍 20лв ～ 35лв

🚇 旅客服務處東南 850 公尺

🔍 海洋花園

🖱 neptunburgas.com

食 新上海大酒樓
Китайски ресторант "Нов Шанхай"

經濟實惠家鄉味

　　開業十餘年的新上海大酒樓，秉持中餐館一貫的充足分量與平實價格，雖然擺盤不若西式料理那般講究，卻是扎扎實實大火快炒、濃油赤醬的熟悉美味。有趣的是，這間餐館雖名為「新上海」，菜單卻有不少按照當地人喜好加以調整的「保式中菜」，除了炒麵、炒飯、春捲、糖醋肉一類老外鍾愛的必備名單，也依保加利亞人愛湯、愛酸奶的天性，增添鄉巴佬沙拉、優酪乳湯等品項。位

於徒步區開端的新上海面向海洋花園，設有戶外、室內用餐區，空間規劃不擁擠，以中餐館而言氣氛可謂舒適愜意。

INFO ∙∙∙

新上海大酒樓

🏠 ул. Княз Ал.Богориди 61 , 8000 Бургас Център, Бургас（鄰近快樂燒烤吧）

📞 +359 88 821 2999

🕐 10:00 〜 22:30

💲 炒飯 7.2лв 起、湯品 2.2лв 起、春捲 2.9лв、豬肉菜式 8.5лв 起

💰 10лв 〜 20лв

🚇 旅客服務處以東 700 公尺

🔍 海洋花園

食 海明威景觀餐廳（內塞伯爾） Ресторант "Хемингуей"

葡萄藤外有美景

　　內塞伯爾古城區內分佈著為數眾多的餐館，由於競爭激烈，幾乎每走幾步就會見到親切招呼的服務人員，位於古城門附近的海明威景觀餐廳門面相形低調，但走進店內卻是別有洞天。餐館以現烤 BBQ 為賣點，烤爐隨時可見令人食指大動的烤全羊和烤全雞，不僅如此，具保加利亞特色的烤肉餅、烤肉條口感 Q 彈、價格實惠（1 個 2лв），其餘披薩、開胃菜等也頗出色。除了料理值得期待，窗外的無敵海景與店內恣意生長的老葡萄藤也堪稱兩大看點，前者居高臨下眺望黑海，後者與建築共生奇特奧妙，令饕客搖身一變都成攝影發燒友。

需留意的是，店內用餐的顧客可免費使用洗手間，否則將收取 1лв 使用費。

INFO ·····················

海明威景觀餐廳（內塞伯爾）

🏠 ул. „Месембрия" 5, 8231 Стария Град, Несебър

📞 +359 88 823 3520

🕐 10:00 ～ 01:00

💲 沙拉 3лв 起、烤雞肉串 12лв、燒烤盤 25лв、瑪格麗特披薩(L) 8.5лв

🧑‍💼 15лв ～ 30лв

🚇 同內塞伯爾

··

🍴 麥克爾生態酒吧（內塞伯爾） Еко бар „При Майкъл "

古城裡的鐘乳石洞

1990 年開業的麥克爾生態酒吧，志在營造與自然生態融合的用餐環境。酒吧的整體概念為一座鐘乳石洞，裡面設置擬真綠洲雨林、河流瀑布和恣意生長的藤蔓樹根，顧客在店內看不見制式的桌椅，只有擺放在岩石上、或大或小的木板。儘管室內空間狹窄、座位也稱不上舒適，但生態酒吧仍以獨特的「人造天然景」，吸引絡繹不絕的人潮入內消費兼打卡。需留意的是，該店僅於夏季營運，並只接受現金付款。

INFO ··

麥克爾生態酒吧

🏠 ул. „Хан Аспарух" 7a, 8231 Стария Град, Несебър（內塞伯爾古城區內）

🕐 每年 6 月中旬至 9 月 11:00 ～ 23:00（10 月至 5 月暫停營業）

💲 雞尾酒 4.5лв 起、奶昔 4.4лв 起、可樂／果汁 2.25лв

👤💲 5лв ～ 10лв

🚇 同內塞伯爾

食 漁夫小酒館（索佐波爾）Бистро Рибари

黑海新鮮直送

　　位於索佐波爾港畔的漁夫小酒館，顧名思義是以新鮮海產為主要賣點的餐酒館，美食美景兼具，旺季時經常一位難求。小酒館所供應的海鮮多數捕撈自黑海，主廚擅長運用油炸或滷煮的方式烹調魚、花

枝、貽貝等食材，其中又以奶油蒜香風貽貝（8.1лв）、茄汁滷煮鯖魚（15.2лв）為其招牌，搭配精選的葡萄酒或沁涼的啤酒，成就五感滿足的美味饗宴。

INFO ··

漁夫小酒館

🏠 ул. „Рибарска" 53, 8130 Център, Созопол

📞 +359 87 687 4820

🕐 10:00 ～ 23:00

💲 沙拉 7.9лв 起、開胃菜 7.2лв 起、肉類主餐 9.8лв 起、魚類主餐 9.2лв 起

👤💲 10лв ～ 25лв

🚇 同索佐波爾

釀旅人 44　PE0171

 保加利亞旅圖攻略：
索菲亞×8座大城小鎮

作　　　者	粟　子
責任編輯	杜國維
圖文排版	劉肇昇
封面設計	劉肇昇

出版策劃	釀出版
製作發行	秀威資訊科技股份有限公司
	114 台北市內湖區瑞光路76巷65號1樓
	電話：+886-2-2796-3638　傳真：+886-2-2796-1377
	服務信箱：service@showwe.com.tw
	http://www.showwe.com.tw
郵政劃撥	19563868　戶名：秀威資訊科技股份有限公司
展售門市	國家書店【松江門市】
	104 台北市中山區松江路209號1樓
	電話：+886-2-2518-0207　傳真：+886-2-2518-0778
網路訂購	秀威網路書店：https://store.showwe.tw
	國家網路書店：http://www.govbooks.com.tw
法律顧問	毛國樑　律師
總 經 銷	聯合發行股份有限公司
	231新北市新店區寶橋路235巷6弄6號4F
	電話：+886-2-2917-8022　傳真：+886-2-2915-6275

出版日期	2020年2月　BOD一版
定　　價	420元

Printed in Taiwan

國家圖書館出版品預行編目(CIP)資料

保加利亞旅圖攻略：索菲亞×8座大城小鎮 /
粟子著. -- 一版. -- 臺北市：釀出版, 2020.02
面； 公分. --（釀旅人；44）
BOD版
ISBN 978-986-445-370-2(平裝)

1. 自助旅行　2. 保加利亞

749.29   108020903

讀 者 回 函 卡

感謝您購買本書，為提升服務品質，請填妥以下資料，將讀者回函卡直接寄回或傳真本公司，收到您的寶貴意見後，我們會收藏記錄及檢討，謝謝！
如您需要了解本公司最新出版書目、購書優惠或企劃活動，歡迎您上網查詢或下載相關資料：http:// www.showwe.com.tw

您購買的書名：＿＿＿＿＿＿＿＿＿＿＿＿＿＿＿＿＿＿＿＿＿＿＿＿

出生日期：＿＿＿＿＿年＿＿＿＿＿月＿＿＿＿＿日

學歷：□高中 (含) 以下　　□大專　　□研究所 (含) 以上

職業：□製造業　□金融業　□資訊業　□軍警　□傳播業　□自由業
　　　□服務業　□公務員　□教職　　□學生　□家管　　□其它＿＿＿

購書地點：□網路書店　□實體書店　□書展　□郵購　□贈閱　□其他

您從何得知本書的消息？

　　□網路書店　□實體書店　□網路搜尋　□電子報　□書訊　□雜誌

　　□傳播媒體　□親友推薦　□網站推薦　□部落格　□其他＿＿＿＿＿＿

您對本書的評價：（請填代號　1.非常滿意　2.滿意　3.尚可　4.再改進）

　　封面設計＿＿＿　版面編排＿＿＿　內容＿＿＿　文／譯筆＿＿＿　價格＿＿＿

讀完書後您覺得：

　　□很有收穫　□有收穫　□收穫不多　□沒收穫

對我們的建議：＿＿＿＿＿＿＿＿＿＿＿＿＿＿＿＿＿＿＿＿＿＿＿＿

＿＿＿＿＿＿＿＿＿＿＿＿＿＿＿＿＿＿＿＿＿＿＿＿＿＿＿＿＿＿＿＿

＿＿＿＿＿＿＿＿＿＿＿＿＿＿＿＿＿＿＿＿＿＿＿＿＿＿＿＿＿＿＿＿

11466
台北市內湖區瑞光路 76 巷 65 號 1 樓

秀威資訊科技股份有限公司　　　收

BOD 數位出版事業部

....

（請沿線對折寄回，謝謝！）

姓　　名：＿＿＿＿＿＿＿＿　年齡：＿＿＿＿　性別：□女　□男

郵遞區號：□□□□□

地　　址：＿＿＿＿＿＿＿＿＿＿＿＿＿＿＿＿＿＿＿＿

聯絡電話：(日) ＿＿＿＿＿＿＿＿＿＿　(夜) ＿＿＿＿＿＿＿＿＿

E-mail：＿＿＿＿＿＿＿＿＿＿＿＿＿＿＿＿＿＿＿